《杨力国学经典丛书》第三部

孔子哲学大智慧

杨 力 著

华夏出版社

高山仰止 （序言）

孔子是中国的大思想家、大教育家、政治家、儒家学派创始人，中国国学的先驱，中华民族情操的缔造者。两千多年来，儒学始终是中国封建社会的文化正统，对中国思想文化的影响极其深远。

孔子是世界杰出的文化名人，被列为世界十大思想家之首，是与耶稣、释迦牟尼并列的三大世界圣人。

小时候，我曾经问父亲："爸爸，您一生崇拜的人有哪几位？"

父亲回答说："孔子、孙中山、毛泽东。"

我又问："为什么？"

他说："因为他们都是对中国贡献最大的人。"

从此，我对这三位伟人就非常地敬仰。

之后，我越来越感到像孔子这样一位经过了两千五百多年考验的伟人，一位在历史从帝王到平民都全方位接受的人是前所未有的。难怪国人叹曰："天不生仲尼，万古如长夜。"

不错，孔子是圣人，是智圣，却又是布衣，孔子一生满怀报国热血，但却未被重用，孔子虽然是一介布衣，却忧国忧民开了平民关心国家大事的先河。正是：生前布衣，死后圣人。

孔子对中华民族品德情操的缔造有不朽的贡献，尤其是孔子开创全民教育，提倡有教无类，让穷人也能受教育，无愧为中国文化之父，无愧为万世师表。

孔子一生极为坎坷，少年丧父，青年丧母，晚年丧子，在国内被排挤，周游列国也不得重用，还被围困几乎丧命，甚至如丧家之犬。这些坎坷经历使孔子依然"弦歌不绝"，不仅磨砺了他的情操和品质，还为他铸就中华民族

的品德奠定了基础。

正是"一个伟大的民族成就了一个伟大的孔子,一个伟大的孔子塑造了一个伟大的民族"。

孔子开创的儒学、经学、易学,几千年来,始终是中国思想文化的主流,对中国思想文化的发展做出了巨大的贡献。

毛泽东在党的六届六中全会上曾指出"从孔夫子到孙中山,我们应当给予总结,承继这一份珍贵的遗产。"遵行毛主席的教导,我写孔子已是第三次了,第一次是我在北京大学图书馆艰苦坐写二十年,独立撰写六百万字的《中华五千年文化经典》中的孔子儒学卷,第二次是十年磨一剑所写的长篇历史小说"千古系列"中的第五部《千古孔子》,歌颂孔子及其弟子的传奇经历及贡献,第三次就是这部《孔子哲学大智慧》,是从国学和哲学的角度反映孔子伟大的治国思想、伦理道德思想和处世哲学。尤其看到习近平主席出席孔子诞辰2565周年国学学术研讨会开幕式并发表讲话,表明了最高领导人对孔子的重视,使我研究孔子及儒学更加有了信心。

我已经独立撰写出版了多部国学专著,反响都不错,希望我的这部新著《孔子哲学大智慧》能和我的《中华五千年文化经典》《易经哲学大智慧》《杨力讲易经》《杨力全解易经》《周易象数预测学》《中国禅的智慧——杨力说禅》《老子哲学大智慧》一起走进千家万户。

最后,让我们一起感悟司马迁对孔子的评价:

高山仰止,景行行止。

杨　力

2015.11　北京

孔子——中国文化之父、万世师表

孔子是中国古代伟大的思想家、政治家和教育家。

半部《论语》治天下,孔子的言行,两千五百年来对中华民族的精神风范及思想政治产生了深刻的、巨大的影响。

高山仰止

孔子对中华文化的贡献,堪称前无古人。孔子的功德,正如司马迁引《诗经》所言:高山仰止,景行行止。

孔子无愧于中华文化之父,如果中国没有孔子,则万代如长夜……

CONTENTS

第一章　导论——孔子哲学的特点 ··· 1
　　一、孔子重治国哲学 ··· 1
　　二、孔子重入世哲学 ··· 2
　　三、孔子重现实哲学 ··· 2
　　四、孔子重人生哲学 ··· 3
　　五、结语：孔子的三大辩证观 ·· 4

第二章　孔子是中国伟大的智圣 ·· 6
　　一、孔子的三大至高荣誉 ··· 6
　　二、孔子传奇的一生 ·· 8

第三章　孔子卓越的治国智慧 ·· 12
　第一节　仁是孔子治国的最高智慧 ·· 12
　　一、仁的含义 ·· 12
　　二、仁与义、礼 ·· 14
　第二节　礼是孔子治国的至高智慧 ·· 15
　　一、孔子治国体系是以仁为中心的仁礼观 ································· 15
　　二、为国以礼、为国以仁是孔子礼的最高含义 ························· 18

1

         三、孔子仁礼的辩证关系及其影响 ················· 22
    第三节 中庸是孔子治国的智慧 ······················ 22
         一、孔子以中庸之德为儒家的执德准则 ············· 22
         二、中庸之道的历史意义及其影响 ················· 24
    第四节 孔子杰出的"德政惠民"政治智慧 ·············· 25
    第五节 孔子重人道不轻天道的哲学大智慧 ·············· 27

第四章 孔子非凡的伦理智慧 ···························· 30
    第一节 孔子杰出的伦理治国智慧 ···················· 30
         一、孔子以伦理为治国之本 ······················ 30
         二、孝在封建社会治国中的历史意义 ··············· 32
         三、孔子对中国文明的伟大贡献 ··················· 33
    第二节 儒家伦理与孔子伦理 ························ 35
         一、儒家伦理源于孔子 ·························· 35
         二、儒家伦理的三大特点 ························ 36
         三、儒家伦理思想的三大智慧精华 ················· 38
    第三节 孔子儒家伦理思想的反思 ···················· 45
         一、应该如何对待孔子儒家伦理 ··················· 45
         二、儒家思想是中国六千年传统思想的集成 ········· 45
         三、传统伦理应该怎样传承 ······················ 47

第五章 孔子杰出的教育智慧 ···························· 49
    第一节 孔子的教育大智慧 ·························· 49
         一、孔子是伟大的教育家 ························ 49
         二、孔子教育智慧的主要精髓 ···················· 54
         三、万世师表——孔子的七大师范 ················· 57
         四、孔子杰出的教育方法及其影响 ················· 65
    第二节 孔子儒家与《易经》教育智慧的相互关系 ········ 68

一、中国教育的三大源头 ……………………………… 68
　　二、《易经》思想奠定了中国教育思想的基础 ………… 68
　　三、儒家教育思想及其影响 …………………………… 69
　　四、儒学教育特点及其影响 …………………………… 70
　　五、儒学教育在中国教育史上的重要地位 …………… 76

第六章　孔子卓越的哲学及人生智慧 78
　第一节　孔子的哲学智慧 ………………………………… 78
　第二节　孔子的学习智慧 ………………………………… 85
　第三节　孔子的养生智慧 ………………………………… 87
　第四节　孔子的人生智慧 ………………………………… 89

第七章　孔子《论语》大智慧 94
　第一节　半部《论语》治天下 …………………………… 94
　第二节　《论语》是部智慧巨著 ………………………… 94
　第三节　《论语》的核心智慧 …………………………… 96
　　一、《论语》伦理思想的核心智慧——仁 …………… 96
　　二、《论语》政治思想的核心智慧——礼 …………… 99
　　三、《论语》教育思想的核心智慧——有教无类 …… 102
　　四、《论语》哲学思想的核心智慧——人道 ………… 105
　　五、《论语》经济思想的核心智慧——见利思义 …… 107
　第四节　《论语》智慧价值及巨大影响 ………………… 108
　　一、《论语》对中国文化的影响 ……………………… 108
　　二、《论语》智慧对儒学的巨大影响 ………………… 109
　　三、《论语》智慧对世界文化的影响 ………………… 110
　第五节　《论语》伟大的伦理智慧选析 ………………… 111
　　一、《论语》伦理智慧的伟大意义 …………………… 111
　　二、《论语》智慧名句选析 …………………………… 112

第八章 孟子的大智慧 ……………………………………………… 129

第一节 孟子是继孔子之后的智圣 …………………………… 129
第二节 孟子的治国智慧 ……………………………………… 130
一、孟子的"仁政""王道"政治智慧 ……………………… 130
二、孟子卓越的仁义伦理智慧 ……………………………… 131
三、孟子的性善道德智慧 …………………………………… 132
四、孟子的人性天赋智慧 …………………………………… 133
第三节 如何评价孟子 ………………………………………… 134

第九章 《孟子》——孟子的大智慧集成 ……………………… 136

第一节 《孟子》是部智慧巨著 ……………………………… 136
第二节 《孟子》杰出的治国智慧 …………………………… 137
一、仁政——《孟子》的政治智慧 ………………………… 137
二、性善论——《孟子》伦理智慧之本 …………………… 139
三、仁义——《孟子》伦理智慧的核心 …………………… 140
第三节 《孟子》的地位及其影响 …………………………… 141
一、《孟子》继承和发展了孔子的思想精髓——道德政治 …… 142
二、《孟子》进一步充实和发展了儒家思想智慧体系 ……… 142
三、《孟子》继承了孔子的教育智慧 ………………………… 144
第四节 《孟子》的社会价值及国际影响 …………………… 145
第五节 《孟子》名句选析 …………………………………… 146

第十章 孔子与儒学大智慧 ……………………………………… 151

第一节 儒家以政治智慧为本 ………………………………… 151
一、儒家是中国历代政治智慧最强的学派 ………………… 151
二、儒学、经学与孔学 ……………………………………… 152
第二节 仁是儒学智慧的核心 ………………………………… 153
一、仁是儒学的核心智慧 …………………………………… 153

二、孔子对仁道智慧的创立 ………………………………………… 153
　　三、儒家对仁道智慧的发展 ………………………………………… 154
　第三节　礼是儒家文明文化的象征 ……………………………………… 156
　　一、礼是儒学智慧的象征 …………………………………………… 156
　　二、为国以礼——礼的智慧及孔子创礼 …………………………… 157
　　三、乐以天下——儒家礼智慧的发展 ……………………………… 158
　第四节　孝是孔子、儒家文明智慧之本 ………………………………… 160
　　一、孝是重要文明智慧 ……………………………………………… 160
　　二、忠孝——孝道的大发展 ………………………………………… 161
　　三、儒家孝道的影响 ………………………………………………… 162
　第五节　中庸是孔子、儒家智慧的圭臬 ………………………………… 162
　　一、中庸是儒家主要智慧 …………………………………………… 162
　　二、中庸智慧的大发展 ……………………………………………… 163
　　三、中庸是儒学哲学智慧之本 ……………………………………… 164
　　四、中庸智慧是儒学的重要哲理 …………………………………… 166
　　五、中庸智慧对中国的巨大影响 …………………………………… 167

第十一章　孔子与易经智慧 ………………………………………………… 168
　第一节　孔子对《易经》的贡献及其影响 ……………………………… 168
　　一、孔子首先发现《易经》 ………………………………………… 168
　　二、孔子使《易经》成为一部伟大的社会学巨著 ………………… 169
　第二节　孔子整理《易经》与撰《易传》 ……………………………… 170
　　一、孔子整理《易经》 ……………………………………………… 170
　　二、孔子及其弟子作《易传》 ……………………………………… 171
　　三、孔子对易学的三大贡献 ………………………………………… 172

第十二章　孔子与中国经学大智慧 ………………………………………… 173
　第一节　中国经学是孔子儒家大智慧的结晶 …………………………… 173

第二节　先秦经学智慧大集成 …………………………………… 174
　　一、先秦经学是国学的大智慧库 ………………………………… 174
　　二、先秦经学的后期智慧集成 …………………………………… 180

第三节　秦汉经学智慧大集成 …………………………………… 181
　　一、秦汉前期经学智慧集成 ……………………………………… 181
　　二、汉代经学智慧集成 …………………………………………… 182

第四节　魏晋隋唐经学智慧大集成 ……………………………… 187
　　一、魏晋经学智慧集成 …………………………………………… 187
　　二、隋唐经学的智慧集成 ………………………………………… 188

第五节　宋元明清经学智慧大集成 ……………………………… 189
　　一、宋元经学的智慧集成 ………………………………………… 189
　　二、明清经学的智慧集成 ………………………………………… 190

第六节　经学智慧在中国文化中的重大历史意义 ……………… 192
　　一、经学典籍是中国文化典籍中的主要智慧库 ………………… 192
　　二、经籍智慧库被历代作为教育、科举的标准 ………………… 193
　　三、经学智慧库被作为朝廷拟定制度的依据 …………………… 193
　　四、经学智慧库对中国古代文化的巨大贡献 …………………… 193
　　五、经学智慧库在中国封建社会中的特殊作用 ………………… 194

第七节　易学智慧在中国经学中的重要作用 …………………… 195
　　一、易学智慧是中国经学智慧的核心 …………………………… 195
　　二、《易经》的发展提高了中国经学智慧库的宝库价值 ……… 196
　　三、易学智慧是经学智慧库的总源头 …………………………… 197

第十三章　孔子与《尚书》《大学》《中庸》的治国智慧 …………… 199

第一节　从孔子开始《尚书》被列为儒家经典 ………………… 199
　　一、《尚书》是孔子最推崇的经典 ……………………………… 199
　　二、《尚书》的主要政治智慧 …………………………………… 200

三、《尚书》杰出的治国理政大智慧 ············· 201
四、《尚书》的哲学大智慧 ··················· 203
五、《尚书》的教育大智慧 ··················· 204

第二节 《尚书》的历史地位及其影响 ············· 205
一、《尚书》政治治国智慧的价值及其影响 ········· 205
二、《尚书》珍贵的史料价值 ·················· 207

第三节 《大学》大智慧 ······················· 210
一、《大学》是孔子儒家的重要智慧 ·············· 211
二、《大学》主要治国智慧 ···················· 211
三、《大学》在中国思想文化中的地位及其影响 ······ 214
四、《大学》智慧名言名句 ···················· 215

第四节 《中庸》大智慧 ······················· 216
一、《中庸》是儒家重要智慧 ·················· 216
二、《中庸》主要思想智慧 ···················· 217
三、《中庸》的历史地位及其影响 ··············· 220
四、《中庸》智慧名言名句 ···················· 221

第十四章 孔子国学智慧治天下 ················· 224

第一节 不同凡响的孔子儒学 ··················· 224

第二节 孔子创立儒家学派及其巨大影响 ············· 225
一、儒家思想智慧产生的先驱 ·················· 225
二、从周公到孔子 ·························· 226
三、孔子奠定了儒学的基本思想智慧 ············· 227

第三节 孔子弟子对儒家思想的传播发展 ············ 229
一、《易传》的诞生是儒家智慧对中国文化的伟大贡献 ·· 229
二、子思作《中庸》是对儒学智慧的重大补充 ······· 230

第四节 孟子中兴儒学的大智慧 ·················· 232

一、孟子是儒家第二智圣 …………………………………… 232
　　二、孟子对儒学治国智慧的巨大贡献 …………………… 233
第五节　董仲舒儒学大智慧 ………………………………………… 237
　　一、董仲舒提出"独尊儒术"为儒家成为正统起到了重要的
　　　　作用 ………………………………………………………… 238
　　二、董仲舒名著《春秋繁露》为弘扬儒家大一统思想做出了
　　　　重大贡献 …………………………………………………… 238
　　三、董仲舒提出"三纲五常",为儒家伦理纲常的政治化起到了
　　　　重要作用 …………………………………………………… 239
　　四、董仲舒对经学大兴起到了积极的作用 ………………… 240
　　五、董仲舒大一统治国智慧的历史意义 …………………… 241
　　六、董仲舒大一统治国智慧的历史影响 …………………… 241
　　七、董学评价 ………………………………………………… 242
第六节　朱熹儒学大智慧 …………………………………………… 244
　　一、朱熹开创了儒学智慧的鼎盛时期 ……………………… 244
　　二、朱熹是儒学圣人 ………………………………………… 244
　　三、朱熹把儒家"三纲五常"提高到天理智慧的高度 …… 245
　　四、朱熹把"四书"经典化,为儒家智慧奠定了坚实的基础 … 246
　　五、朱熹把儒学理学化从而把儒学推向了封建社会中后期的
　　　　巅峰 ………………………………………………………… 247
第七节　朱熹思想的评价及其历史地位 …………………………… 247
　　一、朱熹哲学智慧的评价 …………………………………… 248
　　二、朱熹理学智慧的评价 …………………………………… 248
　　三、对朱熹历史影响的评价 ………………………………… 249
第八节　王夫之儒学大智慧 ………………………………………… 250
　　一、王夫之把明清儒学智慧高度哲理化 …………………… 251
　　二、王夫之把清代儒学智慧高度经典化 …………………… 252

第九节　孔子儒学智慧在中国文化智慧史上的重大影响 …… 253
一、孔子儒学智慧在中国文化史上的主流地位 ………… 254
二、关于儒家传统伦理的继承问题 ……………………… 255
三、儒家"大一统"智慧在中国历史上的贡献 ………… 256
四、孔子儒家思想智慧的历史价值 ……………………… 258

第十五章　总结——孔子儒学智慧对中国及世界文化的巨大贡献 ……… 260
第一节　孔子儒学对中国文明的伟大贡献 …………………… 260
一、孔子是文化圣人 ……………………………………… 260
二、孔子对中国文明的巨大贡献 ………………………… 261
三、孔子对中国人文教育的重大影响 …………………… 262
四、孔子创建儒家国学对宗教神学起到了重要的抗衡作用 …… 263

第二节　孔子对中国古代文献的巨大贡献 …………………… 264
一、孔子奠定了中国古代思想体系的主体结构 ………… 264
二、孔子对中国古代文献的伟大贡献 …………………… 265
三、孔子是中国文化传播的先驱 ………………………… 267

第三节　应该怎样评价孔子 …………………………………… 267
一、孔子对中国文化的巨大贡献 ………………………… 267
二、孔子思想奠定了东方文化的核心 …………………… 269
三、孔子对世界文化的巨大贡献 ………………………… 273

第一章 导论——孔子哲学的特点

一、孔子重治国哲学

公元前551年9月28日,春秋鲁国尼山诞生了一位伟人,一位影响了中国两千五百年的伟大人物——孔子,犹泰山日出,中国从此长夜无暗……

老子的哲学重自然哲学,而孔子的哲学则是重社会哲学,孔子的社会哲学核心是治国哲学。

孔子的治国哲学无论是以仁为核心,还是以礼为核心,其哲学要害皆在于重社会。

孔子重社会的目的是想变革社会,而不仅仅是参与。因为孔子身处春秋末期的奴隶制社会向封建社会转化时期,社会动荡不安,社会秩序紊乱,孔子认为"礼崩乐坏",所以提出"克己复礼"。

孔子崇尚周文王、周公开创的周文化,崇尚他们提倡的仁义礼乐,所以孔子常梦周公,还说:"郁郁乎文哉,吾从周。"

孔子一生追求理想的社会,这个理想社会便是"天下归仁"。天下归仁是孔子"克己复礼"的目的,而天下归仁的"仁"正是孔子一生最崇尚的周国、周朝所崇尚的仁。这个仁便是指社会充满仁爱、关爱和德治。

孔子的治国哲学十分前沿,他强调仁政德治,提出"为政以德",主张德治天下,他在途径泰山时遇到一个老妇人因苛税丧夫而痛苦,提出"苛政猛于虎"的警言。

孔子虽然只是一介布衣,却一生忧国忧民,实属难能可贵。他处处关心国家大事,事事以国家为第一胸怀,像孔子这样一位天才政治哲学家,当时如果能重用,那么不知会给后世留下多少治国智慧。

孔子提出"过犹不及"的著名哲学命题，对后世治国哲学产生了深刻的影响，如《中庸》的诞生，就是以孔子"过犹不及"为哲学基础的，对中国治国原则的确立影响极大。中国历史上，能以中行治国的，往往都是盛世，如西周盛世、大唐盛世、康乾盛世，而违背这一原则的，不是战争分裂就是短命衰世，如秦朝、隋朝、元朝、晚清……足见孔子治国哲学的高超。

二、孔子重入世哲学

老子主张出世，而孔子则追求入世，甚至为此屡屡碰壁如丧家之犬。孔子的入世是想入朝治理国家，并推行新政，鲁国不重用他，这才开始了为时十六年游说列国的历程，仍然受到列国的排挤，甚至冷落，在陈楚之地被围，差点丧命，他只好回国著书立说。

孔子提出"举贤才""学而优则仕"的观点，是向贵族世袭官制的挑战！

孔子入世是为了救世，他因为身处乱世，而立志救国。所以孔子入世不是为了仕途名利，孔子最后虽然政治失意了，但也未曾有减他一丝一毫关心鲁国命运的心，以至临终前还发出切痛的哀叹："泰山其颓乎！"

泰山其颓乎！（巍峨的泰山啊，将要崩塌了！）

梁木其坏乎！（坚实的梁柱啊，将要折断呀！）

哲人其萎乎！（一代圣哲啊，生命就要终结了！）

孔子的入世精神影响了中华文化几千年，中国历代的晋升考榜无不是为了榜上有名，为了仕途有成。

孔子的入世哲学，对后世忧国忧民的报国热忱的建树有很大影响，《大学》这部书"身修而后家齐，家齐而后国治，国治而后天下平"，就是在孔子的家国思想"国家大于小家"的影响下提出的，就是人人都要报效国家，热爱国家，不要只关心小家，这是国与家的辩证关系，孔子的这一哲理对中国影响甚大。

三、孔子重现实哲学

如果说佛家、道家修行重在修来世的话，那么孔子的人生哲学则重在今生，重在当下。

孔子为何重现实？现实就是实际存在的，当下的，而不是虚幻的，来生的。孔子重现实有哲学证据，《论语》载："子在川上曰：逝者如斯夫，不舍昼夜！"就是说，时光如流水，一去不复返。孔子珍惜时光，感叹生命的短暂。老子见小溪，感叹道："上善若水，水善利万物而不争。"而对滔滔江水，孔子则认为不但要争，而且要赶快争，否则想争也争不动了。佛家修炼重来生，孔子修炼重今世。

孔子珍惜现实还表现在他的奋发精神，即使到老也不停歇，正是他所说的："发愤忘食，乐以忘忧，不知老之将至。"（《论语·述而》）

四、孔子重人生哲学

孔子重人生哲学，尤其重视人伦。孔子立足于人，尤其是人的伦理道德。孔子一生十分重视人的品德情操，他为中华民族情操的铸造做出了不朽的贡献。孔子的伦理道德思想充满了辩证哲理。孔子认为仁爱不但爱自己，还要爱他人，多积德行善，这是为人的最起码的底线，也是他最大的人生哲学。在此基础上孔子强调为人要克己复礼，孔子主张的礼是为国以礼，孔子要学周礼，最悲痛礼崩乐坏，所以要人"不逾矩"，强调仁礼治国，仁礼铸人。孔子主张孝悌，提出："入则孝，出则悌。"孔子不但强调仁爱礼乐，还强调忠义，警示义大于利，并忠告"三军可夺帅也，匹夫不可夺志也"。

人要"文质彬彬"，就是要有素质、有教养。

孔子铸造的伦理品德既超前又完美，谁说人无完人，孔子就是一位完人，一位道德品质完美的人，所以才为中华民族品德情操的塑造做出了这么大的贡献。

孔子铸就的人生哲理为何这样被中国人接受而且几千年流传不衰？就是因为他的为人处世之道充满了辩证法思想，充满了哲理。

所以孔子的人生哲学的主要根源是务实，孔子的世界观是唯物主义的，他虽然也讲"天命"，但他更重人道，总之，孔子是轻天命而重人道的。其实，重天命还是重人道恰恰就是唯心主义和唯物主义的分水岭。

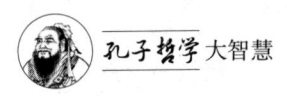

五、结语：孔子的三大辩证观

第一，过犹不及——孔子最杰出的哲学思想观。

孔子的哲学是重社会哲学，因为孔子高度重视社会，重视现实，所以强调入世。社会是人与人之间的关系，所以孔子提出著名的哲学理念"和为贵"。然而要能"和"，就必须执中，所以孔子又提出中庸之道，代表哲句是著名的"过犹不及"。就是说要融入社会，要处理好国事和人事，就必须不偏不倚，不左不右，不过不及，所以"过犹不及"四字就是孔子根本的哲学观。

第二，仁者爱人——孔子最杰出的哲学人生观。

《论语·颜渊》中说："樊迟问仁。子曰：'爱人。'"孟子受其影响，明确提出"仁者爱人"（《孟子·离娄下》）。仁爱首出孔子。孔子强调为人要多关爱他人，这是孔子倡举的仁爱。佛家重视慈爱、慈悲，老子强调善爱、善举，孔子则主张仁爱、仁慈。

孔子的仁爱包括忠孝礼仪，所以提出"己欲立而立人，己欲达而达人"（《论语·雍也》），"己所不欲，勿施于人"（《论语·卫灵公》）等思想，广义的仁是大爱无疆。孔子还强调："人而不仁，如礼何？人而不仁，如乐何？"（《论语·八佾》）

孔子的"仁者爱人"观对中国人影响巨大，后世孙中山"天下为公"的思想就是在孔子仁爱思想的影响下提出的，毛泽东提出的"为人民服务"的思想就是仁爱发展的最高境界。

第三，忧国忧民——孔子最伟大的哲学社会观。

忧国忧民忧天下是孔子一生最伟大的社会观。最可贵的是，孔子虽然是一介平民，但他却为平民忧天下树立了榜样，孔子活得很艰辛，家事国事天下事，他事事忧心。对当官的，他提出"政者正也"，就是指无论执政者、为官者都应正。他强调"为政以德"，就是指从政者必须有道德，这个道德就是要行仁政，要清廉，要正直，要正派，这就是官德，他还强调当官要能升能降能引退。

孔子幼年丧父，少年丧母，老年丧子，一生仕途受挫，从政始终不得志，但他依然忧国忧民爱心不止，孔子确实是中国古代道德情操最完美的人。

结语：
孔子对中国思想文化的贡献无愧为司马迁所评价的：
高山仰止，
景行行止。

第二章 孔子是中国伟大的智圣

一、孔子的三大至高荣誉

孔子是中国古代伟大的思想家、教育家和政治家,是中国古代影响最大的人,故有圣人之誉。

第一,孔子是中国伦理之父。

孔子提出礼仁伦理,铸就了中华民族的伟大情操,奠定了中华民族的文明素质。

第二章
孔子是中国伟大的智圣

万古不朽

中国人的至圣先师——孔子，业重千古，孔子开创的人品、情操、治国思想，将与日月同辉，与天地共存……

第二，孔子是中国教育之父。

孔子提出"有教无类"，即教育不分贫富等级，这一全民教育的壮举，无愧为中国伟大的"万世师表"。孔子首创私立学校，培养弟子三千，高徒七十二人，无愧为中国第一师范。

第三，孔子是中国文化之父。

孔子开创了经学、儒学、易学三大学，他整理《易》《诗》《书》《礼》《乐》《春秋》这六经，不但奠定了中国文化的核心，而且为中国文化的延续和发展做出了不朽的贡献。

千古文圣

孔子与弟子一起整理"五经",他对中华文化的贡献无愧为千古文圣。

结语:

孔子对中国思想文化的影响,正如后人评价的:中国历史,孔子一人的历史而已。足见孔子影响之大。

孔子不仅是中国古代文化名人的代表,也是世界最有影响的著名历史文化名人之一。孔子既是中国的,也是世界的,他的影响早已超越了国界,在东南亚及全世界都产生了巨大影响,从而被列为世界十大思想家之一。

二、孔子传奇的一生

孔子(前551—前479),名丘,字仲尼,春秋鲁国陬邑(今山东曲

第二章
孔子是中国伟大的智圣

巨人之会

老子给孔子的第一印象——老子像一条龙。两千五百年前,在洛邑,两位伟大的圣人终于见面了。"吾今日见老子,其犹龙邪!"(《史记·老子韩非列传》)

阜)人。

第一,孔子幼年丧父。

孔子出身于一个没落的世袭大夫的家庭,他的父亲叔梁纥是个武士,曾以武功闻名,母亲颜征在是叔梁纥之妾。

孔子三岁丧父,后随母移居曲阜城,小时生活十分艰苦,母亲含辛茹苦将其抚养长大,并灌输以文化教育。由于家境贫寒,孔子从小便和其他小孩不一样,读书异常刻苦,并特别喜欢独立思考,尤其喜欢习礼,包括各种祭祀的礼和乐。

孔子十七岁丧母后,艰难地走上人生旅程。在一次贵族季氏举行的"食礼"宴会上,孔子遭到嘲辱后发愤苦学,并全面掌握了射、御、书、礼、乐、数六艺,且尤其注重习礼,因而遐迩闻名。

青年时期孔子曾当过管粮草的小司职,故《史记·孔子世家》说:"孔子贫且贱。及长,尝为季氏史,料量平。"为谋生他还给人家办丧事的当过吹鼓手,故孔子也说自己:"吾少也贱,故多能鄙事。"(《论语·子罕》)

第二,孔子三十而立,五十从政。

孔子三十岁开始讲学收弟子,由此开始了他的教育生涯,声名远扬,因而齐国国君到鲁国访问时曾向孔子问礼。

孔子曾初露锋芒

孔子是天才政治家,初任中都宰及大司寇就显示了他非凡的经世济国之才。"夹谷之会"便展示了他的锋芒。

孔子五十岁曾从政,任鲁国中都宰,"夹谷之会"时孔子任司寇摄行相事,为鲁君保住了荣誉。

第三,孔子晚年整理诸经,开创儒家学派。

孔子周游列国,从政失败后,归故里,办学堂,收弟子,整理《诗经》《尚书》《礼记》《易经》《乐记》,并删定《春秋》,开创儒家学派,对中国文化的发展做出了杰出的贡献。

结语:

孔子是儒家学派的创始人,我国伟大的政治家、思想家及教育家。他在中国古代文化的承袭和总结上立下了丰功伟绩,并对后世产生了举世无双的影响,故被称誉为"儒家之宗师,诸子之开祖,辟我国教育史、学术史上之新纪元,为我国划时代之空前伟大的学者"(蒋伯潜:《诸子通考》,浙江古籍出版社,1985年版,第37页)历代帝王无不崇之,以汉、唐、宋、元尤甚,曾被尊奉为"孔圣人",并被誉为万世师表、至圣先师。

近代美国《人民年鉴手册》把孔子列为世界十大思想家之首,再一次引起了中外人民对孔子的景仰。

孔子是世界文化巨人之一,他忧虑国事、关心政治,办学堂、收弟子、讲学术,弘扬传统文化,重伦理道德,整理六书,为中华文化的发展立下了不朽的功勋。故司马迁《史记》独尊孔子,并盛赞孔子曰:"天下君王,至于贤人众矣。当时则荣,没则已焉。孔子布衣,传十余世,学者宗之,自天子王侯,中国言六艺者,折中于夫子,可谓至圣矣。"(《史记·孔子世家》)首称孔子为"至圣"。后世对孔子的功绩肯定为:"删诗书,定礼乐,修春秋,序易传。"

第三章 孔子卓越的治国智慧

第一节 仁是孔子治国的最高智慧

一、仁的含义

（一）何谓仁？

《论语》记载了著名的"樊迟问仁"。

孔子的学生樊迟问孔子，何谓仁？子曰："爱人。"（《论语·颜渊》）

仁就是爱人，爱人就是多关爱人。

"仁"是孔子思想体系的核心。仁学观是政治思想与伦理道德相融合的准则，是孔子的最高道德境界。正如冯友兰先生所言，孔子的仁，不仅指伦理道德，恐怕还有更高的精神境界，所谓仁人"若圣与仁，则吾岂敢"（冯友兰：《对于孔子讲仁的进一步理解和体会》，《孔子研究》，1989年第3期），即言孔子认为连他自己也不敢说已达到仁人的境界。但孔子又曰"仁远乎哉？我欲仁，斯仁至矣"（《论语·述而》），即只要自己想为仁，是可以达到的。

> **杨力启示**
>
> 仁，是孔子最杰出的道德观念，后来被孟子发展为"仁义观"，并列于"仁、义、礼、智"四观之首，为中华民族的政治思想及伦理道德打下了不可磨灭的烙印。
>
> 孔子的"仁"是以义为基，以爱为本，以礼为约，仁、义、礼、爱贯穿于整部《论语》之中。

第三章 孔子卓越的治国智慧

樊迟问仁

樊迟请教孔子,什么是仁?孔子回道:爱人。这一世纪之问,回答了孔子思想的最高内涵。

杨力启示

以仁为核心的仁政是孔子治国的根本。

(二)爱是仁之本

孔子的仁,是以爱为本的,爱,即仁爱、爱人(爱护他人)、亲亲(爱自己的亲人)、助人、立人、达人,其宗旨即关心人。孔子提倡"爱人","樊迟问仁,子曰:'爱人'"(《论语·颜渊》)。孔子认为爱人、关心人,是人与人之间关系的最高境界。孔子的"爱"有很重的"孝"意在内,如他说"亲

13

亲,仁也",亲亲即指对有血缘关系人的爱,这和老子的"鸡犬之声相闻,老死不相往来",可以说是鲜明的对照。

孔子说:"夫仁者,己欲立而立人,己欲达而达人。能近取譬,可谓仁之方也。"(《论语·雍也》)即强调要兴欲立自己先立别人的先人后己、互助互爱的风气。此外,孔子的"孝",也属于爱人的范围之内,包括孝亲、孝君、孝长辈等内容。没有对人的爱就算不上仁,这是孔子仁的最高境界。

二、仁与义、礼

(一)义是仁的基础

孔子的仁,是建立在义、忠、孝的基础上的,正如庄子所说:"孔子曰:要在仁义。"(《庄子·天道》)"不仁者远矣"(《论语·颜渊》),孔子的仁义是重义轻利,如《论语·里仁》中说"君子喻于义,小人喻于利",提倡为仁义而忠,为仁义而勇,为仁义而信。如孔子曰"仁者必有勇"(《论语·宪问》)以及"其为人也孝悌……孝悌也者,其为仁之本与"(《论语·学而》),说明忠孝乃仁之内涵。孔子强调"己所不欲,勿施于人"(《论语·卫灵公》)。义还包括志气,如孔子曰:"三军可夺帅也,匹夫不可夺志也。"(《论语·子罕》)

> **杨力启示**
>
> 孔子认为"仁"高于一切,为了仁义,甚至可以付出生命代价,所谓"仁者必有勇",正如《论语·卫灵公》中说"杀身以成仁",和孟子的"舍生取义",两千多年来曾经使多少志士仁人为此抛头颅洒热血而垂名青史。之后,孟子把孔子的义与仁并列,发展为"仁义观",两千多年来,孔孟仁义之道为中华民族的情操及民族气节打上了深深的烙印。

(二)礼是仁的约制

礼,指礼仪章制、宗法制度,是一种政治秩序,是对仁的约束,也是实现仁的一种措施。周礼，是指周代的礼节。孔子主张"克己复礼"（"克己复礼，天下归仁焉"见《论语·颜渊》），提出"非礼勿视，非礼勿听，非礼勿言，非礼勿动"（《论语·颜渊》），还说"人而不仁，如礼何？人而不仁，如乐何"（《论语·八佾》），指出仁是一切礼、乐制度的基础，礼是仁的体现。对礼的标准，孔子认为应从"俭"，他说："礼，与其奢也，宁俭；丧，与其易也，宁戚。"（《论语·八佾》）并认为"礼之用，和为贵"（《论语·述而》），即礼亦不可太过，和谐即可。孔子尤以"正名"为礼之第一要义，正名就是要"名正言顺"，孔子说："名不正则言不顺，言不顺则事不成。"（《论语·子路》）强调名实关系。

第二节 礼是孔子治国的至高智慧

一、孔子治国体系是以仁为中心的仁礼观

孔子思想体系的中心究竟是什么曾经引起了长期的争论，有的认为是仁，有的认为是礼，然皆不免失之偏颇。孔子思想体系是以仁为中心的仁礼的统一。

（一）孔子建立新的仁礼关系

孔子思想体系的核心是以仁为内核，礼为形式的仁礼统一体系。

无论从《论语》或是从孔子的生平活动都可证实孔子一生尽在习礼履仁之中，且从未把二者割裂过。事实上，仁与礼在西周便已是一对密不可分的统一体。文王重仁政，周公"制礼作乐"，说明西周已是中国古代的文明朝代。难怪孔子赞叹曰："郁郁乎文哉，吾从周！"（《论语·八佾》）

当东周政治经济发生了急剧的变革时，新的生产关系需要有新的上层建筑，于是旧的仁礼关系必然要被新的仁礼关系所取代。作为仁礼统一体的外延——礼，当然首当其冲被打破，于是出现了"礼崩乐坏"的局面。东周时期的礼崩乐坏只是外表现象，更严重的是仁的堕落，道德的败坏。故早在西周时期召公即告诫成王："不可不敬德。"（《尚书·召诰》）为了挽回礼，必须建立新的仁礼关系。

孔子重礼乐

兴于诗，立于礼，成于乐。

——《论语·泰伯》

这是孔子效周公制礼作乐的名言。

杨力启示

　　孔子对新的仁礼关系的最大发展，是在新的人际关系下建立以仁为核心的礼，从而使礼从形式上的礼，质变为以仁为内涵的礼。春秋时期，奴隶制社会彻底崩溃，早期封建社会的经济体制经过西周的酝酿后已经形成新的生产关系，奴隶正在向农民转化，到春秋时期已经基本成为农民，人权的价值发生了质变，人际关系也开始了新的飞跃。孔子在这样的形势下突出仁爱，强调人的价值观，充实礼的内涵，提出以仁为重的新的仁礼关系，对建立以仁为主导、以礼为外围的儒家思想做出了不朽的贡献，同时也为新生产关系的建立及生产力的发展起到了重大的促进作用。所以孔子新的仁礼关系的建立是具有历史的积极意义的。总之，孔子提出的仁政德治有利于新的社会秩序的巩固，对封建社会的变革是有积极的推动作用的。

（二）孔子仁的内涵

孔子仁的新内涵是突出人的自身价值及其社会价值。

仁及儒都含有"贵人"的意义。仁字即由"人"及"二"字构成，包含着贵"人"（对人的尊重）及对他人的爱。如《说文》："仁，亲也，从人从二。"儒家的儒字，则有众人之意，如仁与儒的象形字。

孔子重人，反映了"以人为本"的人道主义观点。仁的本义为人。正如《中庸》所说："仁者，人也。"这都表明人是仁的第一对象。

第一，仁的基本内涵为以人为核心的爱人、为人及立人。

"樊迟问仁，子曰：'爱人。'"（《论语·颜渊》）

爱人，是孔子划时代的巨大贡献，标志着人爱文明的超越。

"泛爱众，而亲仁。"（《论语·学而》）

爱众，即博爱，"而亲仁"指建立在亲亲基础上的仁爱。仁，即爱他人。说明孔子的爱众，已经超越了"血缘"的爱，爱的社会化标志着人的价值观的升华。说明博爱并非西方的专有词，其实中国的孔子在两千五百年前就已提出了，如"己欲立而立人，己欲达而达人"（《论语·雍也》）即是。

> **杨力启示**
>
> 上述说明孔子仁礼的基本内涵为利他主义，是人道主义的升华，从而奠定了儒家人生观的最高境界。因为利他主义是有意识的，有奋斗目标的，因此，孔子"爱人"的层次还要高出一般的人道主义。孔子的仁爱既是家庭的，更是社会的。

第二，孔子的仁爱还包含着孝爱。

孔子曰："孝悌也者，其为仁之本与！"（《论语·学而》）

这表明爱人是在血缘爱基础上的升华，从而使仁爱不仅有最强的人道主义精神，而且有高度的人情味。

家庭是社会的细胞，孝悌是人伦之本，首先要有孝道才谈得上仁爱，因为仁爱是孝悌的社会化和政治化。正如孔子所教诲的："弟子入则孝，出则

悌。"(《论语·学而》)"孝悌也者,其为仁之本与!"(《论语·学而》)

> **杨力启示**
>
> 　　孔子高度强调孝道,增强了仁爱的物质基础,同时也丰富了礼的内容,无仁无以谈礼,无孝同样无以谈礼,孝是人间的第一美德。孔子倡举的孝爱为仁爱、仁礼的流传和发展打下了基础。

二、为国以礼、为国以仁是孔子礼的最高含义

为国以礼。

——《论语·先进》

这是孔子重礼的目的。

"民之于仁也，甚于水火。"(《论语·卫灵公》)

"为国以礼。"(《论语·先进》)

老百姓需要仁，如同需要水火一样重要，说明仁为人民、国家的第一需要。孟子也竭力强调统治者必先仁，如："天子不仁，不保四海；诸侯不仁，不保社稷；卿大夫不仁，不保宗庙；士庶人不仁，不保四体。"(《孟子·离娄上》)

孔子"为国以仁""为国以礼"的提出，其重大意义在于把伦理高度政治化，把儒家伦理提升到了一个极高的境界。难怪孔子认为达到仁的境界是极不容易的。如他所说："志士仁人，无求生以害仁，有杀身以成仁。"(《论语·卫灵公》)

在"为国以仁"的前提下，孔子强调德政，从而使仁更加社会化、政治化。就像他所说："为政以德，譬如北辰，居其所而众星共之。"(《论语·为政》)

杨力启示

为政以德，标志着孔子把仁学推到了一个更高的境界，为儒学的政治伦理观奠定了基础。

上述说明孔子的仁既是其思想体系的最高理论范畴，又是道德修养的最高境界。

礼包括人的行为规范及国家表示敬意与威严的典章制度，是人际关系及社会关系文明度的重要标志。

礼是儒家思想的重要范畴，和仁并列为儒家思想体系的中心，为孔子所倡举。

礼起源于古代的祭祀，《易经》对此已有记述。如："王用亨于西山。"(《易·随·上六》)

亨，古通享，享即祀也。《诗·小雅·楚茨》中有"以享以祀"。周公"制礼作乐"标志着西周礼文明已达到了一个辉煌的高度。到春秋时期，随着封建社会生产关系的改变，需要新的上层建筑与之适应，尤其奴隶转变为农民，地位提高了，人的价值观发生了质变，从而需要一定的文明度进行保证。

孔子的礼便是在新生产力发展的形势下应运而生的。

孔子时期的礼，其基本内涵有四个方面。

第一，礼的第一个内涵是"为仁"。

孔子对礼的复兴，第一措施便是强调仁为礼的最基本的内涵。

"人而不仁，如礼何？"（《论语·八佾》）《论语》有109处强调仁，这不仅加强了礼的内涵，对礼的价值的提高也起到了重要的作用。

孔子加强仁的目的还在于突出礼不能只作为形式，他说"礼云，礼云，玉帛云乎哉"（《论语·阳货》），即如果不加强仁的实质，空有其礼，也不过金玉于外，败絮于内而已。

第二，礼的第二个内涵为"正名"。

何谓正名？孔子曰："君君，臣臣，父父，子子。"（《论语·颜渊》）

即君、臣、父、子各守其位，各尽其职，如果"君不君，臣不臣，父不父，子不子"（《论语·颜渊》），那就"名不正"，名不正则"言不顺"。所以孔子最反对僭越，主张"不在其位，不谋其政"（《论语·泰伯》）。

杨力启示

总之，孔子认为正名是礼的根本，正名是治国之道，名不正则"天下无道"。孔子的正名虽然是维护封建宗法等级制度的，但在历史上对国家的安定和统一客观上起到了积极意义。

第三，礼的第三个内涵是"克己"。

什么是礼？

孔子首先提出："克己复礼。"（《论语·颜渊》）

克己，指对自身行为的约束，所谓"约之以礼"（《论语·雍也》），因为礼的全面含义是敬别人和被别人尊重，两方面的统一才是完整的礼。要别人尊重自己，那就得自己先有约束并且自爱。故对礼"克己"的含义，孔子做了重要的解释，即："非礼勿视，非礼勿听，非礼勿言，非礼勿动。"（《论语·颜渊》）

第四，礼的最高含义为"为国"。

孔子提出"为国以礼"（《论语·先进》），强调"不能以礼让为国，如礼

第三章 孔子卓越的治国智慧

克己复礼

一日克己复礼，天下归仁焉。

——《论语·颜渊》

孔子认为克己复礼才能达到仁的最高境界，足见孔子对律己的高度重视，具体表现为"非礼勿视，非礼勿听，非礼勿言，非礼勿动"。

何"（《论语·里仁》）。他还说"不知礼，无以立"（《论语·尧曰》），突出"立于礼"（《论语·泰伯》）的重要意义。

杨力启示

总之，"为国以礼"的提出，是儒家的礼第一步政治化的象征，为中国文明的发展起到了重要的促进作用。

综上所述，孔子的仁礼是超越了血缘宗族关系的仁礼，是高度政治化、社会化的伦理，奠定了儒家伦理的核心。

三、孔子仁礼的辩证关系及其影响

孔子的仁、礼是一对统一体,其中又以礼为形式,仁为内容,二者相辅相成,共同构成孔子创建的儒家伦理的核心。

仁、礼二者密不可分,其间的辩证关系是以仁为主导,仁重于礼,但仁又受礼的制约,二者是互相依存,又互为制约的关系,两千多年来始终是儒学思想体系的中坚,为中国成为世界闻名的礼义之邦和文明古国做出了卓越的贡献。

> **杨力启示**
>
> 孔子一直认为仁与礼是不可分割的。他高度强调"人而不仁,如礼何""为国以礼""礼之用,和为贵"等,皆反映了仁礼之间的不可分性。孔子仁与礼的统一,标志着伦理与政治的统一,体现了儒家伦理的优势,为儒家文化几千年成为中国的正统文化起到了重大的作用。

第三节 中庸是孔子治国的智慧

一、孔子以中庸之德为儒家的执德准则

中庸是儒家的中正准则,始创于《易经》,孔子做了重要发展,成为儒家思想体系的重要内容。

中庸即中行、中正、中德。《易经》谓"中行",《易传》作"中正",《尚书》作"中德"("作稽中德"见《尚书·酒诰》),孔子则称之"中庸"。其含义皆为中正。

所谓中庸,孔子认为有两个主要含义。

1. 过犹不及

"过犹不及"(《论语·先进》)是孔子对中庸的主要解释,和《易传》的"中正"及《尚书·大禹谟》的"允执厥中"同理,即执中之意,主要意思

为思想方法必须不偏不倚。正如朱熹所注："中者，不偏不倚，无过不及之名。"（《四书章句·中庸注》）

不偏不倚是指中正的思想方法，并非"和稀泥"的调和主义，故中庸和折衷有着质的区别。

杨力启示

从哲学的观点来分析，中庸是在坚持一定原则前提下的调和，折衷则是无原则的"和稀泥"。

在方法论上，中庸是"执两用中"，无偏无颇的正确方法。

"过犹不及"为儒家树立了正确的处人处事的思想方法，增强了儒家的思辨能力。

中庸思想也是孔子的重要思想体系之一，有着重大历史价值，毛泽东都作了肯定。如他指出："孔子的中庸观念是孔子的一大发现，一大功绩，是哲学的重要范畴，值得很好地解释一番。"（《毛泽东书信选集》第147页）

2. 中庸之德

中庸的另一层含义指道德品质，即中正、正直的道德，孔子称之为"中庸之德"。

"中庸之为德也，其至矣乎！民鲜久矣。"（《论语·雍也》）孔子认为，中庸之德是最好的道德规范，可惜百姓中已经很少见了。

孔子的中庸之德，实质是仁道。仁道是孔子的最高道德，中庸之德即指在仁道基础上的调和。正如《论语·学而》所言："礼之用，和为贵。"

总之，中庸之德是对仁道的补充。义和中庸皆属于仁道的范畴，其中义为仁道之刚烈，中庸为仁道之亲和，故义与中庸刚柔相济共同统一于仁道。正如孟子所说："仁也者，人也。合而言之，道也。"（《孟子·尽心下》）

《中庸》也强调说："和也者，天下之达道也。"

礼之用,和为贵。

——《论语·学而》

这句名言,对中国人的为人治世有很大影响。

杨力启示

综上所述,孔子倡举的中庸之德包括思想方法及道德品质两个内涵,中庸之德又称中德,其重要价值在于不仅增强了仁的内涵,而且促进了儒家伦理的哲理化,为儒学的发展做出了重要贡献。

二、中庸之道的历史意义及其影响

第一,对儒家大一统思想产生了深刻的影响。

孔子中庸之道的重大历史意义在于它以其中正、调和的处世原则对儒家大一统思想的形成产生了深刻的影响,从而对中国两千多年来国家的统一客观上起到了积极的作用。《春秋公羊传》的大一统思想就是儒家中庸之道的发展，相传是由孔子的弟子子夏传给公羊高的。现实意义上说，儒家的大一统思想对中国成为并保持大国地位起到了重要的作用。

第二，对中国封建社会的巩固起到了促进作用。

封建社会在中国延续两千五百年之久和中庸的守中思想是有密切的关系的。中庸观点以守为重，客观上对社会变革起到了阻碍作用，对封建社会的巩固具有重大意义。

第三，对中国多民族的统一发挥了重要作用。

中国是一个多民族的国家，汉族与少数民族常常发生冲突。孔子"和为贵"的中庸思想对汉族与少数民族的融合起到了重要的作用。

杨力启示

总之，孔子倡举的中庸之德经过后世的不断发展形成了中庸之道，对国家的统一和民族的和谐起到了积极作用。

第四节　孔子杰出的"德政惠民"政治智慧

孔子是一位伟大的爱国主义者。

孔子提倡德政反对苛政，他指出"苛政猛于虎"（《礼记·檀弓下》），这是孔子仁学观的政治体现。后来孟子加以发展为仁政王道，对后世社会产生了重大的影响。

"政者，正也。子帅以正，孰敢不正？"（《论语·颜渊》）孔子认为君子首先自己要正。孔子还主张中央集权，这对统一中国是有积极作用的。孟子提出"定为一"，同样指出安定对国强的重要意义。

孔子的德政，强调"为政以德，譬如北辰，居其所而众星共之"（《论语·为政》）。他认为行德之政，犹如众星围绕北极星转一样稳固团结。孔子提出要"惠民"，"所重民、食、丧、祭"（《论语·尧曰》），"足食，足兵，民信之矣"（《论语·颜渊》），还说"民无信不立"（《论语·颜渊》），即失去了人民的信

苛政猛于虎。

——《礼记·檀弓下》

孔子和子路过泰山时遇女子哭坟所感。

任,国家也就不存在了,因此他强调:"因民之所利而利之。"(《论语·尧曰》)

孔子"重民""助民",他常引《尚书》说"惟民其康乂","今天其相民"(《尚书·大诰》),并认为德政必须"尚贤",即提倡"举贤才"(《论语·子路》),他还提出"举直错诸枉,则民服;举枉错诸直,则民不服"(《论语·为政》),强调要贤君政治。

杨力启示

孔子的这些政治主张,虽然没有被其所游说的六国统治者采纳,但其积极意义是不可抹杀的。忠君思想虽然应该被批判,但也说明下级与上级之间还是应有一定的礼仪存在才行的。孔子主张"惠民"是和孔子的贫贱有关系的,正如《史记》中说的"孔子贫且穷"。

第三章
孔子卓越的治国智慧

政者，正也。

——《论语·颜渊》

正，指正直正派，无论为官做人，都必须正人正己，走正道。

第五节　孔子重人道不轻天道的哲学大智慧

《论语》主要体现孔子的人道思想，《易传》《春秋》则主要体现孔子的天道观。"据《史记·孔子世家》和《汉书·艺文志》，《易传》十篇确系孔子所作。古人所谓作，不过说一部书的基本思想、基本东西属于某某，不可能每一句话、每一个字都出自孔子之手。其中有些可能是孔子后学所记，有些则是经孔子之手保存下来的旧说。不论哪种情况，其基本思想属于孔子，是肯定无疑的。"（吕绍纲：《孔子是无神论者》，《孔子研究论文集》，1987年版）因此，从《易传》及《春秋》体现的孔子观点来看，孔子是个无神论者。

为政以德,譬如北辰,居其所而众星共之。

——《论语·为政》

孔子强调以德治国犹众星环绕北极星一样。

正如吕氏说:"一个新的趋势出现了:人们对于孔子是有神论者的传统结论日益失去信心,越来越多的人开始探索究竟应该把孔子的无神论思想肯定到怎样的程度。在这个问题上,金景芳同志的观点和方法值得注意。金老三十多年来不管风吹雨打,一直坚持孔子是唯物论者的意见。我赞成金老的结论。同时我具体地认为,孔子不是有神论者,不是半无神论者,也不是同时可以定为有神论者的无神论者。孔子是个真正的、完全的无神论者。"

吕氏的观点是可取的。《易传》是一部光辉的哲学巨著,闪烁着唯物主义和辩证法思想。孔子晚年整理易学,"韦编三绝"(《史记·孔子世家》),说

明了孔子研《易》的辛苦。孔子自己也说："加我数年，五十以学《易》，可以无大过矣。"（《论语·述而》）

《易传》凝结着孔子的心血，反映了孔子天道观的唯物思想及无神论思想，同时也说明孔子并不是只重人道。孔子应该是一位真正的无神论者，正因为孔子不信"天命"，敢于和"天命"抗争，才会如此"自强不息"。

> **杨力启示**
>
> 当然，孔子在人道方面的成就确实更为突出。孔子重人道，因此孔子强调要立足于社会，在强调社会的基础上，孔子又强调立足于自身。如《论语·宪问》中说："不怨天，不尤人，下学而上达，知我者，其天乎！"充分肯定人为的重要地位。这也是孔子不听天由命，敢于抗争的积极一面。

第四章 孔子非凡的伦理智慧

第一节 孔子杰出的伦理治国智慧

中国是世界著名的礼义之邦,中华民族的伦理修养扎根于中国悠久的传统文化,因为中国的传统文化是以伦理教育为主体的。

《周易》一句"立人之道,曰仁与义",表明中国传统的伦理道德的形成源远流长。

有什么样的思想便有什么样的伦理道德。《周易》、孔子儒家的仁义思想影响中国数千年,铸造了中华民族的精神风貌和伦理气质,为中华民族精神的形成做出了不朽的贡献。

一、孔子以伦理为治国之本

孔子不仅重视为国以仁,为国以礼,而且强调为国而孝,认为孝是人伦之本,道德之源,是任何一个从政者必具的德行。

(一)孝的基本内涵

何谓孝?孔子指出,孝即敬。狭义的孝指对有血缘关系的父母兄弟之间的敬爱;广义的孝则为孝忠,泛指非血缘关系的人与人之间的敬爱。

1. 狭义的孝道

狭义的孝主要指子女对父母的孝敬,包括对父母的敬爱、赡养,对祖辈遗志的继承,以及对自己先祖的祭祀等。有血缘关系的孝还包括孝悌,即兄弟之间的敬爱。总之,孔子认为孝是人类区别于动物的标志之一,是人伦的重要内容。

第四章 孔子非凡的伦理智慧

孔子重孝

子曰:"有酒食,先生馔,曾是以为孝乎?"

——《论语·为政》

"今之孝者,是谓能养。至于犬马,皆能有养;不敬,何以别乎?"(《论语·为政》)人不知孝敬,何异于犬马?说明孔子高度重视孝道,认为孝道是人类文明的第一标志。

孔子尤其强调孝敬父母,认为这是人间第一美德。如曰:"父母在,不远游。游必有方。"(《论语·里仁》)"父在,观其志;父没,观其行;三年无改于父之道,可谓孝矣。"(《论语·学而》)

除了对父母的"孝"之外,孔子还强调弟对兄的敬爱,并称其为"悌",所以孔子的孝是建立在"亲亲"血缘关系上的孝。如曰:"弟子,入则孝,出则悌。"(《论语·学而》)

杨力启示

人首先要孝敬自己的父母兄弟。这是孝道的基本的准则,也是做人最起码的行为规范。

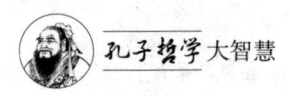

2. 广义的孝道

广义的孝道，指对非血缘关系的人的敬爱。这是孔子对孝道的重大发展，是对血缘关系的超越。

广义的孝道指"忠孝"，即指社会人与人之间的敬爱，包括少对老、下对上的敬尊及臣对君、民对国的孝忠。孝忠是孝道的社会化和政治化，是孝道的更高境界。孔子说："君使臣以礼，臣事君以忠。"（《论语·八佾》）"言忠信，行笃敬。"（《论语·卫灵公》）

> **杨力启示**
>
> 广义的孝道在中国历史上有积极的意义，也有消极的意义。尊尊、忠孝对维护封建社会的统治起到了有力的作用，但也被统治阶级作为长期麻痹人民、奴役人民、制约人民反抗的精神枷锁。

（二）孝在儒学中的重要作用

1. 孝是人性之本

孔子将孝作为人伦之本，认为孝是人与犬马的根本区别，没有孝道的人犬马不如，强调孝是人性的根本，没有孝便谈不上其他人性。

2. 孝是诸德之根

孔子认为，孝是一切道德的根源，孝是仁的根本，他说："孝悌也者，其为仁之本与！"（《论语·学而》）

强调孝悌是仁的根本。孝也是忠之本，如果没有"亲亲"之孝为基础，也不可能有"尊尊"之忠的社会化。孝同样为义之源，忘恩负义之人往往是不孝父母之徒。故孔子将忠信孝敬之间的关系总结为："言忠信，行笃敬。"（《论语·卫灵公》）即每个人的言行都不能离开忠信和孝敬，忠信孝敬诸德是密切不可分割的。

二、孝在封建社会治国中的历史意义

孝在封建社会中的重要意义在于它起到了巩固封建社会的作用。家庭是

孝

子曰:"父母,唯其疾之忧。"

——《论语·为政》

社会的基本结构单元,家庭的稳定对社会的巩固起着重要作用。

孝对家庭的稳定是有着积极作用的。

总之,孔子以血缘关系为纽带的孝道对维系家族宗法社会以及封建社会皆起到了重要的作用。

> **杨力启示**
>
> 尽管孝道在封建宗族社会中有一定的副作用,但从总体上来看,孝道是人性的美德,也是一个国家文明度的重要标志之一。中国之所以成为世界著名的文明古国,和儒家孝道几千年来对中华民族素质的铸造有着密切的关系。

三、孔子对中国文明的伟大贡献

中国之所以成为一个世界著名的文明古国,和孔子的巨大贡献是分不开的,孔子对中国的文明的进步起到了积极的作用。

孔子对中国文化的贡献,正如柳诒徵先生所言:"孔子者,中国文化之中心

也；无孔子则无中国文化。自孔子以前数千年之文化，赖孔子而传；自孔子以后数千年之文化，赖孔子而开。"（《中国文化史》，南京中山书局，1932 年版）

孔子倡举仁礼义忠孝，创建了中国古代伦理的核心，孔子的这些伦理风范何以能持久？原因有三。

第一，孔子伦理思想是人类社会的基本公德。

孔子仁礼义忠孝是人际社会中的基本公德。人如果离开了仁义忠孝这些基本的伦理将无法共同生活。否则，与禽兽世界何异？

人性的善与恶是有先天差异的，孟子认为性本善，荀子主张性本恶，其实人性既本善也本恶，所以人性必须有制约，有改造，古代五行生克规律便是人性的自然制约。孔子的伦理观则是人为的，强调对人性的改造和制约，这对社会群体良好的公共生活有着积极的作用。如"非礼勿视，非礼勿听，非礼勿言""己所不欲，勿施于人""三军可夺帅也，匹夫不可夺志也""君子坦荡荡，小人长戚戚""君子成人之美，不成人之恶""夫人不言，言必有中""弟子入则孝，出则悌"……

第二，孔子伦理思想具有永恒性价值。

孔子思想有浓郁的民族性，所以为广大民众接受，这也是孔子思想能深入民心的缘故。过去，有些人认为孔子思想是维护统治阶级利益的，其实这种看法是片面的。任何一种思想，如果不代表人民的利益是经不住历史考验的，中国历史上的诸子百家，没有哪一家的生命力能够像儒家思想这样长达两千五百年而不衰，如果没有群众基础只是封建统治者的倡举是不可能兴盛至今的，这说明孔子儒家思想的人民性、民族感是很强的，很有生命力。这就是孔子伦理思想价值观的永恒性。

第三，孔子政治伦理具有普遍性意义。

中国的传统文化是以伦理风范为核心的，是融伦理、哲理、政治为一体的伦理观，从《周易》开始便是这三者的统一。孔子的伦理观尤其突出政治，其入世伦理观具有重大的现实意义，升华了人生的价值观念，因此为大多数人所接受。如孔子的"为国以礼""为政以德，譬如北辰，居其所而众星共之"，强调仁礼道德不是为自己而是为国家，赢得了人们的普遍赞同。

总之，孔子的政治伦理是对隐士伦理的挑战，符合大多数人的利益，对

第四章 孔子非凡的伦理智慧

不在其位，不谋其政。

——《论语·泰伯》

孔子强调为人要安分守己，不僭越，不违礼。

中国的兴盛也产生了积极的作用。

> **杨力启示**
>
> 综上所述，孔子的伦理思想以其浓厚的政治伦理观对中华民族的精神风貌、人生价值和社会风气产生了深远的影响。

第二节 儒家伦理与孔子伦理

一、儒家伦理源于孔子

儒家的伦理思想是儒家思想的核心部分，主要以孔子、孟子为代表，孔

35

子的伦理思想是建立在《周礼》的基础之上的，并对之做了杰出的发展。

首先，孔子把《周礼》的礼由立国的准绳发展为立人的准绳，"不学礼，无以立"，扩大了礼的范围。其次，孔子把古代伦理的重心由"礼"改为"仁"，为中国古代的道德规范奠定了基础。"仁者爱人"，孔子扩大了"礼"的社会化，并把礼治发展为仁政。孟子进一步强调仁德为人本来就具有的品德，提出"人皆可以为尧舜"（《孟子·告子下》），"恻隐之心，人人皆有"（《孟子·告子上》）。

> **杨力启示**
>
> 孔子的"仁"包括孝、忠、礼、信、智、勇、恕、宽，孟子则将孔子的"信"发展为"义"，把仁义并列，且超越于礼之上，至此，完备了儒家以仁、义、礼、智、信为中流的伦理规范，并且提出"仁政"，强化了仁义的政治性。之后，儒家学派分别对仁、义、礼、智、信作了发展，如汉代大儒董仲舒从仁、智角度，提出智是仁的前提，但历代儒学大家无不以仁义为最高道德准则。

二、儒家伦理的三大特点

第一，强烈的政治性。

儒家的伦理道德是以政治为宗旨的。"为政以德"（《论语·为政》），就是说，关心政治是最高的道德准绳，孔子以是否关心国家大事作为道德的最高标准，可以说孔子的仁义道德，目的在于强调德治是国治的基础。

儒家的创始人——孔子，就有着非常崇高的政治抱负。他说："苟有用我者，期月而已可也，三年有成。"（《论语·子路》）即表示他如果受到重用的话，三年之内必见大成就。事实上，孔子从政才三月，就以"摄相事""堕三都"给鲁国增加了威望，以后他之所以愤然离政，是因为看不惯鲁国国君的"礼崩乐坏"、迷恋女乐以及"以下僭上"（臣子政变戮君）。他虽然放弃了仕途，但并没有放弃忧国忧民的抱负，而是历尽沧桑游说于诸国，宣传他的政治主张。

孔子的任何一个伦理道德都是蕴含政治意义的,即使中庸之道,孔子也认为"过犹不及",必须不僭越(下不谋上),否则就是太过。

孟子甚至把自己的喜怒哀乐都和国家联系起来,如他说:"乐以天下,忧以天下。"(《孟子·梁惠王下》)

> **杨力启示**
>
> 再如,孔子的举贤才,也是为政治服务的道德手段,是孔子对尧舜帝位"禅让"(传贤不传子)的扩大。

第二,浓厚的社会性。

儒家在强调人的鲜明个性的同时,也非常注重人与社会的融合,强调人际关系的和谐。儒家的仁义观,正体现了人与人之间和谐相处的思想。儒家以仁义道德作为伦理规范,充分表明了儒家伦理道德具有浓厚的社会性。

儒家伦理道德几千年来对中国人的伦理观产生了深刻的影响,其社会效应十分罕见。中国历经朝代更迭,但儒家思想却没有更换,说明儒家思想具有深厚社会基础。

> **杨力启示**
>
> 儒家思想对社会的影响并不亚于西方的基督教和印度的佛教,不同的是,儒家思想是非宗教、非神学的,因此易于被更多层次的人接受。这也是儒学伦理思想具有广泛的社会背景的原因之一。

第三,鲜明的人格性。

儒家思想强调人的价值,尊重独立的人格,重视人性。儒家在《周易》乾元刚健人生观的影响下,充分发展了人的个性。儒家的个性不是孤立的,它把人的个性和社会性相融合,把人置身于社会之中,也即是置身于社会

的潮流之中，因此儒家的人格精神总体上说是积极的，这是儒家伦理的重要特点。

杨力启示

儒家的"仁"首先就是立足于人本身的，如《礼记·中庸》："仁者，人也。"《孟子·尽心下》："仁也者，人也。"都强调了人的精神价值，说明仁的主要含义之一就是"自爱"及"爱人"。

只有在自爱、自重的前提下才能发挥人性的善良去爱别人，仁从"爱己"推广于"爱人"，"爱人"是仁的最高境界，也是社会人与其他生灵的根本区别。孟子的性善论，即提示了人生来即具备了"爱人"的基础。

儒家的伦理人格性，强调自重、自爱、自正。如孔子说："其身不正，虽令不从。"（《论语·子路》）"发愤忘食，乐以忘忧，不知老之将至。"（《论语·述而》）

孟子名言："必先苦其心志，劳其筋骨，饿其体肤。"（《孟子·告子下》）同样反映了孟子的志气。

儒家的礼、仁既是立国之本，也是立人之源，儒家认为没有礼、仁就谈不上为人。礼、仁既是国家的礼仪制节，也是约束个人的准绳。如《礼记·表记》："义者，天下之制也。"

杨力启示

孔子虽然主张"中立而不倚"的处世哲学，但在人生伦理方面则是鲜明的刚健派，他主张奋发向上、积极入世，和老子的柔弱退让、无欲出世的伦理是鲜明的对照。

三、儒家伦理思想的三大智慧精华

（一）仁义道德大智慧

仁，在中国很早就有了，《周易》："立人之道，曰仁与义。"

《诗》曰:"唯仁者能之。违强凌弱,非勇也;乘人之约,非仁也。"(《春秋左传·定公四年》)

把仁作为伦理道德核心却是孔子开创的先河。孔子把"仁"作为自己的人生观及道德观,"仁"的主要含意有二:一为"爱人";二为"克己"。

"爱人"的仁是孔子受古代大同思想的影响,奠定了仁的社会基础,"爱人"及"仁民""亲亲而仁民"(《孟子·尽心上》)被孔子及孟子发展为"仁政",成为仁政的核心。如:

苛政猛于虎。(《礼记·檀弓下》)

不以仁政,不能平治天下。(《孟子·离娄上》)

以德服人。(《孟子·公孙丑上》)

行仁政而王,莫之能御也。(《孟子·公孙丑上》)

保民而王。(《孟子·梁惠王上》)

人皆有不忍人之心,先王有不忍人之心,斯有不忍人之政矣。(《孟子·公孙丑上》)

以不忍人之心,行不忍人之政,治天下可运之掌上。(《孟子·公孙丑上》)

民为贵,君为轻。(《孟子·尽心下》)

孔子"爱人"的实质是人道。如曰:"夫仁者,己欲立而立人,己欲达而达人。能近取譬,可谓仁之方也已。"(《论语·雍也》)"己所不欲,勿施于人。"(《论语·颜渊》)上述"爱人""立人""达人""己所不欲,勿施于人",都是人道的体现。

孔子的仁政还有一个重要的内容是举贤。如曰:"举贤才。"(《论语·子路》)"为天下得人者谓之仁。"(《孟子·滕文公上》)"不用贤则亡。"(《孟子·告子下》)

孔子的"爱人"的主要内涵是为公,孔子高度赞扬的仁人、圣人,如尧、舜、禹、商汤、文王、武王、周公都是古代忘我为公的典范。大禹治水三年过家门而不顾,尧不举自己的亲生儿子却"禅让"了贤人舜,舜同样传贤不传子,可为天下之大公。孔子赞曰:"君哉舜也,巍巍乎有天下而不与焉!"(《孟子·滕文公上》)

己所不欲，勿施于人。

——《论语·颜渊》

这是孔子最著名的关于人格修养的言论，对中华民族品德的铸造有着深刻的影响。

孟子也叹曰："舜崩，三年之丧毕，禹避舜之子于阳城，天下之民从之。"（《孟子·万章上》）孔子尤其敬仰周公的胸怀，经常说道："甚矣，吾衰也！久矣，吾不复梦见周公！"（《论语·述而》）

既然为公就要有牺牲精神，正如孔子所说："志士仁人，无求生以害仁，有杀身以成仁。"（《论语·卫灵公》）

杀身成仁，说明孔子的仁具有高度的牺牲精神，也说明其价值高于生命。对于仁政，孟子尤其强调要爱民，爱民是仁政的基础，爱民才能得民心，得民心才能得天下。桀、纣王之所以失天下，就是因为施残政而失民心之故。他说："桀、纣之失天下也，失其民也；失其民者，失其心也"（《孟子·离娄上》），"保民而王，莫之能御也。"（《孟子·梁惠王上》）

义是儒家伦理的重要内容之一，义和仁并列成为儒家伦理道德的核心。儒家的义是博大的，是先人后己的，是中国古代大同思想的发展。孔子高度强调义，并认为这是区分君子和小人的标准。他说："君子喻于义，小人喻于利。"（《论语·里仁》）"见利思义。"（《论语·宪问》）

孟子高度强调义，对孔子的义作了充分的发展，并在孔子重义轻利的基础上更偏重于义。如："王何必曰利？亦有仁义而已矣。"（《孟子·梁惠王上》）

孔孟的义利观把义看得高于一切，甚至高于生命。孟子"舍生取义"《孟子·告子上》反映了中华民族祖先高尚的情怀。

克己复礼，是儒家伦理的核心。如何克己？孔子回答说："非礼勿视，非礼勿听，非礼勿言，非礼勿动。"（《论语·颜渊》）

孔子还坚决主张"正名"，所谓正名，即是个什么人就应该像个什么人。他说："君君，臣臣，父父，子子。"（《论语·颜渊》）

"克己"，指孔子认为"仁"必须是有一定约束的道德规范，孔子之所以成为圣人和"万世师表"，就是因为他从自身做起。另一方面，"若圣与仁，则吾岂敢"（《论语·述而》），孔子认为自己离仁人境界还相差甚远。

> **杨力启示**
>
> 孔子"仁"的另一个重要内核是孝，这也是孔子高度强调的道德标准。孔子的学生宰予抱怨对父母守丧三年太久，被孔子痛斥为"不仁"，说明孔子的仁的基础是孝，由孝道到仁道，是由亲亲而及人的发展。
>
> 孔子的"仁"还包含着"贵人"的思想。如马厩失火了，孔子首先问的是人烧伤了没有。

（二）中庸大智慧

中庸既属哲学范畴，也是道德准绳，既是儒家的世界观也是伦理规范。

中庸即中道、中和之意。中,中正、时中,不偏不倚,孔子解释说:"过犹不及。"(《论语·先进》)"中者,天下之正道。"(《中庸章句注》)庸,平也,不亢也不卑。如《中庸章句注》:"不偏不倚,无过不及而平常之理。"《尚书·大禹谟》:"允执厥中。"

中庸之道绝不等于折中、调和主义,孔子的中庸是以"克己复礼"为前提的中庸。孔子强调时中和中节,因此中庸之道也是一种对道德的约制。如孔子说:"君子之中庸也,君子而时中;小人之中庸者,小人而无忌惮也。"(《中庸·二章》)

中庸亦包含中和之意,如"子曰:故君子和而不流……中立而不倚。"(《礼记·中庸》)

朱熹亦曰:"然中庸之中,实兼中和之义。"(《朱熹章句》)

总之,中庸是孔子的最高哲学准则。

"中庸之为德也,其至矣乎!"(《论语·雍也》)中庸之道成为儒家重要的方法论及世界观,中庸观促进了矛盾的转化和调和,防止了矛盾的激化。

中庸在伦理道德上的应用,主要体现在中正及中道方面,即为人应合节、得适、不亢不卑、不偏不倚。

中道在《周易》中已经颇为重视了,如:"九二贞吉,得中道也。"(《易·解·象》)"干母之蛊,得中道也。"(《易·蛊·象》)

> **杨力启示**
>
> 中道,即指不亢不卑、不刚不柔的和合阴阳的标准。因此,中庸实际上是处世原则的"度"(度是量和质的统一),即"掌握恰到好处"的标准,即不偏不倚、无过不及。不论在哲学认识上或处世原则方面都离不开"度",这个度是"中和"的度,如孔子强调"和为贵"(《论语·学而》),这个度也是"中立"的度,但"中立"不等于妥协。

第四章 孔子非凡的伦理智慧

朱熹对中庸的阐述则比较尊崇中和。他说:"中也者,天下之大本也;和也者,天下之大道也。""和",平和,实际上即为执中之度,故中庸,儒家又释之为"中用"。如《礼记·中庸》说:"执其两端,用其中于民。"因此中庸又可释为"用中"。

《易经》的"中道"指的是阴阳和调,刚柔相济,儒家虽然强调中庸但实际上偏颇于刚用,老子则侧重于柔用。《易经》的"中道"是人道、天道及社会相结合的,儒家发展了人与社会的中庸之道,老子则发挥了人与自然的中庸之道。但是,中庸之道是一个很完整的思想体系,无论在世界观方面还是伦理道德方面,也即无论其哲学内容或处事原则,其核心都是一个"度"的准则问题。

中庸绝不等于折衷,前者是力图把握准确的度,后者则纯粹是"和稀泥",是无原则的合二为一。中庸的"中",强调"过犹不及";中庸的"和",亦非调和,而是对立的统一,并不否认事物的对立面。

孔子认为"和"是在"不同"事物基础上的和,如"君子和而不同,小人同而不和"(《论语·子路》)。《周易》中的八卦组合及太极、河图、洛书,也都蕴藏了中庸哲理,其中阴阳的对立统一,就是中庸哲理的体现。《易经》"一阴一阳之谓道",《老子》"万物负阴而抱阳"也都反映了事物的对立和统一。把握对立统一的原则,权衡统一的"度"便是中庸的哲理所在,易学的阴阳刚柔、水火燥湿原理无不宗法于此。

> **杨力启示**
>
> 中庸是动态的"和",它促进了事物的平衡。中庸的"时中""执中"都表明必须因时而中,因度执中,它不阻止矛盾的转化,因为动态的"和"包含着事物的消长和转化,而折衷的"和"是静止的"和",会阻碍事物的转化。

孔子对"过犹不及"的解释是从"狂"与"狷"进行分析的。前者为太过,后者为不及,不狂无狷才是"中行"(中庸)准则,如:

子曰:"不得中行而与之,必也狂狷乎?狂者进取,狷者有所不为也。"

(《论语·子路》)

子贡问:"师与商也孰贤?"子曰:"师也过,商也不及。"曰:"然则师愈与?"子曰:"过犹不及。"(《论语·先进》)

孔子的"无可无不可"便是中庸度衡的高度概括,其中蕴含着一条"权度"的准则,即无论过度或失度都是不恰当的。

杨力启示

认为中庸就是折衷、调和的观点,实际上是把儒家哲理庸俗化、简单化。反对中庸,将导致"失度"和"无度"。

(三) 性善大智慧

性善是儒家伦理的主要内容之一,也是仁道的基础。人性,指人的生性。"与生俱生"为性,也即人之本质,孔子只提出:"性相近也,习相远也。"(《论语·阳货》)并没有明确表态性的善恶问题,孟子则明确提出性善论,告子坚持不善不恶论,荀子则主张性恶论,如:

人皆有不忍人之心。(《孟子·公孙丑上》)

性无善无不善也。(《孟子·告子上》)

凡人之欲为善者,为性恶也。(《荀子·性恶》)

孟子性善论的基本理论是:"人皆有不忍人之心……皆有怵惕恻隐之心……无恻隐之心,非人也。"(《孟子·公孙丑上》)也就是说,"恻隐之心""不忍人之心"是性善的核心,是仁的基础。

"恻隐之心,仁之端也;羞恶之心,义之端也;辞让之心,礼之端也;是非之心,智之端也。"(《孟子·公孙丑上》)恻隐之心,指同情之心;羞恶之心,指能够区分真善丑恶。会谦让,有礼信,识别是非,这些都是性善的要素。

孟子的人性论的境界比告子要高出一等,它是以社会人性为主体的,而告子则以自然人性为出发点。对比如下:

仁,人心也;义,人路也。(《孟子·告子上》)

仁也者，人也。（《孟子·尽心下》）

食色，性也。（《孟子·告子上》）

> **杨力启示**
>
> 把人性由生物本能提高到社会精神是人性论的飞跃。
>
> 人性虽然以精神为用，但也有其物质基础，既然有物质基础，那么就是可传递的。人性有善也有恶，孟子强调人性必善，即所谓有良心，是为其仁政寻求基础的，有着积极性的一面，实际上，人的大多数也都是性善的，性恶的毕竟是少数。荀子强调性恶，也有其正确的一面，但不免失之偏颇，告子的无善无恶论以及生物人性观则是不可取的，正确的人性论应是有善有恶论。

第三节　孔子儒家伦理思想的反思

一、应该如何对待孔子儒家伦理

研究一种思想的产生，既要研究它的社会背景，又要考虑其历史根源。儒家思想是影响中国几千年的思想，多少年来铸造着中华民族的精神风貌和伦理气质，对中华民族的凝聚力和向心力也产生了深刻的影响。

儒家伦理道德几千年来一直是中国人伦理道德的主干，对这一伦理思想究竟应如何对待？

正确的观点，应该是继承儒家伦理思想的精华，去其消极保守的糟粕部分，弘扬优良传统，让中国传统伦理道德中的优良部分延续下去，使之转化为新的文化动力，为精神文明建设发挥新的历史作用。

二、儒家思想是中国六千年传统思想的集成

儒家思想虽然开创于孔子，但并非来源于孔子一人，儒家的仁义思想在孔子之前的几千年就早已产生，孔子只不过是做了弘扬而已。应该说，孔子对中

国的传统伦理道德起到了继往开来的作用,尤其他把伦理从宗教的神崇拜中分离出来,转向社会现实,使中国的伦理道德没有像西方一样掉入神学的泥坑,而是沿着人与社会的关系继续发展,这也是孔子对中国文明最伟大的贡献。

大约在一百万年前,炎黄子孙就已经在中国的这块土地上生活了。在中国疆域内发现的元谋猿人,距今约一百七十万年(另一种说法是不早于 73 万年),有文字记载的社会历史包括伏羲、神农、炎黄以及虞、夏、商、周,也已历时数千年。经过世世代代的实践和考验,中国的"礼"到西周时期已经基本形成。

孔子最崇拜的周礼成熟于西周时期,孔子经常梦见周公,说明他崇拜周公的仁德礼仪。孔子年轻时候,听到齐国的《韶》乐,竟入迷得"三月不知肉味"(《论语·述而》),说明古代的"乐"已经到了很高的境界了。孔子主张的仁、义、礼、忠、信,其实是在中国祖先的基础上进行的继承和发展,并不是孔子一个人创造的,因此研究儒学不应割断历史,应该以历史唯物主义的观点进行研究。

儒家思想并非中国古代伦理思想中唯一优秀的一家,另外还有老子、庄子、墨家及法家等各具特色的伦理思想,但儒家思想是诸思想中影响最深、历时最长、范围最广的思想。

儒家思想,尤其是仁义、孝道和礼乐,在中国古代影响面之广是任何一家思想都无以匹敌的,这就是儒家伦理唯一能被称为正宗传统思想的原因。儒家思想几千年来在中华民族的伦理道德中已经形成了"遗传基因",并逐渐形成了中华民族的气质特色和伦理风范,作为炎黄子孙,我们没有理由把祖先遗传下来的气质全部抛掉。

> **杨力启示**
>
> 儒家思想实际上是中国传统思想的集大成者,几千年来陶冶着中华民族的精神气质,不但被民众所接受,也为多数中国君王所服膺,如汉武帝、唐太宗、康熙皇帝等。
>
> 我们的历史责任是弘扬这些传统美德,使之转化为文化动力从而推动生产力的发展,而不是仅仅把它作为历史资料进行研究,更没有理由完全抛弃它。

三、传统伦理应该怎样传承

仁义伦理作为中国传统伦理,之所以既被广大民众接受,又被大多数朝代的统治者推崇,就是因为在中国经历了几千年的社会考验。不能因为儒家伦理在历史上曾经被某些封建统治者利用过,就简单地认为它是维护统治阶级利益的工具,更不能因为它在历史上曾经有过保守阻力的作用就全盘否定,或者仅将之作为文化遗产来处理。这都是缺少历史唯物主义和辩证唯物主义精神的做法。

把中国的封建保守归罪于孔子思想的观点,是违反历史、违反辩证法的,客观上这是对中国传统伦理的否定。作为统治阶级维护其统治基础的儒家伦理,或是作为科举制度重要内容的儒家伦理,都不是儒家伦理的本来面貌,更不能将之归罪于孔子,从而否定它曾经起到过的积极作用。

无论是秦始皇的"焚书坑儒",还是"文化大革命"时的"批孔批儒",都是对孔子、对儒家传统伦理的摧残,实际上也是对中国传统文化的亵渎。一时间,中国陷入了严重的伦理危机和道德滑坡。几千年流传下来的传家宝——仁、义、礼、忠、信被嘲弄,这是让人非常痛心的。

恰恰就在儒家伦理被认为是生产力发展阻碍的时期,东亚四小龙、日本等却推崇儒家伦理,把儒家自强不息的精神,重视教育的作风,仁义礼忠信的伦理思想应用于生产经营、企业管理上,创立了新的东方管理学和人际关系理论,同时引进西方先进科学技术,从而使经济得到了飞速发展,一跃而成为世界经济强国及地区。当然东亚四小龙的崛起,原因是多方面的,但儒家思想的弘扬是其中一个不小的文化动力。

过去,曾有人企图搞全盘西化,蔑视中国传统思想和传统道德伦理,把儒家的义利观颠倒过来,强调重利轻义,导致产生了"金钱万能""物质享受第一"的恶劣风气,人与人之间的关系成为金钱交易,在义利关系方面发生了义倒向利的严重倾斜。尤其"金钱第一"的思想开始侵蚀青少年,甚至连儿童也受到影响时,后果是十分严重的。

杨力启示

仁义道德既是儒家伦理思想的核心,几千年来也是中国传统思想的主体,抛弃仁义道德实际上等于抽去了中国传统思想的精髓。"逆水行舟,不进则退",要铸造一种优秀的品质需要无数代人的努力,然而,把它毁掉却往往只需一朝一夕。

弘扬中国传统伦理道德的精华,其意义的深远,不是我们现在看得到的。分析中国的历史就会发现,凡是施仁政的国君治理的朝代都比较文明昌盛,社会安定统一,人际关系也比较和谐。反之,"礼崩乐坏"的朝代往往衰败苟延,分裂格斗。

第五章 孔子杰出的教育智慧

第一节 孔子的教育大智慧

一、孔子是伟大的教育家

杏坛育人

孔子培养了七十二贤,弟子三千,为中国古代人才的培养开了先河。

颜回入学

一箪食，一瓢饮，在陋巷，人不堪其忧，回也不改其乐。

——《论语·雍也》

（一）孔子是中国教育学的伟大先驱

孔子的一大功德是开创了我国教育的风范，孔子的教育学思想是非常伟大的。他反对"血统优则仕"及"出身贵则仕"，倡举"有教无类"（受教育者不分贵贱高下）。这在当时的历史条件下是非常进步的，和老子的愚民观点截然相反，这也是老子在国人心目中远不能与孔子相媲比的缘故之一。

孔子的一生正如他所说的"自强不息"。他认为人应该"学而不厌，诲人不倦"（《论语·述而》），更应该谦虚好学，"不耻下问"（《论语·公冶长》），并认为"三人行，必有我师焉"（《论语·述而》），因此他大力办学，广招学生，鼓励人们读书学习。

第五章
孔子杰出的教育智慧

孔子培养了中国一代知识分子，是儒学的中坚。孔子学生达三千之多，出七十二贤人，有颜回、子贡、子路、子夏四高足，其中又以颜回为最得意门生。

韦编三绝

已是深夜，白发苍苍的孔子还在整理着《易经》……忽听咔嚓一声，颜回惊道："啊！老师，捆《易经》的牛筋条，已被您磨断多次了，老师的功夫真是到家了。"

孔子尤其注重对传统文化的整理，提倡经学，他整理六经典籍，尤其推崇《易经》，并叹曰："加我数年，五十以学《易》，可以无大过矣。"（《论语·述而》）可见孔子对《易经》的高度重视。孔子的伟大成就之一还在于对《易经》的发扬，相传《易传》为孔子所撰，孔子找到了中华文化的源头。孔子曾"韦编三绝"（即穿束书简的绳子都被磨断了三次，记述他苦研《易经》的程度），晚年还整理史书——《春秋》，他一生中为讲授、研究、

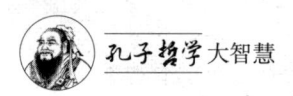

整理文化经典竭尽全力。

> **杨力启示**
>
> 孔子对中国文化的功勋,正如后人所评价的:"孔子者,中国文化之中心也。无孔子则无中国文化。自孔子以前数千年之文化,赖孔子而传,自孔子以后数千年文化,赖孔子而开。即使自今以后,吾国国民同化于世界各国之新文化,然过去时代之与孔子关系,要为历史上不可磨灭之事实。故虽老子与孔子同生于春秋之时,同为中国之大哲,而其影响于全国全民,则老犹远逊于孔,其他诸子,更不可以并论。则知孔子之地位矣。"(柳诒徵编著:《中国文化史》,中国大百科全书出版社,1988年版,第231页)

(二)孔子对中国人民的文化教育做出了不可磨灭的贡献

孔子是中国伟大的教育家,首开中国私人办学、讲学的风气,首定中国教学科目,为中国人民文化素质的提高立下了不朽功勋。

第一,孔子是中国教育史上的开山大师,首创私人办学。

孔子从三十岁便开始办学,收弟子达三千余,学术气氛浓厚,开创了百家争鸣的新局面,为战国时期诸子百家的兴起开了先河。为儒、道、法、墨诸家的创建奠定了基础。

孔子弟子三千,高足七十有二,为中国造就了一大批颇有影响的思想家,对中国思想文化的发展产生了深刻的影响。正如《史记·孔子世家》所说:"孔子以《诗》《书》《礼》《乐》教,弟子盖三千焉,身通六艺者七十有二人。"

如孔子的高足颜回、子贡、子路、子夏、冉求、子思等都为儒学及经学的发展做出了重要贡献,其中子思作《中庸》、子夏补充《易传》,还有许多弟子共撰集《论语》,都为中国文化的发展做出了重要贡献。

第二,孔子是"万世师表",开创了教育者必先受教育的先河。

孔子是一位伟大的教育家,他的教育思想包括教育他人及被他人教育的双重含义,是教育思想中的最高境界。孔子的一生是教诲别人的一生,也是自省的一生,他以身作则,谦恭好学。他说"三人行,必有我师焉""发愤忘食，乐以忘忧，不知老之将至云尔"，还说"学而不厌，诲人不倦"。

第三，孔子提出人人皆可受教育的"有教无类"思想。

孔子的"有教无类"，打破了教育分等级的旧制度，在中国及世界教育史上都具有划时代的意义。

"有教无类"即不分贫富贵贱，任何求学者只要缴纳一点象征性的学费（十条干肉）便可入学。这在两千多年前的中国的确是一场了不起的教育革命，从此开创了全民皆可受教育的先河，为中国教育事业的发展做出了不朽的贡献。

"有教无类"使受教育者下移至民间，摧毁了贵族文化的根基，上层贵族垄断文化的历史一去不复返了。

孔子教学不但重视理论还强调实践，制定了"六经"——《诗》《书》《礼》《易》《乐》《春秋》为理论教材，还以"六艺"为实践课程，包括

杨力启示

综上所述，孔子通过办学及讲学，制定了一套教育方针及教学方法，开创了中国古代教育事业的先河，培养了大批人才，为中华民族文化素质的提高做出了卓越贡献，不愧是公认的"万世师表"。

孔子是中国古代伟大的思想家及教育家，他一生的主要功绩有二，一是对中国经典文献的普及和整理，二是开创了中国教育事业的新纪元。

孔子伟大之处还在于他对中国文化的热爱和弘扬。孔子及儒家把中国的经典文献作为教学的主要内容，对中华文化的发展起到了积极的推动作用。中国之所以成为文明古国之一，和她拥有博大精深的文献宝库是分不开的，在这一点上孔子和儒家的功绩是不容低估的。

孔子的一生除了提出具有远见的政治主张之外，就是对中国文化的研究和宣传教育了，三千弟子、七十二贤人，反映了他的教学功绩，一部《论语》记载了他一生中伟大的教学言行，几千年来几乎成为中华民族道德规范的准则，许多名言名句至今依然成为人们的座右铭。

孔子的一生是光辉的，也是坎坷的，五十岁时他还游教于诸国，十四年颠簸生涯和不得志，铸就了他百折不挠的坚韧精神和刚毅气质。在他的教学思想中也反映出逆境犹斗的不屈精神。

射、御、数、书、礼、乐,尤其"六经"两千多年来一直作为儒家的典籍及封建社会官方规定的教材。

二、孔子教育智慧的主要精髓

有教无类——伟大的创举

孔子开创教育不分等级的伟大创举,打破了贵族才能受教育的不平等传统,为中国的教育革命开了先河。

孔子的教育业绩之所以卓著,和他伟大的教育理念是分不开的,主要体现在以下几方面。

(一)孔子"有教无类"的思想及其影响

"有教无类"载于《论语·卫灵公》,这是孔子最光辉的思想,它指教育面前人人平等，不分等级、地位、贵贱、贫富，人人皆可受教育。在孔子的学校里，穷人富人都一样，只要交几束干腊肉（"自行束脩以上，吾未尝无诲焉"见《论语·述而》）做学费就可入学，这样扩大了教育的普遍性，对中华民族素质的提升产生了深远的影响。以前，受教育只有上层人才能享受，现在平民也可上学了，难怪孔子世世代代被尊称为圣人。

"学而优则仕"（《论语·子张》），即言只要有才华、有学问，人人皆可做官，以"举贤才"与当时的世袭官承制度针锋相对，鼓舞了许多人投身仕途奋斗之路，也为中国的科举制度奠定了思想基础。

（二）孔子极为重视经典文献学习

孔子非常注重经典文献学习，制定《易》《礼》《乐》《诗》《书》为必读课程，并将之作为主要讲授内容。孔子边讲授，边修订，《诗》《书》《易》是孔子最为推崇的著作，晚年尤其崇《易》，他说："加我数年，五十以学《易》，可以无大过矣。"（《论语·述而》）

孔子是一位真正做学问的人，在整理及宣讲古代文献方面是颇下功夫的。孔子死后，他的弟子们继承了他的思想，继续研究和宣传。《易》《礼》《诗》《书》被定为四书五经的重要内容，并成为儒学的必修课程以及科举考第的主要内容，奠定了中国教育事业几千年的发展方向。

此外，孔子还很重视《礼》《乐》，他精通乐谱，赏识音乐。他在齐国听到舜时代的音乐《韶》时说到"三月不知肉味"，即感叹古时候的音乐竟已有如此高的水平，听了连肉味都忘却了。

孔子重视《乐》，并非为消遣，而是认为《乐》与《礼》有密切关系，都是对国家和社会有重要作用的。他十分重视音乐的思想性，说："礼乐不兴，则刑罚不中；刑罚不中，则民无所措手足。"（《论语·子路》）孔子还用音乐来陶冶情操，在逆境中仍以涛乐相伴，借乐、礼振奋精神。如他与弟子断粮于山坡上，还"讲诵弦歌不衰"（《史记·孔子世家》）。

孔子还主张多才多艺，除学习书经之外，还主张德育、智育、体育全面发展，他提倡学习射、御、书、数等技艺，并将之和礼、乐合称为"六艺"，作为"六经"（《诗》《书》《礼》《易》《乐》《春秋》）教学的辅助。

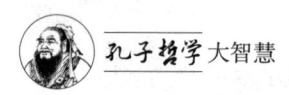

> **杨力启示**
>
> 孔子教学非常重视传统文化，主张在继承前人基础上发扬。孔子重视前人经典文献教育的理念，为儒家及我国的正统教育开创了新的纪元。

（三）孔子教育智慧的政治意义

孔子出身于一个没落的小贵族家里，生活并不富贵，三岁即丧父，由寡母带大，自幼生活贫贱，正如他所说："吾少也贱。"（《论语·子罕》）成年后孔子也只做过小官，五十岁虽升任为司寇，但因政局动荡，不久即被迫出走，游说诸国，开始了他长达十四年的颠簸生涯，虽历尽艰辛，但其政治主张并未得到诸国君的采纳。看到自己国家的衰落和时局的动荡，孔子感慨万千，坚定了"克己复礼"的抱负，也赋予了他教育思想强烈的政治性。

面对国与国之间的吞并，君与臣之间的篡权，孔子呼吁为人要正，主张要"正名"，要恢复"君君，臣臣，父父，子子"的政治规范；他提出"德礼之治"的政治主张，要求"为政以德，譬如北辰，居其所而众星共之"（《论语·为政》）；他还强调礼、仁、忠、孝、义。孔子的这些政治主张融入了他的教育活动之中，成为他教育的宗旨，也成为他培养人才的目标，孔子把教育和政治思想相紧扣的教育方针为中国的教育事业树立了光辉榜样。

> **杨力启示**
>
> 孔子教育思想的最大特点是具有极强的政治性，他的教育目标绝不是要学生退避三舍，而是要为治国铸造人才，可见孔子教育方针的社会性是很强烈的。孔子本人深忧国家的兴亡，从小就有为国分忧的抱负，因此他的政治见解也都是比较积极的。

（四）孔子首先开办私人学堂

秦朝以前，中国处于奴隶制社会时期，教育是为巩固奴隶主的利益服务的，只有奴隶主阶层才有受教育的权利。当时的图书和学堂都设在官府内，平民是不能进入的，因此教育只属于上层贵族。进入春秋时期以后，随着奴隶制度的崩溃和新兴地主阶级的兴起，阶级关系及社会制度发生了转变，科学文化及教育事业都逐渐发展起来，文化教育也开始下移，广大人民渴望求学，孔子开创私人办学就是在这样的时代背景下产生的。

孔子一方面参加政治活动，一方面办学讲课，广收弟子，设立了当时影响最大的私人学堂。孔子坚持"有教无类"，扩大了受教育者的范围，并鼓励学生关心国家大事，积极参加社会活动，为发展教育事业、培养国家人才树立了新的风尚。

孔子所办学堂坚持"有教无类"，不分等级，不视贫富，不看国界，只要有十条干肉做学费即可，"自行束脩以上，吾未尝无诲焉"（《论语·述而》）。他的学生发展到三千弟子，七十二贤人，其中有的在国家政事方面做出了卓越成绩，如子路；有的则在继承和发扬传统文化及教育事业上展露才华，可见，孔子办学的成就和影响是空前的。

> **杨力启示**
>
> 孔子扩大了私人学堂的影响，提高了教育从业者的社会地位，为中国的文化教育的发展立下了汗马功劳，这也是孔子被誉为"万世师表"的主要原因之一。

三、万世师表——孔子的七大师范

孔子是几千年以来教师中的典范，被誉为"万世师表"，是当之无愧的。孔子不仅以其不凡的政治思想而被千古所尊，而且以成功的政治理念与教育事业相结合的典范为万世所崇。

诲人不倦

孔子为中国的教育事业鞠躬尽瘁,死而后已。

孔子之所以受人尊崇,首先在于他有着高尚的情怀,如他说"己欲立而立人,己欲达而达人"(《论语·雍也》),即以培养学生为先;"己所不欲,勿施于人"(《论语·颜渊》),即自己不愿意做的事不要强加给别人。

(一)内省不疚

孔子非常注意内省,如他说"内省不疚,夫何忧何惧"(《论语·颜渊》),"吾日三省吾身"(《论语·学而》),"三人行,必有我师焉,择其善者而从之,其不善者而改之"(《论语·述而》),"丘也幸,苟有过,人必知之"(《论语·述而》)。

这些言录表明孔子一生谨慎克己、谦逊好学,也因此博得了不少人的爱戴。

人生贵在好学

子曰:"学而时习之,不亦说乎!"

——《论语·学而》

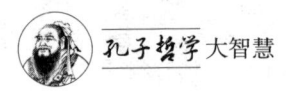

（二）克己、律己

孔子说："修己以敬。"（《论语·宪问》）孔子克己、律己的目的在于复礼。

孔子克己是为了复礼，"礼"的内核为"仁"。"一日克己复礼，天下归仁焉。"（《论语·颜渊》）孔子指出复礼的原则在于自我约制，他告诉颜渊："非礼勿视，非礼勿听，非礼勿言，非礼勿动。"（《论语·颜渊》）

"不知礼，无以立也。"（《论语·尧曰》）"席不正，不坐。"（《论语·乡党》）这都是非常了不起的格言，如今已成为许多教师的座右铭。孔子还强调"见小利则大事不成"（《论语·子路》），"巧言乱德，小不忍则乱大谋"（《论语·卫灵公》），认识到为人师表在这些节操方面是不能掉以轻心的。

不学诗，无以言。

——《论语·季氏》

（三）匹夫不可夺志

孔子是一位很有志气的人，"三军可夺帅也，匹夫不可夺志也"（《论语·子罕》），"君子求诸己，小人求诸人"（《论语·卫灵公》），孔子提出为人为师皆应有骨气，要守节，从而成为教师心中的偶像。

（四）仁爱爱人

孔子说"爱人"（《论语·颜渊》），"节用而爱人"（《论语·学而》），"人而不仁，如礼何？人而不仁，如乐何"（《论语·八佾》），即言一个人如果没有仁爱之心，如何能讲礼？没有仁爱之意能言乐吗？孔子认为人与人之间，包括师生之间，应相互了解，他教导说，"不患人之不己知，患不知人也"（《论语·学而》），即不要担心别人不了解自己，首先应担忧自己不了解别人。

孔子提倡仁爱，他爱护学生，和学生、弟子同甘苦、共患难的精神感人至极。颜回死时，孔子悲恸至极，长呼"天丧予"（《论语·先进》），足见师生感情之深。孔子死后，七十多位弟子守墓三年，子贡则服丧六年，足见孔子师生友情非同一般。

孔子在教学上，对学生是"诲人不倦"（《论语·述而》），这说明孔子对学生具有高于一切的爱心。孔子办学并不遵照"周礼"的"亲亲"，而是强调仁爱、爱人，在亲亲的基础上扩大了"亲"的范围，不分等级，不受血统限制。

杨力启示

从历史的观点来看，孔子这一"仁爱"思想在当时是十分进步的，也是孔子的伟大之处。

（五）人正名顺

孔子以品行端庄、为人正派著称于世。

名不正则言不顺，言不顺则事不成。

——《论语·子路》

这是孔子强调名正言顺的名言。

孔子非常重视人在社会中的政治价值，也尊崇"非礼勿视"的伦理规则，反对不正当的谋位，最痛恨以下僭上的阴谋篡权。一句"君子坦荡荡，小人长戚戚"（《论语·述而》），反映了他的高尚情怀，也为世世代代多少人所警戒。

> **杨力启示**
>
> "不在其位，不谋其政。"（《论语·泰伯》）孔子为人正派，虽然一生为国家政事忧心，奔走谏劝，但从无篡政之野心，这样的情操在政治家中足以成为值得敬奉的典范。孔子一生中时时刻刻都在关心国家大事，

然又是刚直不阿、鄙视以非正当手段谋政的人。

"君子周（团结）而不比（勾结），小人比而不周"（《论语·为政》），"君子不以言举人"（《论语·卫灵公》），孔子告诫学生要团结正派，不要搞阴谋诡计，不要听信谗言，他还强调"苟正其身矣，于从政乎何有？不能正其身，如正人何"（《论语·子路》），即指出当领导的人或为师者首先要能端正自己，才能办好政事，如不能正其自身，又如何能端正别人。

（六）重义轻利

孔子给后代树立了一个重义轻利的榜样，他谆谆告诫说"君子喻（明白）于义，小人喻于利"（《论语·里仁》），"见义不为，无勇也"（《论语·为政》），还说"见小利则大事不成"（《论语·子路》），指贪图小利的人，成不了大事。

"君于求诸己，小人求诸人"（《论语·卫灵公》），即言任何情况下也不能失节。

（七）热爱教育

作为一个教师，最起码的要求应该是对教育事业的热爱，这一点，孔子是十分突出的，"学而不厌，诲人不倦"（《论语·述而》）的育人精神贯穿于他的一生。孔子毕生致力于教育事业，他不但教人的学问，教人的思想，还教人的感情。孔子教学生的目的，是培养他们为国家、为社会效劳的本领，即"学而优则仕"。

孔子认为教育事业也具有同参政一样的效果。如有人问他："子奚不为政？"（为何不当官从政）他回答说："《书》云：'孝乎惟孝，友于兄弟，施于有政。'是亦为政，奚其为为政！"（《论语·为政》）即以《尚书》所说的只有孝敬自己的父母才能推广到孝敬别人的父母，表明自己提倡教育事业的目的在于用教育思想影响政治，并不一定要当官才是关心国家大事。这无疑也是孔子教育思想的崇高之处。

见利思义。

——《论语·宪问》

孔子的这句话成为几千年来影响中国人情操的重要格言。

孔子重师生感情,和学生情如手足。孔子收弟子三千,对他们一视同仁,关怀备至,他为学生鞠躬尽瘁,学生也愿为他舍生忘死。孔子死后,学生们悲痛万分,如丧慈父一般,足见孔子师生情谊之深,足以为万世缅怀。

从孔子献身教育四十年的伟大历程来看,被誉为"万世师表"是当之无愧的。孔子的一生波澜壮阔,展示了一位古代伟人的雄壮气宇,无论从教育方法和教育精神来看,孔子都足以为中国教育学的宗师,代表孔子思想的《论语》更是中国教育学的鼻祖。另外,孔子的教育思想和《易经》是密切相关的,孔子继承和发扬了《易经》的思想,为儒家及中国的教育事业奠定了基础。所以研究中国的教育学,易学及儒学是两个重要部分。

四、孔子杰出的教育方法及其影响

孔子本人及其所教的学生都声誉甚高,孔子被称为圣人,七十二高足被颂为贤人,说明他的教学是卓有成效的。

(一) 孔子最善于启发教育

孔子的教育方法是灵活的、有启发性的。例如孔子随从的马吃了路人的庄稼而被扣留,孔子先让子路去求释,子路回来说庄稼人不肯,孔子又让牵马人去求,马被放回来了,孔子采取的是因材施教的方法。为什么要先让子路去求,目的在于让他碰钉子回来后,才能悟出"同类相知"这个道理,因为子路不是庄稼人,他以读书人的话去说,当然不通,而养马人与庄稼人同类,彼此互知苦衷,自然心通,因此马上得到谅解,道理即此。

再如,孔子给学生讲灿烂的西周文化时曾叹道:"周监于二代,郁郁乎文哉!吾从周。"(《论语·八佾》)又讲了周公辅佐武王、成王的德高望重,皆是启发学生从人物的内心世界去感受。孔子讲到深处时已不能自己,叹道:"甚矣,吾衰也,久矣,吾不复梦见周公!"(《论语·述而》)当时使颜回感动得扑俯于地。

孔子还注意举一反三的教学方法,他说"举一隅不以三隅反,则不复也"(《论语·述而》),以循循诱导学生。

在因材施教方面,孔子注意根据学生的不同水平分别施教,他说:"中人以上,可以语上也;中人以下,不可以语上也。"(《论语·雍也》)即对中等水平以上的人或对中年以上理解力强的人,可以进行较高深的教育,而对中等水平以下的人或中年以下理解力较差的人,则进行较浅一些的教育。

(二) 孔子主张学以致用

孔子教学生的目的是培养他们为社会服务的才能,故很注重学以致用。孔子培养的学生有的在政界大展宏图,如子路献身卫国。《史记·仲

尼弟子列传》载："政事，冉有，季路……子路为蒲大夫，辞孔子……子路为卫大夫孔悝之邑宰……方孔悝作乱，子路在外，闻之而驰往。遇子羔出卫城门，谓子路曰：'出公去矣，而门已闭，子可还矣，毋空受其祸。'子路曰：'食其食者不避其难。'……子路曰：'君子死而冠不免。'遂结缨而死。"

孔子反对死读书，他批评樊迟说："诵《诗》三百，授之以政，不达，使于四方，不能专对；虽多，亦奚以为？"（《论语·子路》）即言只知道死读书，读了许多，却既不会处理政事，也不能出使外国，这样的学生有什么用？

（三）孔子本人谦虚好学态度严肃

孔子说："吾尝终日不食，终夜不寝，以思，无益，不如学也。"（《论语·卫灵公》）意思是说：我曾经整天不吃，整夜不睡，全都用来思考，但是都没有好处，比不上去学习啊。

孔子本人的学习精神也是感人至深的，他在学习中做到了"不知老之将至"（《论语·述而》），他还告诫学生："三人行，必有我师焉！"（《论语·述而》）即指出不仅要谦虚好学，还要多拜师，广开思路，知识最忌狭窄，要善于结交有才学之士，以取长补短。孔子认为，自己要学而不厌，对别人要诲而不倦，这也是十分重要的，他最痛恨"饱食终日，无所用心"（《论语·阳货》）。

孔子还强调学习态度要严肃，作风要端正，他说："知之为知之，不知为不知，是知也。"（《论语·为政》）另外，孔子反对投机取巧、自欺欺人的不良作风，认为："道听而途说，德之弃也。"（《论语·阳货》）

（四）孔子提出独立思考温故知新

"学而不思则罔，思而不学则殆。"（《论语·为政》）孔子强调要善于独立思考，反对思维懒惰，告诫学生要"温故而知新，可以为师矣"（《论语·为政》），即每一次复习都应得到新的启示，不要把复习功课看作是简单的重复，应是更深一层的循环。孔子还说："学而时习之，不亦说乎！"（《论语·学

第五章 孔子杰出的教育智慧

仰之弥高，钻之弥坚。

——《论语·子罕》

颜渊喟叹道：孔子的学问啊，越仰望越觉得高远，越深研越觉得深。

而》）指在学习的过程中，要把新知识和学过的东西相联系，往往会在新旧思想的碰撞中迸射出新的火光。

孔子提出了一个重要的人生历程，即："三十而立，四十而不惑，五十而知天命。"（《论语·为政》）即三十应立身立业立于世，四十应有一定的洞察力，应有理智和清醒的头脑，五十应能把握自己的命运轨迹和社会规律，从而能达到从自由王国走向必然王国的境界。但也可以作为学习认识的三个重要阶段，即三十岁时学习便应独立了，不能再依附老师，要开始独立完成学习及工作；到了四十岁，则进入了掌握知识的不惑阶段，此时已经进入了可

以为师的层次，应开始知识上的再创造；五十岁时，已是硕果累累，能驾轻就熟了，对社会规律及宇宙自然规律都已经能够知晓，进入了人生中更高一层的学习境界，因此更要继续努力，不可功亏一篑，正如孔子所说："发愤忘食，乐以忘忧，不知老之将至。"（《论语·述而》）孔子的这句名言，即可作为人生旅程来理解，也可理解为三个重要的学习境界。

第二节　孔子儒家与《易经》教育智慧的相互关系

一、中国教育的三大源头

中国是世界上著名的文明古国之一，亦是世界上最早开始和最重视教育的国家，中华民族的思想品质和精神风貌与重视教育传统有着非常密切的关系。

第一，我国的教育思想起源甚早，孔子是中国古代伟大的思想家及教育家。他一生的主要功绩有二：一是对中国经典文献的完善和整理，二是开创了中国教育事业的新纪元。

第二，《易经》的教育思想是《易经》文化成就中最卓越的内容之一，堪称我国古代教育思想的集大成。三千年前的《易经》，正值中国六千年文明史的中点，在中国教育思想起到了承先启后的作用。

第三，儒家高度重视经学和经籍教育，一方面为继承发扬传统文化做出了卓越的贡献，另一方面也为中华民族文化素质的提高奠定了基础。

二、《易经》思想奠定了中国教育思想的基础

孔子把《易经》列为"五经"之一，极大地扩大了《易经》的影响。

《易经》教育思想是《易经》文化成就中最卓越的内容之一，我国的教育思想起源甚早，《易经》为我国古代教育思想的集大成。三千年前的《易经》，正值中国六千年文明史的中点，起到了对中国教育思想承先启后的作用，应引起高度重视。

伏羲、周文王、周公、孔子四圣是《易经》的四大作者，其中，伏羲画八卦，周文王演64卦，周公作爻辞，孔子整理《易经》。而伏羲是中国仁政

的先驱,周文王是仁礼的开创,周公制礼作乐,孔子是仁爱的典范。他们奠定了《易经》思想的源头。

思想和教育本来就是密切相关的,《易经》作为中国学术思想的渊源,也奠定了其作为中国教育思想的基础。易学源于《易经》,为中国儒学之根,《易经》被列为诸经之首,充分地渗入儒学之中,可见,儒学对中国的教育思想所起的影响和《易经》是分不开的。

总之,《易经》是儒家的重要经典著作,以《易经》思想为基础的儒家教育思想是中国传统教育思想的核心。中国古代伟大的思想家及教育家——孔子,对《易经》倍为推崇,经过严肃的整理后,将之列为教学的主要内容,以后的儒家又将《易经》列为"四书五经"之首、"十三经"之首,《四库全书》更将之作为中国诸经之首。易学对中国教育思想的影响和孔子的推崇有极大的关系。

《易经》虽然没有直接讲教育方法,但《易经》书中蕴含着丰富的教育思想,包括教育伦理学、教育心理学、教育预测学等,对中国的教育思想产生了深刻的影响。

古代的思想家、教育家,不独孔子、孟子,历代各家几乎都和《易经》有密切关系。

墨子重实践的教育思想,荀子强调社会教育、礼治教育的做法,韩非子"以法治教"的理念,都和《易经》有关。汉代大儒董仲舒提出的"独尊儒术,罢黜百家",更是巩固了《易经》、儒家思想在教育中的主宰地位。宋代著名的程朱(程颢、程颐、朱熹)理学,其教育思想也是在《易经》、儒家思想的基础上发展而来的,二程以《易经》、儒家思想为立论进行教育,主张"以学至圣人"以及教民观点,"宁学圣人而不至,不以一善而成名"(程颢)。

宋朝大思想家朱熹是易学理论家,其教育思想为孔孟教育思想的发展;南宋著名思想家陆九渊的教育思想仍然继承孔孟儒学的衣钵;明清时期的著名思想家王夫之以《周易外传》《周易内传》构建了他的易学思想体系,也奠定了他教育思想的基础。

总之,《易经》和中国教育思想的形成及发展有着密切的关系。

三、儒家教育思想及其影响

《易经》是儒家的重要经典著作,以《易经》思想为基础的儒家教育思

想是中国传统教育思想的核心。孔子精通《诗》《书》《礼》，尤其重视《易经》，对《易经》进行了系统的整理、补充，并作了《易传》。"韦编三绝"（《史记·孔子世家》），记载了他整理《易经》的艰苦过程。

孔子对《易经》给予了高度的评价，感叹道："加我数年，五十以学《易》，可以无大过矣。"（《论语·述而》）他还将《易经》列为主要教程之一。《易经》对中国文化的影响，孔子是起到了重大推动作用的。

儒学是中国思想文化及教育学上的重要文化遗产，应该加以认真发掘，当然，其保守和维护封建统治的一面应当批判地继承。至于历代统治者利用儒学又当别论。总之，儒学思想应和被统治者利用的儒学思想区分开来，发扬其本来的思想，以历史唯物主义及辩证唯物主义的观点，以马克思主义毛泽东思想为指导，继承和弘扬儒学教育思想。

四、儒学教育特点及其影响

（一）儒家重社会教育及其影响

儒家的教育方针遵循了孔子提出的"学而优则仕"的思想，所以非常重视社会教育，儒学教育也一度被作为为国家选拔人才的途径。

儒家教育重在人与社会的关系。儒学的教育之所以可以长久延续，就是因为它的宗旨是以社会为本的，立足于人与人之间的关系，而非解决人与自然之间的问题。

由于儒家的教育是和社会相结合的，因此，既受广大民众欢迎，也被历代统治者所倡举。至于统治者利用儒学巩固其统治，是统治者方面之事，与儒学本身无关。

儒学的社会性之所以强，主要还在于其有广阔的社会背景。儒学是产生于中国内部的学术思想，历史上与当时的国情相符合，代表着中国的传统观念。儒家思想之所以成为中国传统文化的中流砥柱，就是因为它具有强烈的社会性。中华民族"自强不息"的特征和儒家思想的影响是分不开的。

> **杨力启示**
>
> 儒学社会性还充分体现在它把起源于小生产经济的古代的伦理道德进行了社会性的升华。如把忠、孝、仁、义由血统关系扩大为人与人之间的社会关系，为塑造中国的民族魂奠定了基础。孔子思想铸造了中国的"国魂"和定型了中国人的"民格"，因此几千年来中华民族逐渐成长为一个有着固有伦理观念的民族，是任何一个外来观念侵蚀不了也改造不了的。
>
> 中华民族的伦理核心——仁、义、忠、信、孝，是世界上任何一个民族所不能及的。这些品格之所以如此根深蒂固，原因归结于孔子儒学，儒学是中国思想领域内的"万里长城"，几千年来用仁、义、忠、信、孝为砖块筑起来的长城，把中国人凝聚在这个辽阔的天地之内。儒学成为屹立在世界上的一个强悍的民族精神堡垒，这就是儒学教育在中国产生的深刻社会意义。

（二）儒家重道德教育及其影响

儒家是道德至上的学派，儒家强烈的道德观念，包括礼、仁、忠、孝、义，历史上已成为人们行为规范的准则，对中华民族的德育产生了极为深刻的影响。

首先，儒家重"礼"的教育，礼治和礼教既是儒家政治思想的宗旨，也是儒家教育思想的核心。礼有着严格的等级制度，是约束人们思想和行为的重要工具，在旧社会，礼是统治阶级实行宗法等级制度的工具，但几千年来礼的范围已经扩大到国与国之间及人与人之间的行为规范，已是成为社会不可少的规则。儒家的主要教育经籍——《易经》《礼记》都是重礼教的，其中《易经》强调了礼仪的重要性，如："立人之道，曰仁与义。"（《易传·说卦》）

《礼记》是儒家"四书五经"之一，又称为《小戴礼记》，是儒家礼教的主要经籍，记载了儒家有关礼教的制度、政策、原则及仪节等。另外，儒家主要的礼学教材还包括《大学》《中庸》等学习修业的专著。此外，《仪礼》《周礼》也被列为儒学教育内容之一，儒学者必习《礼》及通《礼》。孔子的"克己复礼"便是儒家礼学的最高纲领，"君君，臣臣，父父，子子"是儒家理学的最高准则。

上述说明儒家十分重视礼的教育，历朝各代都根据各自的情况制定出了一定的礼制，长期以来，对中国的礼治及礼仪规范产生了深刻的影响。礼已经成了人们的道德规范和道德教育的重要内容，反映了中国文明的面貌，对中国成为世界著名的礼义之邦产生了深刻的影响。可见儒家教育对中国的德育影响是极为深刻的。

儒家教育是以仁义为核心的，"立人之道，曰仁与义。"（《易传·说卦》）所谓仁，《说文》曰："仁，亲也，从人从二。"仁是儒家对周礼"亲亲"的发展，也即是由血缘的亲亲推及社会的仁爱，孔子的"爱人"（《论语·颜渊》）就是儒家"仁"的最高境界。故孔子强调"克己复礼为仁"（《论语·颜渊》）。孟子认为仁是一种恻隐之心，"人皆有恻隐之心"（《孟子·告子上》），《礼记》则认为，仁义也是一种礼性，"道德仁义，非礼不成"（《礼记·曲礼》）。

儒家的仁是和义并列进行教育的。义是利的对立面，孔子是重义轻利的，目的在于提高人生的价值，他说："君子喻于义，小人喻于利。"（《论语·里仁》）孟子则更为轻利，他说："王何必曰利，亦有仁义而已矣！"（《孟子·梁惠王上》）其他大儒也都是重于义的。义与利是一个统一体的两面，义与利之间的关系虽然是不可分割的，但在两千多年前，儒家就有重义轻利这种高尚的情操是难能可贵的。儒家重义轻利的思想尤其在知识分子中影响甚广，这是儒家德育思想中最为宝贵的财富之一。

另外，儒家在德育方面重视孝、忠、信的教育，孝、忠、信也是儒家伦理规范的基本内容。其中，孝是《周礼》亲亲的发展，包括孝敬父母、兄弟、师长，孝是人伦之本，包括对父母的赡养、亲敬及对父母事业遗志的继承。孝被誉为中国人的美德，这也是儒家思想之所以能深入人心、深入社会的缘故。孔子极为提倡孝，对于孝的含义，孔子说："弟子入则孝，出则悌。"（《论语·学而》）荀子说："能以事亲为之孝，能以事兄谓之悌。"（《荀子·王制》）

儒家最痛恨不孝的行为，如："子曰：五刑之属三千，而罪莫大于不孝。"（《孝经·五刑章第十一》）

儒家把孝推及孝敬师长、长辈，使之成为仁的内容之一，把孝由血缘"亲亲"的范围扩大到社会关系，这是儒家在伦理道德方面的又一建树，对中国的德育事业有着不可抹杀的贡献。

在忠、信方面，儒家强调忠诚、忠厚。儒家忠的特点在于有较浓的政治气息，儒家的忠不仅是对朋友的忠，更主要是指臣事君的道德准则。如："子路问事君。子曰：'勿欺也，而犯之。'"（《论语·宪问》）实际上是指要忠于国家，另如《左传》："忠，社稷之固也。"（《左传·宣公二年》）

信，指信用、信义，是儒家"五常"（仁、义、礼、智、信）之一。信在《易经》谓之"孚"，指诚实的品德，《易经》对"信"做了比较多的论述，认为信是为人的重要品德。信成为儒家德育的重要内容之一和《易经》是有密切关系的。

以上说明儒家高度重视品德教育，这对中国古代的教育事业偏重于道德伦理方面的修养，产生了深刻的影响。

（三）儒家重视经籍教育及其影响

儒家在教育事业方面的另一大特点是重视经籍教育。孔子非常重视经籍教育，他的教学自始至终都以经籍教育为主要内容，晚年又整理了《诗》《书》《礼》《乐》《易》《春秋》，对儒家教育产生了深刻的影响。儒家教育以"四书五经"为主，即：《论语》《孟子》《大学》《中庸》《易经》《诗经》《尚书》《礼记》《春秋》。

儒家教育重视经籍教育，为中华民族的文化素质奠定了基础，同时也为继承和发扬中国的传统文化做出了贡献。但过分陷于经籍学习，而忽视汲取新的、外来的知识，那必然会禁锢人们思想文化的发展，这也是应该注意的。因此研究儒家教育这一宝藏，应以辩证唯物主义和历史唯物主义的观点进行，只有这样才能更好地继承和弘扬祖国的传统文化。

《易经》既是一部重要的哲学著作，又是一部由探索自然现象推及社会规律的综合巨著，它的侧重点在于探索社会，故被孔子竭力推崇。《易经》的哲学理论、社会思想成为儒家思想的基础,导致产生了儒易融一、水乳不分的情况,易学的思维模式及哲理深深地渗透于儒学之中,为儒学的形成和发展奠定了基础,也对中国思想文化的发展产生了深刻的影响。

《易经》又被列为诸经之首,其政治思想、辩证法思维以及所蕴含的伦理道德皆为中国的传统文化思想奠定了基础。

《论语》是记载孔子言行的书,它全面地反映了孔子的思想及品德,也反映了中国古代思想文化的成就,这是继《易经》之后,对中国人影响最大的书。《论语》以其博大精深的学识和高尚的情操,对中华民族精神风貌的建树产生了深远的影响,也为铸造中国魂做出了不朽的贡献。

《论语》是儒家必修的课程,其中的教育方法、教育观点,对中国的教育产生了巨大的影响,对弘扬中国传统思想文化也起到了重要的作用。

《孟子》是主要记载孟子思想言行的书籍,对中国人思想教育的影响,仅次于《论语》。孟子推行孔子的仁政,主张尚贤,效法尧舜,提倡薄赋、性善、重义、贵民等思想,成为儒学的主流,提高了儒学思想的进步性和政治性,也加深了儒家教育的政治性意义,对儒学成为正统学派起到了一定的作用。

《礼记》主要指《小戴礼记》,与《大学》《中庸》,是我国古代礼治、礼教的集大成。

《春秋》是鲁国的编年体历史书籍,为孔子所删定,是儒家的经典著作之一,收载了从鲁隐公至鲁哀公约两个世纪的历史资料。包括《公羊传》《谷梁传》及《左传》三传。《春秋》是一部言简意深、微言大义之书。

《春秋》的特点在于思想性很强,因此被儒家所奉崇。"《春秋》之义行,则天下乱臣贼子惧焉"(《史记·孔子世家》),说明《春秋》极具政治价值,这也是儒家把《春秋》作为政治教育典籍的原因。

《春秋》是继《易经》之后的又一部隐言史书,它以简约的笔法记录了鲁国的历史,文字虽然简略,却饱含伦理及政治含义。《春秋》的三部传:《公羊传》《谷梁传》《左传》,都是史料价值很高的经籍,它们借注经对当时的历史事件进行了充实、发挥,尤其《左传》的价值更高。儒家把《春秋》及《左传》列为重点经籍,加强了中国教育事业的文史素质的教育,对提高文化素质及研究中国历史都起到了一定的作用。

《孝经》是中国第一部孝道专著，是中国古代孝德的集大成。《孝经》认为孝是道德的根本，"夫孝，德之本也"。

儒家重视孝德和孝教，儒家孝教的特点还在于把孝由"亲亲"的境界向"尊尊"升华，使孝德超越了血缘关系的圈子向社会孝德扩大，这是儒家孝教的一大成就，也是儒家思想既能深入大众，又屡被统治者所提倡的缘故。

《大学》《中庸》列入"四书"之内，成为儒学必读之书。《礼记》与《周礼》《仪礼》被誉为"三礼"，是儒家礼学的思想基础，儒家对《礼记》的重视，正是儒学重视礼教、礼治的反映。对《礼记》的研究在于发扬孔子的"克己复礼"思想，这为中国的礼治教育奠定了基础，同时也为中国的礼道文明做出了贡献。

《诗经》是我国最早的一部以诗歌形式表达社会生活、政治思想及感情的诗集，共305篇，主要记载和反映了周代生活状况以及人们的思想情感，是一部史料价值很高的古代巨著。

孔子十分推崇《诗经》，并言："不学《诗》，无以言。"但孔子及儒家推崇《诗经》的目的，是借诗歌来抒发政治主张，如"诵《诗》三百，授之以政，不达；使于四方，不能专对；虽多，亦奚以为？"（《论语·子路》）另一方面诗又是与礼乐相联系的，儒家把《诗经》作为主要典籍之一，不但是将之作为提高文化素养的手段，更是将之作为抒发政治抱负、陶冶情操的手段。

儒学把诗歌应用于政治，使诗歌的发展超出了文艺文学的范畴，提升了诗歌的价值。历代许多诗人都是有政治抱负的人，同样许多君臣也都擅长作诗，如屈原、曹操等。诗歌愈来愈多地被用于揭露对统治者的不满以及被用以抒发政治抱负。

总之，诗歌应用的不断扩大，尤其是政治性色彩的不断加浓，都和儒家重《诗》教是分不开的。

《书经》又谓《尚书》，为儒家经典之一，是我国最早的史料专著。汇聚了从上古虞尧至春秋秦穆公的历史，主要包括尧、舜及夏、商、周时代，是研究我国上古及古代社会的珍贵历史文献。其中记载了各朝代的功绩和

历史教训，反映了当时的政治制度、思想文化，尤其对当时的一些积极思想，如圣王贤君的德道、仁政方面，对文、武二王及周公的歌颂以及对当时的一些先进政策都做了专论。此外，还有如最早的地理专论《禹贡》、五行专论《洪范》以及礼制专论《顾命》，其他如《尧典》《盘庚》《汤誓》《牧誓》等。

儒家将《尚书》作为必读经典，充实了儒学政治伦理思想的内容，加强了学生的历史文化素质修养，同时也为继承和发扬中国的传统文化做出了贡献。

综上所述，儒家高度重视经籍教育和经籍研究，一方面为继承发扬中国的传统文化做出了卓越的贡献，另一方面也为中华民族的文化素质修养奠定了基础。

五、儒学教育在中国教育史上的重要地位

随着政治和经济制度的变化，汉代尊行大儒董仲舒的倡议，实行"独尊儒术"的方针，进一步巩固了儒学在中国政治学术派中的支配地位，进而也奠定了儒学在中国传统教育中的主干地位。

从春秋至清朝，儒学始终维持着独尊的地位，为什么儒学几千年以来一直被重视，主要还在于它所提倡的社会观及伦理道德被广为接受。除了秦始皇"焚书坑儒"之外，几乎没有一个朝代不重视儒学的，原因之一在于儒学的思想体系是一个向心的体系，非常利于巩固政权。如儒学提倡的礼、义、仁、忠、孝、信，无论对于国家、社稷，还是对于家庭、企业，都是一种向心性的制约和联系。

另外，儒学的中庸观（"过犹不及"）是决定政策和为人处事的良好准则，因此儒学的"以和为贵""以礼待人""以仁施政""以忠孝处世""以义为人"等思想都深得人心，很容易被人们所接受。故无论上层或下层、统治者或被统治者，对儒学的思想体系都不排斥。几千年来这些社会伦理观始终成为儒学教育的主流，这是儒学成为中国教育史上中流砥柱的主要原因。

儒学不但作为教学的主要内容，还作为选拔国家人才的依据，并且还被

视为制定国家政策的依据和伦理道德的准则。历代教育之所以皆以儒学教育为主体,就是因为他合乎中国人的特色,代表了中国古代各阶层的思想要求。尤其到汉代以后,儒学由道德地位进一步提升为政治地位,更扩大了儒学教育在中国教育中的影响。

儒学教育自汉代至明末清初皆为中国教育思想及教育内容的核心,它对中国古代思想及教育史的影响如此深远和广泛。儒学思想至今仍有许多内容值得进一步弘扬,尤其是教育思想的精华部分,对研究中国教育事业有着重要的启迪意义。

杨力启示

综上所述,我国传统教育思想源远流长,孔孟儒家将伦理和教育紧密结合的全民教育思想对中国教育事业的发展起到了积极的推动作用。

第六章 孔子卓越的哲学及人生智慧

第一节 孔子的哲学智慧

1. 逝者如斯夫

子在川上,曰:"逝者如斯夫,不舍昼夜。"(《论语·子罕》)

川上喟叹

子在川上,曰:"逝者如斯夫,不舍昼夜。"
——《论语·子罕》

"舍",息;"不舍",不停。孔子站在大河边,凝望着奔流不息的河水,感慨万千,禁不住吟出了这一千古名言。逝去的光阴就像这大江奔流一样,一去不复返,昼夜不停留呀!这是一句闪烁着辩证法光辉的千古论断,它认为世界在不停地运动着和发展着。两千多年前就有这样的哲理是难能可贵的,和古希腊哲学家所说的"吾人不能插足于同一河水"及"太阳天天都是新的"名言交相辉映。

此外,这句名言也被作为惜阴的警训,后世"人生一世,弹指一挥间","人之百年,犹如一瞬"(唐·王勃)均受孔子的影响,皆惊叹光阴荏苒,一逝不复还。

2. 过犹不及

过犹不及。(《论语·先进》)

过犹不及。

——《论语·先进》

"过犹不及"是孔子的哲学名言,指出凡事都要把握好一个"度",既不能太过,也不能不及,适可而止,恰到好处,太过与不及的结果都是一样的,都不能到达成功的彼岸。

这是孔子的哲学名句。

"过犹不及"就是指太过和不及都是走极端，都不符合哲理，孔子的意思是说做任何事都要把握一个度，这个度就是不要太过也不要不及，这是处理事情的准则。正如汉代贾谊所说："过犹不及，有余犹不足也。"（《新书·容经》）

3. 欲速则不达

欲速则不达。（《论语·子路》）

欲速则不达。

——《论语·子路》

这是孔子的著名哲语，其深意在于如不遵循客观规律，急于求成，反而达不到目的。

这是孔子重要的方法哲理,旨在告诫人们,该快则快,当慢则慢,有时快了反而达不到目的,这和《易经》的止行观是一样的道理,即该行则行,当止则止,哲意在于权衡利弊。

4. 小不忍则乱大谋

小不忍则乱大谋。(《论语·卫灵公》)

小不忍则乱大谋。

——《论语·卫灵公》

"忍"字是心上一把刀,孔子的这句千古名言其深意在于强调为了不耽误大事,要不惜放弃一切小事。正是忍一时风平浪静,退一步海阔天空。

这是孔子方法论上的重要哲理，是说有大谋之人，当不计小利，这不光是做人的涵养更是哲学上的权宜之计。

5. 中庸之为德

中庸之为德也，其至矣乎！民鲜久矣。（《论语·雍也》）

中庸，即持中，中正，不偏不倚。就是说办什么事都要走中道，都要防止走极端。这是孔子最著名的哲学名言，对儒家中庸之道产生了重大影响。

儒家经典名著——《中庸》，就和孔子的"中庸之为德"有着密切的关系。

6. 天何言哉

天何言哉？四时行焉，百物生焉，天何言哉？（《论语·阳货》）

孔子认为博大的天，在生生不息地运行着，所以才有四时的运转及万物的化生，即强调天有自生的自然规律，包括它的运行规律。天生生不息，所以人也应像天一样发奋图强，像天一样运行不已，生化不已……

就是在这样积极向上的天人观的基础上，孔子践行着"发愤忘食，乐以忘忧，不知老之将至云尔"（《论语·述而》）奋斗精神。

7. 人无远虑，必有近忧

人无远虑，必有近忧。（《论语·卫灵公》）

这句名言反映了孔子高瞻远瞩的智谋，其深意在于只有长远考虑，才能运筹帷幄，否则，只顾眼前利益，必遭后患。

8. 孔子的节操名言

子曰："三军可夺帅也，匹夫不可夺志也。"（《论语·子罕》）
杀身以成仁。（《论语·卫灵公》）

孔子这些名言成为中国人民的座右铭，为中华民族的情操修养奠定了基础。后世"宁可玉碎，不为瓦全"（《北齐书·元景安传》），"人生自古谁无

人无远虑，必有近忧。

——《论语·卫灵公》

孔子的这句名言提醒人们只有高瞻远瞩，才能预知当前忧患。

死，留取丹心照汗青"（宋·文天祥《过零丁洋》）都是一样的中华民族节操格言。

9. 孔子的做人名言

子曰："君子喻于义，小人喻于利。"（《论语·里仁》）

见利思义。（《论语·宪问》）

这是孔子义高于利的千古名言。后世名言："钱财如粪土，仁义值千金"

三军可夺帅也,匹夫不可夺志也。

——《论语·子罕》

这是孔子著名的励志名言,即言三军统帅可以被改变,但人的志气是不能被改变的。后世"宁可玉碎,不为瓦全"正可与之相辉映。

(《增广贤文》),都是对孔子义利观的弘扬。

孔子重义轻利思想,对于今天的经济发展,同样有指导意义。重温孔子的义利观,对消除当前社会上存在的重利轻义、贵财贱德的现象,无疑有着重要意义。

10. 孔子的为人名言

己所不欲，勿施于人。（《论语·卫灵公》）

指自己不愿意做的事，就不要让别人去做。这是孔子推己及人，设身处地为别人着想的作风。这一为人的风格千百年来对后世影响甚大。

第二节　孔子的学习智慧

学而时习之，不亦说乎？（《论语·学而》）

孔子一生最爱学习，并且把学习读书认为是人生最愉快的事，正如后世所言："乐在其中。"本句为孔子贵学良言，对中国人的学风影响甚大。

温故而知新，可以为师矣。（《论语·为政》）

这句名言，旨在强调学习求知是一个长期的过程，需要反复温习，温故才能知新，每复习一次都会有新的感悟，所以要经常复习。

学而不厌，诲人不倦。（《论语·述而》）

这是孔子流传后世脍炙人口的劝学名句，对后世影响甚大。意思是说，既要自己努力学习，又要多帮助他人。

三人行，必有我师焉。（《论语·述而》）

这是孔子著名的劝学名言，指三人中，必有一人值得我学习，其中优点应该汲取，缺点也应该借鉴。此句说明了孔子谦虚的治学精神。

加我数年，五十以学《易》，可以无大过矣。（《论语·述而》）

这是孔子的自强劝学名言。这句话不仅体现了孔子自强不息的精神，也反映了孔子对《易经》的贡献。正如《史记·孔子世家》所言："孔子晚而

孔子观泰山日出

杜甫有感咏曰:"会当凌绝顶,一览众山小。"

喜《易》,序《彖》《系》《象》《说卦》《文言》。读《易》,韦编三绝,曰:'假我数年,若是,我于《易》则彬彬矣。'"孔子对《易经》的推崇还体现在孔子把《易》与《诗》《书》《礼》《乐》《春秋》等经书尊为"六经",后人又将之列为儒学"四书五经",成为儒学必修经典,可见孔子对《易经》的弘扬做了重要的贡献。

敏而好学,不耻下问。(《论语·公冶长》)

孔子主张谦虚的治学精神，强调不光自己要好学，还应该多向别人汲取智慧，因为个人的智慧毕竟是有限的。这句"不耻下问"，与"三人行，必有我师焉"相互呼应，进一步表达了孔子的治学精神。

第三节 孔子的养生智慧

仁者寿。（《论语·雍也》）

这是孔子最著名的养生智慧名句。何谓仁？《论语》记载孔子的弟子樊迟问仁，子曰："爱人。"（《论语·颜渊》）孔子认为多关爱他人，方能长寿。关爱他人，关爱国家，关爱民族的人，他们的情操会很高尚，思想境界也会很高，人生的价值观不一样，快乐的源泉也会不断，人快乐了当然就不会生病，不生病自然长寿。后人所言善人多福多寿，恶人命短，皆源于此。

不时，不食。（《论语·乡党》）

孔子主张不是时令菜不吃，强调要吃应季菜，这是孔子顺应自然的养生大道。当然非时令菜也不是就不能吃了，而是少吃，应以时令菜为主，这样更养人。这是孔子的养生原则，也是《黄帝内经》的饮食养生原则。

智者乐。（《论语·雍也》）

孔子的这句"智者乐"与"仁者寿"是连在一起的，即"智者乐水，仁者乐山。智者动，仁者静。智者乐，仁者寿"。就是说，孔子认为智慧的人喜欢水，像水一样周流、清澈。仁爱的人喜欢山，像山一样稳重不迁。智者喜欢动，仁者喜欢静。智慧的人是快乐的，仁爱的人才能长寿。智者乐水，也可发挥为水是生命之源，《易经》以水为坎卦，形容水默默流淌滋润大地，不求回报，老子"上善若水"，都表明水是最无私的，是美的源泉，是高尚的源头，所以智者都乐水。孔子喜欢水，常带弟子们去河里浴游，上岸后披发沐浴阳光，"逝者若斯夫，不舍昼夜"，便是出自乐水之时。

登泰山而小天下。(《孟子·尽心上》)

登泰山而小天下。

——《孟子·尽心上》

孟子这句名言,其深意在于人要有远大的理想,才能站得高,看得远。

这句名言的全文是:"孔子登东山而小鲁,登泰山而小天下。"孟子记载,孔子登上鲁国的东山感到鲁国变小了,再登上泰山,天下尽收眼底。告诫人们站得越高,看得越远。提示人生要不断地寻求超越,才能有高的境界。

第四节　孔子的人生智慧

孔子一生坎坷，童年丧父，青年丧母，中壮年壮志凌云却不能实现，老年丧子。尤其中年从政不顺，曾满腔热情欲从政但却未能如愿，后来不得不游说六国，宣传自己的政治主张，非但不能如意，反而时遭羞辱，甚至几度断粮，其雄才大略未能被诸国君采纳，晚年感慨万千，悲叹抱负不能实现，遂立志著书立说，为千古名著《论语》奠定了基础。

一部《论语》，简直就是一部道德品质修养专著，它为中华民族的伦理品质的建树奠定了基础。

1. 孔子的人生之道名言——三十而立

> 吾十有五而志于学，三十而立，四十而不惑，五十而知天命，六十而耳顺，七十而从心所欲，不逾矩。（《论语·为政》）

其中，"三十而立"影响最为深远，成为人们励志的千古警句。"三十而立"与"四十而不惑"，成为许多人生命征途中的里程碑，世世代代激励着中华民族的奋发精神。多少中青年人在三十、四十岁时踌躇满志，暗立誓言，皆无不是受孔子精神的感染所致。

2. 孔子的内修格言——吾日三省吾身

> 曾子曰："吾日三省吾身——为人谋而不忠乎？与朋友交而不信乎？传不习乎？"（《论语·学而》）

"吾日三省吾身"告诫人们要经常进行自省，对后世起到了极大的影响。如宋代欧阳修说："君子之修身也，内正其心，外正其容。"（《左氏辨》）宋代大儒学家朱熹也说："日省其身，有则改之，无则加勉。"（《论语集注》）这些话已成为千古座右铭，足见其影响之深。

3. 孔子的人生孝道哲理

> 弟子入则孝，出则悌。（《论语·学而》）

吾日三省吾身。

——《论语·学而》

孔子一生最重孝道，父亲早死，从小与母亲相依为命，对母亲极为孝敬。孔子主张孝，并强调首先要孝敬自己的父母亲人，即所谓"亲亲"。"悌"，指敬爱兄长。孝敬是东方人的美德，也是中国自古以来的高尚情操，子女不仅要有赡养父母的职责，还应有敬爱父母的心意，孝敬是国家文明的象征之一。

4. 孔子的交友哲理

有朋自远方来，不亦乐乎？（《论语·学而》）

第六章
孔子卓越的哲学及人生智慧

有朋自远方来,不亦乐乎!

——《论语·学而》

此乃孔子千古名言,是说有志同道合的朋友来自远方,怎能让人不心喜呀!

孔子很重视交友,认为交友是一种快乐。中国是古老而悠久的文明古国,是世界闻名的礼义之邦,中国人自古就是好客的,唐代王勃所说"海内存知己,天涯若比邻"(《送杜少府之任蜀州》),清代赵翼所说"人生何处不相逢",都表明中国人是乐于交友的。

5. 孔子的处世格言

礼之用,和为贵。(《论语·学而》)

"和",即和谐,安和,这是孔子重要的处人处事原则。

和,是以礼为核心的,礼是社会的公德,是人人都应该具备的,以和为贵,这是孔子的礼的重要内容,也是孔子重要的人生准则之一。

中国是文明古国,是世界闻名的礼义之邦,以和为贵,同样是当今社会的处世准则之一。

6. 孔子的为人格言

非礼勿视,非礼勿听,非礼勿言,非礼勿动。(《论语·颜渊》)

孔子最重礼,这是他重礼仪的名言。孔子告诫人们,一个人的视、听、言、行都应注意以礼为约束。没有礼,就没有文明,因此孔子十分强调"克己复礼"。

7. 孔子的又一处世格言——做人要讲信用

四海之内,皆兄弟也。

——《论语·颜渊》

指普天之下,皆有吾友。

> 人而无信,不知其可也。(《论语·为政》)

孔子认为做人要讲信用,他说人如果不守信用,那就不知道他怎样能立身处世了。

孔子认为忠、信是人的重要品德,忠、信是一个人最起码的道德节操。孔子的忠信观对后世影响甚大,如《三国演义》说:"大丈夫以信义为重。"(第五十回)《东周列国志》说:"不忠不信,何以立于天地之间。"(第三十八回)《旧唐书·萧瑀传》说:"疾风知劲草,板荡识诚臣。"这都说明忠贞信义是人最起码的操守。

8. 孔子的为人格言

> 君子坦荡荡,小人长戚戚。(《论语·述而》)

这是孔子为人的著名格言,旨在告诫人们要襟怀坦荡,豁达大度,要有海纳百川的胸怀,并且还要有大丈夫不惧小人谗言的度量。

9. 孔子的涵养名言

> 言必信,行必果。(《论语·子路》)

这是孔子重要的人生格言,即言行一致。孔子认为说话要守信用,行动要有结果,这是一个人最起码的品质。

第七章　孔子《论语》大智慧

第一节　半部《论语》治天下

有人说，中国古代的好话都被孔孟说尽了。

不错，《论语》是中国伦理道德的元典，它的思想具有普遍性意义，能被各阶层民众所接受，因此又被誉为古今公德之最。

《论语》又是一部社会学巨著，尤其还是安邦治国之宗，主张积极入世的现实主义著作。

历史上有这样一条规律：凡是对社会发展有推动作用和积极意义的事物，都不会随着朝代的更换而消亡。中国已历时几千载，但《论语》的魅力依旧，足见它不朽的价值。

第二节　《论语》是部智慧巨著

作为东方文明象征的孔子，其思想被弟子及再传弟子收录于《论语》。《论语》是儒家的重要经典，两千多年来一直被作为君臣仕士以及儒生学者的必读书目。宋代被朱熹列入"四书"之后，即成为科举考试的主要参考书目，对中国思想文化的发展产生了重要的影响。

前人曰"半部《论语》治天下"，孔子亦是举世公认的世界历史文化名人。

世界上最难的学问莫过于做人的学问，而《论语》论述的正是如何处理人与人之间、个人与社会之间关系的学问。

《论语》全书共一万一千七百余字,总二十篇,其中以《学而》《为政》《述而》《先进》《颜渊》《子路》《卫灵公》等篇最为著名。

《论语》思想生命力为什么持久不衰?

第一,《论语》思想具有普遍性。

凡真理皆有普遍性意义。由于孔子思想很有普遍性,不但为君臣儒士所奉崇,而且又能被广大人民所称颂,尤其《论语》倡导的公德为历代民众所接受。历史上有这样一条规律:愈是为广大民众所喜爱的东西生命力就愈长。《论语》正符合这条规律。

第二,《论语》哲理具有科学性。

《论语》虽然不是一部哲学专著,然而却充满了科学的人生哲理。《论语》的哲理重点不在于探讨玄奥的宇宙本体,而是探讨人生哲理,尤其探讨人与社会关系、人的社会价值、人生的意义等问题,具有强烈的现实意义,科学性极强。特别是它积极的入世观和自强不息的奋斗精神更具有强烈的鼓舞作用。

历史的规律表明,科学性愈强的东西,就愈能经得住实践的考验。《论语》经受了两千多年实践的考验,假如没有很高的科学性,生命力是不可能这样顽强的。

第三,《论语》思想具有社会性。

《论语》是一部大社会学巨著,它提出了安邦治国的许多重要措施,包括文明礼制、外交准则等,社会价值极强。两千多年来,对封建社会的发展起到了积极的推动作用,即使在今天的时代,其中关于治国的主要原则也是可以引以为借鉴的。

《论语》今本共二十篇,成书年代为春秋至战国时期(约公元前五世纪中期),《汉书·艺文志》载:"《论语》古二十一篇,出孔子壁中……《论语》者,孔子应答弟子、时人及弟子相与言而接闻于夫子之语也。当时弟子各有所记,夫子既卒,门人相与辑而论纂,故谓之《论语》。"现流传的版本以宋朝朱熹的《论语集注》(收载于《四书集注》中)最为权威。

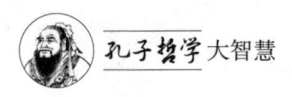

> **杨力启示**
>
> 历史上还有这样一条规律,即:凡是对社会发展有推动作用和积极意义的东西,都不会随着朝代的更换而消亡。中国历经朝代更迭,但《论语》魅力依旧,足见它不朽的价值。

第三节 《论语》的核心智慧

《论语》的学术思想有五大核心,即《论语》的伦理思想核心是仁,政治思想核心是礼,教育思想核心是有教无类,哲学思想核心是人道,经济思想核心是见利思义。

一、《论语》伦理思想的核心智慧——仁

(一)仁的含义

仁是《论语》伦理思想的核心,也是《论语》学术思想的主体。仁在《论语》中的出现字次高达109次。仁的关键句主要集中于《颜渊》篇及《里仁》篇。在这两篇中阐述了仁的含义、意义及如何才能达到仁人的境界等有关仁的重要问题。如《论语·颜渊》曰:

颜渊问仁。子曰:"克己复礼为仁。一日克己复礼,天下归仁焉。"

樊迟问仁。子曰:"爱人。"

孔子解答了仁的最高含义是"爱人",即爱护他人,也即要有利他主义思想。另外,孔子强调,仁必须首先从自己做起,即抑制自己,使自己的言行合乎礼,自己先做到仁,才能对他人仁爱。

对"仁"的含义,《说文》解释为二人以上关系之意,"仁,亲也,从人从二",即表示"仁"的基本内涵是指人与人之间的关系。所以《论语》强调的仁,其宗旨即是解决人与人之间、个体与群体之间,也即人与社会之间的相互关系问题。

第七章 孔子《论语》大智慧

任重而道远。

——《论语·泰伯》

这句话在于强调责任重大,路途遥远,即使为之奋斗终生也死而无憾。

杨力启示

《论语·颜渊》的仁体现了以政治伦理为特征的孔子伦理思想。尤其"爱人",深刻地说明了仁是人性的最高境界,也是人情的最深层次,这说明了仁是孔子儒家伦理思想的中心。

（二）如何才能做到仁

如何才能做到仁，也即如何才能做到爱人，《论语·雍也》篇指出："夫仁者，己欲立而立人，己欲达而达人。"即先人后己之意。《论语·卫灵公》也指出："己所不欲，勿施于人。"

《论语·里仁》则进一步强调，要达到仁的境界，还必须和大家一起创造仁的环境，才能形成仁的气候。如："里仁为美。择不处仁，焉得知？"

《论语·卫灵公》甚至提出"杀身以成仁"，把仁道提高至人伦的境界。

杨力启示

《论语》的仁几乎贯穿全书，尤其《颜渊》《雍也》及《里仁》等篇，对仁的内涵及外延皆作了深刻的揭示，这奠定了儒家伦理的基础，也对中华民族伦理风范的建树产生了不可估量的影响。

（三）仁与礼、孝、忠、信、义

《论语》论仁共五十七条，其中除单独论仁外，还与礼、孝、忠、信、义紧密配合，充分体现了《论语》以仁为核心，以礼、孝、忠、信、义为外延的儒家伦理观。如"人而不仁，如礼何"（《论语·八佾》）以及"孝悌也者，其为人之本欤"（《论语·学而》），都阐述了仁与礼、孝的关系，高度强调了仁是礼及孝悌之本。

至于仁与忠、信的关系，《论语》虽未直接论述，但已蕴含了其间关系的深意。如"己欲立而立人，己欲达而达人"（《论语·雍也》），"与人忠"（《论语·子路》），"行之以忠"（《论语·颜渊》）。

关于义，《论语》提到"义以为质"（《论语·卫灵公》），强调要以义为仁的根本，尤其突出义高于利的义利观，并说"君子喻于义，小人喻于利"（《论语·里仁》），把义的价值提高到了区分君子与小人的程度。

> **杨力启示**
>
> 《论语》已经确立了以仁为核心,以礼、孝、忠、信、义为依存的政治伦理思想,基本上奠定了孔子的思想体系。尤其是仁对中国封建社会早中期建立新的生产关系起到了积极的促进作用。

二、《论语》政治思想的核心智慧——礼

(一) 礼的含义

礼,是人类社会精神文明的规范化。礼是《论语》政治思想的核心,它渗透全书,尤其体现在《先进》及《学而》两篇。

何谓礼?《学而》篇中说:"恭近于礼,远耻辱也。""礼之用,和为贵。"可见,《论语》认为礼的含义是谦恭和俭。

关于礼的目的,《先进》篇提出:"为国以礼。"

所以礼的宗旨是为政治服务的,目的在于加强政治伦理观,密切人与社会的关系,改善个人与群体的关系。

(二) 如何才能做到礼

如何才能做到礼?《颜渊》篇提出:"克己复礼。"

克己即抑制自己,也就是说,实现礼,必须从自己做起。复礼,指的是孔子崇尚的周礼,也即是周公制定的礼乐制度。但孔子也并非照搬周礼,而是进行了改革的,正如《为政》篇所指出:"殷因于夏礼,所损益,可知也。周因于殷礼,所损益,可知也。其或继周者,虽百世,可知也。"对周礼的损益,孔子提出要施以德治。"道之以德,齐之以礼。"(《论语·为政》)

(三) 礼与仁的关系

《论语》把礼提高到和仁并列的高度。

"克己复礼为仁。一日克己复礼,天下归仁焉。"(《论语·颜渊》)即要使自己的言行合乎礼,才能达到仁德的标准。因此,《论语》指出:"非礼勿

孔子梦周公

子曰:"甚矣吾衰也,久矣吾不复梦见周公!"

——《论语·述而》

这是孔子对周公制礼作乐的崇拜。

视,非礼勿听,非礼勿言,非礼勿动。"(《论语·颜渊》)

在《论语》中礼与仁的关系是形式与内容的关系,二者又互相统一于仁。仁与礼共同成为《论语》的核心,然其中又以仁为主宰。正如《论语·八佾》篇所言:"人而不仁,如礼何?人而不仁,如乐何?"

反过来,《论语》又指出,只有行礼才能达到仁。如曰:"一日克己复礼,天下归仁焉。"

当然,《论语》的礼,过分强调等级,是受奴隶制社会的影响,也是历史的必然，故应历史地看问题。

> **杨力启示**
>
> 总之，《论语》的礼是与仁密切关联的，它从属于仁，也是仁的规范化。礼与仁的关系深刻地反映了孔子以仁为主导，以礼为维系的儒家政治伦理体系。

（四）礼与乐的关系

《论语》的乐是和礼密切相关的，其主要特点是以礼约束乐，使乐政治化和伦理化，从而使乐向文明化的方向发展。

中国的礼与乐历来有着密切的关系，周公制礼乐便反映了这一关系。礼与乐的配合一方面体现了礼的等级性，另一方面也说明中国的礼从古代开始便是庄严的和神圣的。"礼云礼云，玉帛云乎哉？乐云乐云，钟鼓云乎哉？"（《论语·阳货》）意思是说礼比桌上摆的玉锦还重要，乐更不是一般钟鼓乐，真正的礼乐是无上庄严神圣的。

孔子主张正乐，反对淫乱之声，对振奋人心的音乐，孔子听了竟高兴得三个月都不知肉味，而看了不好的舞乐，孔子则怒不可遏。如："子在齐闻《韶》，三月不知肉味。"（《论语·述而》）"八佾舞于庭，是可忍也，孰不可忍也？"（《论语·八佾》）

故孔子发誓整理乐曲。他说："吾自卫反鲁，然后乐正，《雅》《颂》各得其所。"（《论语·子罕》）

《论语》还记录了孔子评论音乐的标准。他说："乐而不淫，哀而不伤。"（《论语·八佾》）又如："子谓《韶》，尽美矣，又尽善矣。"（《论语·八佾》）

> **杨力启示**
>
> 《论语》强调礼，并把礼与仁并列作为孔子思想的核心，从而使仁礼思想成为儒家思想的核心，对中国长达几千年封建社会的意识形态产生了深刻的影响。

三、《论语》教育思想的核心智慧——有教无类

(一)《论语》的教育智慧

孔子是中国历史上最伟大的教育家,他从事教育工作五十年,培养学生三千,贤者七十有二。"德行:颜渊,闵子骞,冉伯牛,仲弓。言语:宰我,子贡。政事:冉有,子路。文学:子游,子夏。"(《论语·先进》)可见,孔子对中国文化的发展及中国教育事业做出了伟大的贡献。

第一,孔子提出"有教无类"的思想。

孔子教育思想最伟大之处在于提出:"有教无类。"(《论语·卫灵公》)

"有教无类"打破了以往的等级教育观念,树立了全民教育的方针,为中国教育事业的开创以及为中华民族文明的发展做出了重大贡献。从此,开创了不分类别,不分阶级出身,全民都有享受教育权利的新纪元。

孔子说:"自行束脩以上,吾未尝无诲焉。"(《论语·述而》)即不论等级多低贱,不管家里多贫穷,只要行一束干肉为拜师礼,便可成为孔子的学生。

第二,孔子第一个开办私人教育学校。

孔子开办私人学校,收纳学生三千,培养弟子七十二,高足四人,即:颜回、子路、子思、子贡。

孔子开办私人学校的创举使教育事业迅速深入民间,对我国教育事业的普及产生了深刻的影响。

第三,孔子以仁、礼为道德教育的重心。

孔子办教育的目的是要人们入世从政,因此教育也要以政治治国的仁、礼为核心,他强调:"夫仁者,己欲立而立人,己欲达而达人。"(《论语·雍也》)"非礼勿视,非礼勿听,非礼勿言,非礼勿动。"(《论语·颜渊》)"樊迟问仁,子曰'爱人'。"(《论语·颜渊》)

总之,《论语》的教育思想是以仁礼为核心的政治伦理思想,它为儒家的教育思想奠定了基础。

(二)《论语》的教育原则

第一,教育者必先受教育。

第七章
孔子《论语》大智慧

敬鬼神而远之。

——《论语·雍也》

对恶人既不要得罪他,也不必亲近他。这是孔子为人处世的又一诀窍。

教育者必先受教育,是《论语》的重要教育思想。孔子之所以世代被人们颂为"万世师表",正是因为他以身作则,事事以自身为表率。孔子强调教人如正人,正如《论语·子路》所言:"苟正其身矣,于从政乎何有?不能正其身,如正人何?""其身正,不令而行;其身不正,虽令不从。"

第二,编写高质量的教材。

孔子非常重视教材质量,他编辑、整理了《易》《书》《诗》《礼》《乐》《春秋》六种典籍作为教材,这些典籍对提高教育质量起到了重大的作用,在中国教育史上树立了又一座新的里程碑。

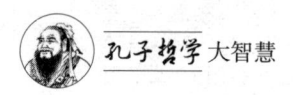

第三,强调奋发的教育精神。

孔子一生高度强调"学而不厌"及"诲人不倦",即自学及教学都必须做到永远不厌不倦。

《论语》记录了孔子孜孜不倦的学习精神:"发愤忘食,乐以忘忧,不知老之将至云尔。"(《论语·述而》)

> **杨力启示**
>
> 孔子和老子决然相反,老子主张愚民,孔子则强调教民。孔子强调要学,老子则主张不学。总之,《论语》高度强调人生要好学。如:"好仁不好学,其蔽也愚;好知不好学,其蔽也荡;好信不好学,其蔽也贼;好直不好学,其蔽也绞;好勇不好学,其蔽也乱;好刚不好学,其蔽也狂。"(《论语·阳货》)

(三)《论语》的教学特色

孔子不但有积极的教育精神,而且有科学的教育方法。

第一,强调独立思考。

孔子的教育方法首先强调独立思考。他说:"学而不思则罔,思而不学则殆。"(《论语·为政》)

即只学习不思考,或只思考不学习都是危险的,尤其只思不学,不补充新的知识,更是危险。正如《论语·卫灵公》所指出的:"吾尝终日不食,终夜不寝,以思,无益,不如学也。"不但贵思,更要重学,有所学才能有所思。

第二,重视学和问。

孔子认为学问是自学及学他相兼及的,学而不问或问而不学都是不全面的,学而不问不能得到高师指点迷津,问而不学又缺乏独立思考,《公冶长》及《述而》两篇强调了这一学习方法。"敏而好学,不耻下问。"(《论语·公冶长》)"三人行,必有我师焉。"(《论语·述而》)

第三，强调启发教育。

孔子十分重视启发教育，主张因材施教，循循善诱。他说："不愤不启，不悱不发，举一隅不以三隅反，则不复也。"（《论语·述而》）

孔子的启发教育都是在和学生同吃、同住的时候因材施教的。启发教育还反映于温故知新的方法，即在复习旧课的时候又获得新的否定。孔子强调"温故而知新，可以为师矣"（《论语·为政》），指出能在以往的知识中获得新启示的人，而不是因循守旧者，才能达到为师的境界。可见，孔子温故的目的是在于创新，也即否定之否定，这才是孔子"温故而知新"的最高境界。有人认为孔子只强调温故而不重创新，这是对"温故而知新"的片面理解。

上述说明孔子的教育思想是具有重大历史意义的，在中国教育史上产生了深远的影响。

四、《论语》哲学思想的核心智慧——人道

《论语》的哲学思想贵在对人道的重视。万事万物的发展规律总括之可分为天道及人道两大类，其中天道主要指宇宙运动自然规律，人道则指社会规律，即人与社会关系的规律。

孔子重人道，轻天道，在《论语》中有充分的反映。如："夫子之文章，可得而闻也；夫子之言性与天道，不可得而闻也。"（《论语·公冶长》）

即指孔子很少谈论天道，自始至终把人道放在主要位置。孔子的人道远远高于天道，他强调人与社会的关系，其核心是突出人对社会应负的责任。

孔子贵人，因此极贵人生。因为对人生的珍视，所以特别强调人生价值，并且极为重视现实，竭力主张入世。他说："未能事人，焉能事鬼。"（《论语·先进》）"未知生，焉知死。"（《论语·先进》）

孔子高度强调人生现实。由于对人生现实的珍视，又产生了强烈的忧患意识，把国家兴衰、民族兴旺看得高于一切，从而主张积极入世的人生观。《论语》中对此用"立"进行概括：

不患无位，患所以立。（《论语·里仁》）

三十而立。

——《论语·为政》

"三十而立,四十而不惑,五十而知天命,六十而耳顺,七十而从心所欲,不逾矩。"这是孔子著名的人生启示。

三十而立。(《论语·为政》)

不知礼,无以立也。(《论语·尧曰》)

要有积极的人生观就必须要立,立即志气,人的志气又必须与社会需要及社会制度相一致,即所谓三十而立。

总之,孔子竭力倡举的人道精神对中国社会的发展、民族素质的提高以及国家文明程度的进步都起到了巨大的作用。

五、《论语》经济思想的核心智慧——见利思义

孔子并非不注重经济,恰恰相反,孔子十分注重经济利益,尤其高度强调义利统一,义高于利。这一观点在《论语》中有充分体现。如:"见利思义。"(《论语·宪问》)"君子喻于义,小人喻于利。"(《论语·里仁》)

《论语·述而》还进一步强调:"不义而富且贵,于我如浮云。"即用不正当手法致富的人,对我来说无非过眼云烟而已。指发不义之财即使再富贵也毫无价值。

不义而富且贵,于我如浮云。

——《论语·述而》

这是孔子的高尚人格风范,对后世影响甚大。

　　《论语》还进一步论述到,损坏国家利益而发财者,必须受到应有的惩罚。"富与贵,是人之所欲也;不以其道得之,不处也。"(《论语·里仁》)所以孔子强调:"因民之所利而利之。"(《论语·尧曰》)即突出获利要在公利的前提下,不要只顾私利。

　　义与利本是对立统一的,对义利关系,《易经》早已指出:"利者,义之和也。"(《易·乾卦·文言》)《易经》强调义利之间的公平协调关系,孔子强调义高于利,这和孔子所处的时代是分不开的,孔子处于春秋礼崩乐坏的时期,经济上不正之风盛行,所以更突出义重于利,这也是历史的必然。

> **杨力启示**
>
> 　　"义然后取,人不厌其取。"(《论语·宪问》)《论语》在高度强调义高于利的前提下,又重视二者的对立统一,反映了孔子正确的义利观。

第四节　《论语》智慧价值及巨大影响

　　在浩如烟海的中华文化典籍中,《论语》对世界的影响仅次于《易经》。和《易经》一样,研究《论语》的书同样也不下三十种。《论语》和《易经》一起被作为儒家最重要的两部经典,它们对中国文化和文明的影响都是巨大的。其中,《易经》是中国古代哲学的最高宝典,而《论语》则是中国古代伦理学的典范,二者在中国文化中的价值及其影响都是空前的。

一、《论语》对中国文化的影响

　　两千多年来,《论语》对中国文化的影响是巨大的,它对创造中国灿烂的文化和文明起到了重要的作用。

　　《论语》不但奠定了中国的儒学基础,而且奠定了中国的经学基础。

　　首先,《论语》高度强调《易》《诗》《书》《礼》《乐》的重要,如《论语·述而》说:"加我数年,五十以学《易》,可以无大过矣。"其次,上述书之所以被列为经典,是孔子整理的结果。再次,孔子培养了大批高足,正是这些继承人的弘扬才使中国经学得以流传。儒学和经学成为中国文化的主体和中心，和孔子的奠基作用是分不开的，正可谓"六艺附庸，蔚为大国"。

总之，《论语》对中国的文明以及中华民族的文化素质的建树起到了不可估量的作用。

孔子重视文化教育，普及文化知识，把《易经》作为"六经"之一，对后世弘扬《易经》和国学起到了重要作用。

孔子首办私人学校，开私人讲学之风，把教育从贵族阶层的专利改革为全民教育，是教育史上的重大革命，为中华民族文化素质的提高立下了不朽的功勋。

孔子的这些思想都记录于《论语》，世代相传，对中国的文化及文明产生了深刻的影响。

杨力启示

> 上述说明，《论语》的哲学思想不在天道而在人道。突出人道具有强烈的现实意义及社会意义，对社会科学及社会历史的发展具有积极的意义。

二、《论语》智慧对儒学的巨大影响

孔子是儒家的创始人，他是一位伟大的思想家、政治家和教育家。他的思想奠定了中国儒家思想的基础，对中国的政治、社会产生了巨大影响。在中国古代，除了《易经》和《论语》之外，还没有哪一部著作能有这样大的魅力。

孔子思想奠定了儒学思想的基础，几千年来儒家思想成为中国的主体思想。以孔子思想为核心的儒家思想形成了一种无比强大的凝聚力，对中国封建社会的发展起到了有力的推动作用。

《论语》最宝贵的便是它强调人的社会价值，重视人对社会的贡献，这也是儒家政治伦理的最高境界。这一观点对中国社会、政治的发展以及意识形态的建立皆起到了重大的作用。

两千多年来，以《论语》为核心的儒学思想，由于比较符合封建社会的

特点,故一直成为安邦治国的主导思想。

儒家的"儒"最早是管教育的官,以后,"儒者"成为教师和读书人的代名词,可见,儒家自古就和教育事业有着不解之缘。

孔子用十六年的时间游说各国,他改造社会的决心,在《论语》中有深刻的体现,也为儒学立足于国家社会的人生观的形成奠定了基础。《大学》"修身、齐家、治国、平天下"的思想就是在《论语》的基础上产生的。

孔子倡导的政治伦理奠定了儒家伦理观的基础,同时也对中国人伦理观的形成起到了重大的作用。尤其是以仁义礼忠孝为核心的社会伦理观的形成,几千年来对中国人的民族心态和伦理风尚的建树产生了极为深刻的影响。

总之,《论语》对儒家影响甚大,不但奠定了儒家学术思想的核心,而且对儒家思想在国内外的发展及流传起到了重要的作用。

三、《论语》智慧对世界文化的影响

《论语》和《周易》一起成为中国文化中对世界影响最大的两部书,它们在世界文明史上占有重要地位。

由于《论语》所包含的伦理是人类的基本公德,所蕴藏的哲理是普遍真理,它不仅在过去而且在现代都被中国以及全世界所认可和借鉴,《论语》早已超越时空,跨出国界,成为人类的共同财富。

《论语》中关于礼、仁的伦理思想,如"己所不欲,勿施于人""克己复礼""非礼勿视,非礼勿听,非礼勿言,非礼勿动""己欲立而立人,己欲达而达人""见利思义""君子喻于义,小人喻于利""杀身成仁"等已成为千古名言,万世真理。

早在公元二世纪《论语》便传到了朝鲜,由朝鲜又传到了日本,成为东方文化的核心。以《论语》为代表的儒学思想对朝鲜、日本、越南、新加坡都产生了极为深刻的影响,构成了这些国家的文化主体,深刻地影响了这些国家的民族心态及精神风貌。儒家思想对日本、朝鲜及新加坡的社会及经济无论于过去和现在所起的作用都是不容低估的。

随着孔子影响的扩大,《论语》也很早即传入欧美,并被翻译为拉丁文,英、德、法等多个国家文字广为流传。以群体观、家庭观、社会观为基础的儒家思想，对以个人主义为主体的西方思想曾经一度起到了冲击的作用。随着《论语》传入欧美，也拉开了早期东西方文化碰撞的序幕。

港、台、澳地区对《论语》的爱戴及对孔子的敬仰更是自不待言。从小学、中学开始这些地区的伦理教育便以《论语》为教材，足见《论语》的影响巨大。

总之，《论语》并未过时，对今天社会主义精神文明建设仍然适用。从《论语》在当代国际上的盛行便可证实这一观点。《论语》不仅对东西方文明沟通起到了重要作用，而且对东亚及东南亚国家如新加坡、韩国、日本等地区经济的发展也起到过积极的推动作用。

> **杨力启示**
>
> 由于《论语》奠定了社会公德的基础，因此不仅适于过去，也适于现在和将来；因为《论语》记录的是普遍真理，因此不仅属于中国，也属于世界。这就是《论语》超时空跨国界历数千年而不衰的缘由。

第五节　《论语》伟大的伦理智慧选析

一、《论语》伦理智慧的伟大意义

《论语》是儒学的重要经典，是孔子思想、言论及活动的集大成，是我国古代政治思想、伦理道德的典范，是我国文化宝库的璀璨明珠。孔子波澜壮阔的胸怀、忧国忧民的情操，对中华民族文化修养的提高、精神风范及思想情操的建树，都产生了深刻的影响。

《论语》是由孔子后来的学生所撰，约成书于战国时代，内容极为丰富，包括政治、哲学、伦理、教育、文学、艺术等各个方面，历史上被列为"四书"之首，对中华民族的政治素养及伦理情操的锤炼产生了深远的影响。

《论语》里的许多格言警句都是超时代的，具有深远的历史意义。有人感叹孔子"生前说了许多好话，以至于后人竟无话可说"，足见孔子言论的非凡

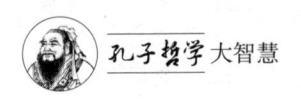

魅力。《论语》中有许多思想可以视为千古不变的至理,两千多年来,以其崇高的价值被中国人民奉为圭臬,世世代代相传下去。

> **杨力启示**
>
> 《论语》实际上是一部爱国主义教科书。《论语》所起的作用无论是积极的或是消极的,两千五百年来对中国人民都起到了不可估量的影响。

《论语》是我国杰出的公德专著,从《论语》可以看到中国是东方文明的发源地。虽然是两千五百年前的作品,但经过中国人民长期践履后,许多格言已被公认为千古不变的真理。《论语》毕竟是两千多年前的作品,其中光辉灿烂的精华应该被汲取和借鉴,但其维护统治阶级的内容应予以批判。总之,应该历史地、科学地对待这一部书。至于历代封建统治阶级利用其中的一些东西维护其本阶级的利益,那是历史问题,不能把责任加在《论语》本身上。

二、《论语》智慧名句选析

(一)《论语》哲理名句

子在川上,曰:"逝者如斯夫,不舍昼夜。"(《论语·子罕》)

孔子站在大河边叹道,逝去的时光就像这大江奔流,一去不复返,昼夜不停留呀!这是一句闪烁着辩证法光辉的千古论断。这句话是说世界在不停地运动着和发展着,逝去的不会再来。所以这句哲理一方面感叹宇宙万物是变化发展着的,一去不复返的,正如李白所说:"奔流到海不复回。"另一方面也启示人们要惜阴进学,正如朱熹所解释的要"进学不已"(《四书章句集注》)。总之,求学之道要像奔流不息的江河一样有不舍昼夜的精神。

子曰:"过犹不及。"(《论语·先进》)
子曰:"中庸之为德也,其至矣乎!民鲜久矣。"(《论语·雍也》)

第七章
孔子《论语》大智慧

孔子认为太过和不及是一样的，都是极端倾向。汉代贾谊亦说："过犹不及，有余犹不足也。"(《新书·容经》) 孔子主张中庸，即持中、中正、不偏不倚，认为掌握适度是处理事物的准则。

子曰："小不忍则乱大谋。"(《论语·卫灵公》)

子曰："欲速则不达。"(《论语·子路》)

有大谋之人，当不计小利，为了更快地前进，必要时应做暂时的让步。这两句皆为孔子方法论上的重要哲理。

人无远虑，必有近忧。(《论语·卫灵公》)

该句体现了孔子目光远大、高瞻远瞩的智谋。万事必须深谋远虑才能运筹帷幄，否则，只顾眼前利益，必然招来后患。

子曰："后生可畏。"(《论语·子罕》)

本句有很强的哲理性，体现了后浪推前浪，事物在发展，时代在前进，"青出于蓝而胜于蓝"的道理。

性相近也，习相远也。(《论语·阳货》)

本句为孟子"性本善"奠定了基础。孔子认为人性原本是相近的，由于习俗的不同，才慢慢形成了差异。荀子认为"性本恶"，告子则认为人之初性有善亦有恶，这些都是在孔子的影响之下对人性的探索。孔子还强调人性是可以改变的，除非是"上知"（天才智力超人者）及"下愚"（最愚笨的人）才不会改变。子曰："唯上知与下愚不移。"(《论语·阳货》)

(二)《论语》人生名言

吾十有五而志于学，三十而立，四十而不惑，五十而知天命，六十而耳顺，七十而从心所欲，不逾矩。(《论语·为政》)

本句是《论语》著名言论，其中"三十而立""四十而不惑"成为中

国人民生命征途中的里程碑。世世代代曾激励了中华民族的奋发精神。多少中青年人在三十岁、四十岁时踌躇满志，暗下誓言，皆无不与孔子所言有关。

凤鸟不至，河不出图，吾已矣夫！（《论语·子罕》）

泰山倾倒

凤鸟不至，河不出图。泰山倾倒，圣人仙逝。

孔子一生坎坷，他满腔热情，游说六国，虽受礼遇，但时遭冷漠，途中几度断粮，其雄才大略未被国君采纳。他晚年感慨万千，悲叹所怀抱负不能实现。该句后来用来形容凌云壮志不能实现的悲壮。

第七章
孔子《论语》大智慧

西狩获麟——孔子绝笔

春秋鲁哀公十四年，孔子闻有人西狩获麟，感叹祥麟出非其时而被害，泪言丘犹麟也，愤而绝笔。

发愤忘食，乐以忘忧，不知老之将至云尔。(《论语·述而》)

孔子一生勤奋，对后世影响极大。如"少而好学，如日出之阳；壮而好学，如日中之光；老而好学，如秉烛之明"（《说苑·建本》），"幼而好学，如日出之光；老而好学，如秉烛夜行，犹贤乎瞑目而无见者也"（《颜氏家训·勉学篇》），"少壮不努力，老大徒伤悲"（《文选·古乐府·长歌行》），"昨夜西风凋碧树，独上高楼，望尽天涯路；衣带渐宽终不悔，为伊消得人憔悴；众里寻他千百度，蓦然回首，那人却在灯火阑珊处"（王国维《人间词话》），皆为劝告人们发愤的名言。千百年来，这些话曾经拨动了多少人的心弦，鼓舞着多少人的斗志。

发愤忘食，乐以忘忧，不知老之将至。

——《论语·述而》

这是孔子著名的人生励志名言，几千年来，激励着多少文人志士。

（三）《论语》节操格言

君子喻于义，小人喻于利。（《论语·里仁》）

见利思义。（《论语·宪问》）

见小利则大事不成。（《论语·子路》）

这些话反映了孔子高尚的义利观。后世所说"以仁为富，以义为贵"（《三国志·魏书·文帝纪》）以及"钱财如粪土，仁义值千金"（《增广贤文》）都是对孔子义利观的弘扬。重义轻利是千古不变的真理，于今天的经济建设，同样有指导意义。重温孔子义利观，对于改变当前社会上存在的重利轻义、贵财贱德的趋向无疑会有重要意义。

孔子奔卫

孔子背井离乡，周游列国，抱负虽未能一展，但孔子的许多千古名言就诞生在这一艰难困苦壮志难酬的时期……

（四）《论语》仁义格言

子曰："克己复礼为仁。一日克己复礼，天下归仁焉。"（《论语·颜渊》）

孔子认为礼是仁的主要内容之一，因此，倡举要克制自己恢复礼节，有一定的礼节约束才能实现仁。

> 苟志于仁矣,无恶也。(《论语·里仁》)

本句是说,立志于仁则无恶德,强调道德品质的善恶,取决于行仁与否。

> 君子义以为上。(《论语·阳货》)

孔子视仁义高于一切,这一思想千百年来对中国人民产生了深刻的影响,后世的舍生取义、见义勇为、大义灭亲,皆源于这一"义"字。

> 子曰:"人而不仁,如礼何?人而不仁,如乐何?"(《论语·八佾》)
> 子曰:"不仁者不可以久处约,不可以长处乐。仁者安仁,知者利仁。"(《论语·里仁》)

仁,包括仁爱、仁义,是孔子思想体系的核心,也是孔学最为闪光的思想。孔子最注重人格的内在修养。仁是孔学最高贵的内容,也是孔子道德的最高境界,因此孔子认为,为了成仁即使付出生命代价("杀身以成仁")也在所不惜。

仁爱是孔子仁的主要内涵,主要指"爱人",包括爱自己的父母(《论语·学而》:"孝悌也者,其为仁之本与")、爱长辈(《论语·颜渊》:"君君,臣臣,父父,子子")、爱人仁政(《论语·学而》:"节用而爱人,使民以时")。

仁义是仁的准绳,孔子认为"义"是至高无上的道德品质,他说:"君子义以为上。"(《论语·阳货》)"仁义救国"是孔子的最高主张,也是孔子一生的政治抱负。

仁义、仁爱是有阶级性的,没有超阶级的爱,我们强调的仁爱是指对人民的爱。

(五)《论语》礼格言

> 非礼勿视,非礼勿听,非礼勿言,非礼勿动。(《论语·颜渊》)

此为孔子礼义名言。孔子告诫人们:一个人的视、听、言、行都应以礼

第七章 孔子《论语》大智慧

为约束。现代所说的"克己奉公""奉公守法"都是克己复礼的体现。

君君,臣臣,父父,子子。(《论语·颜渊》)

君君,臣臣,父父,子子。

——《论语·颜渊》

这是孔子的高尚的治国哲理,对中华民族的政治品德铸造有很高的价值。

齐景公问孔子,国家要如何才能治理好?孔子回答说:"当国君的要像个国君的样子,做臣子的要像个臣子样,父亲要像个父亲,儿子要像个儿子。"齐景公说:"妙哉,如果国君不像国君,臣子不像臣子,父亲不像父亲,儿子不像儿子,即使有粮食,我也吃不下去。"说明了一个国家实行礼政的重要性。

弦歌不绝

孔子周游列国,被困陈蔡,断粮七日而弦歌不绝。

礼之用,和为贵。(《论语·学而》)

孔子提倡以和为贵,认为这是礼的重要内容。和,即和谐、安和,是重要的处事原则。

孔子重礼,礼是仁的外在表现。国与国之间、国家内部各阶级之间、家庭之间、人与人之间,都应有一定的礼节,必要的礼节象征着一个人、一个国家乃至一个民族的文明程度和精神风貌。中国是文化历史古国,是世界闻名的礼义之邦,在伦理道德渐趋断层之当今,重温传统文化中的礼义美德是有必要的。

礼是人类社会的公德，是人人都应该具备的。我们现在提倡重礼，并不是要恢复周礼。孔子恢复周礼，是有他的历史背景的，应以历史的观点评论历史问题。

（六）《论语》论政名言

> 为政以德，譬如北辰，居其所而众星共之。（《论语·为政》）

孔子认为国君如施仁德之政，就会受到臣民的拥戴，犹如众星拱北辰（北极星）一般。

> 道之以政，齐之以刑，民免而无耻；道之以德，齐之以礼，有耻且格。（《论语·为政》）

用行政的命令和严厉的刑法并不能使民众自觉遵守，只有绳之以礼，约之以德，百姓才会自觉履行而知耻荣。

> 哀公问曰："何为则民服？"孔子对曰："举直错诸枉，则民服；举枉错诸直，则民不服。"（《论语·为政》）

意思是说要选用正直之人，"举贤人"才能受到拥戴。

孔子认为，施政要重礼义，施仁政，举贤人，贵和谐，并强调"君君，臣臣，父父，子子"，这一思想为后世朝代所效鉴。

（七）《论语》忠、信、贤格言

> 言忠信，行笃敬。（《论语·卫灵公》）
> 主忠信，徙义，崇德也。（《论语·颜渊》）

"忠信笃敬"强调为人处事要忠诚老实，笃守信用。孔子说可以将之挂在车前的横木上以示警督，学生子张则将其写在自己的衣带上。这四字对后世的影响极大，对中华民族秉性的建树起到了积极的影响。

幽谷吟兰

这是孔子对自己怀才不遇的感叹。孔子周游列国仍不得重用,自卫返鲁,见幽谷之兰,杂处于野草丛中,喟叹贤人竟与鄙夫为伍,于是作《幽兰》一曲。

赦小过,举贤才。(《论语·子路》)

举贤才,提倡任人唯贤,这是《论语》先进的主张之一。管子"见贤不能让,不可与尊位"(《管子·立政》)的主张,皆为《论语》尚贤思想的体现。尚贤是仁德的内容之一,《孟子》做了继承和弘扬,后来成为儒学思想体系的主要内容之一。

人而无信,不知其可也。(《论语·为政》)

> 执德不弘，信道不笃，焉能为有？焉能为亡？（《论语·子张》）

孔子说，人如果不守信用，则不知他怎样立身处世。他还说，执行仁德不坚定或者道义信仰不忠实的人，在社会上将无足轻重（即有他也可，无他也可）。讲信用，应该是处世为人的重要准则。

忠、信是人的重要道德品质，孔子的这一思想熏陶着世代中国人民，人皆以讲信义为荣，不讲信义为耻。如《三国演义》说"大丈夫以信义为重"，《东周列国志》亦说"不忠不信，何以立于天地之间"，以及近代"疾风知劲草，乱世识忠奸"的谚语，皆突出了忠贞信义是人的节操。忠信是一个人起码的品德，和效忠封建统治阶级是风马牛不相及的，不能混为一谈，更不能因此否定了一个人应具备的起码伦理品德。

（八）《论语》孝格言

> 孝悌也者，其为仁之本与？（《论语·学而》）
> 弟子入则孝，出则悌。（《论语·学而》）
> 贤贤易色，事父母能竭其力；事君能致其身，与朋友交言而有信。虽曰未学，吾必谓之学矣。（《论语·学而》）

孔子主张孝，并强调首先要孝敬自己的父母亲人，即所谓"亲亲"。孝敬是东方人的美德，也是中国人自古以来的高尚情操。子女不仅有赡养父母的职责，还应有敬爱父母的义务。

至于批判郊忠统治阶级，那是另外一回事，不能与孝敬父母相提并论。

（九）《论语》品德警句

> 己欲立而立人，己欲达而达人。（《论语·雍也》）
> 己所不欲，勿施于人。（《论语·卫灵公》）

自己想树立的要先让别人能树立，自己想达到的要帮助别人先达到，这是孔子倡举的一心为他人的高尚情操。

"己所不欲，勿施于人"，是推己及人，设身处地为别人着想的作风。

有朋自远方来，不亦乐乎。（《论语·学而》）

中国是古老而悠久的文明古国，是世界闻名的礼义之邦，中国人从来是好客的。"海内存知己，天涯若比邻"（唐·王勃《杜少府之任蜀州》），都表明中国人是乐于交友的。

吾日三省吾身。（《论语·学而》）
内省不疚，夫何忧何惧？（《论语·颜渊》）

孔子极重视修身内省，"吾日三省吾身"是内修格言，告诫人们要经常进行自省，对后世起到了很大的影响。欧阳修说："君子之修身也，内正其心，外正其容。"（《左氏辨》）。朱熹亦说"日省其身，有则改之，无则加勉。"（《四书集注·论语·学而》注语），这些都已成为千古座右铭，足见孔子影响之深矣！

君子坦荡荡，小人长戚戚。（《论语·述而》）

本句旨在告诫人们要襟怀坦荡，豁达大度，要有大丈夫不惧小人谗言的胸怀。

言必信，行必果。（《论语·子路》）
君子耻其言而过其行。（《论语·宪问》）

孔子认为一个人讲话要守信用，行动要有结果。这是一个人最起码的品德。后世所言"行必先人，言必后人"（《大戴礼记·曾子立事》及"不做说话的巨人，行动的矮子"等都是对孔子言行观的弘扬。

子曰："朽木不可雕也，粪土之墙不可圬也……始吾于人也，听其言而信其行；今吾于人也，听其言而观其行。"（《论语·公冶长》）

孔子认为有的人已不可救药，所以，对人不要"听其言"即"信其行"，对言行相诡的人，尤要注意"观其行"。

(十)《论语》学习警句

子曰:"加我数年,五十以学《易》,可以无大过矣。"(《论语·述而》)

本句既体现了孔子"自强不息"的学习精神,又反映了孔子对《易经》的贡献。正如《史记·孔子世家》所言:"孔子晚而喜《易》。序《彖》《系》《象》《说卦》《文言》。读《易》韦编三绝,曰:'假我数年,若是,我于《易》则彬彬矣。'"孔子对《易经》的推崇还体现在孔子把《易》与《诗》《书》《礼》《乐》《春秋》等经书尊为"六经",之后,《易经》又被列为儒学"四书五经"之一,成为儒学必修经典。因此,孔子对《易经》的贡献是不朽的。

三人行,必有我师焉,择其善者而从之,其不善者而改之。(《论语·述而》)

敏而好学,不耻下问。(《论语·公冶长》)

三人中必有一人值得我学习,其中优点应该汲取,缺点也应该借鉴。本句体现了孔子谦虚的治学精神,一直被人们颂为劝学佳言。

学而不厌,诲人不倦。(《论语·述而》)

温故而知新,可以为师矣。(《论语·为政》)

学而不思则罔,思而不学则殆。(《论语·为政》)

此三句为流传世代脍炙人口的孔子劝学名句,对后世影响极大。

学而时习之,不亦说乎?(《论语·学而》)

本句为孔子贵学良言。孔子把求知好学认为是最愉快的事,正如后世所说的"乐在其中"。

子贡曰:"《诗》云:'如切如磋,如琢如磨',其斯之谓与?"(《论

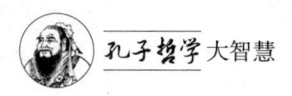

语·学而》)

本句和《礼记》"玉不琢,不成器"交相辉映,皆为治学良言。
《论语》学习警句还有:

  子曰:"学如不及,犹恐失之。"(《论语·泰伯》)
  子曰:"古之学者为己,今之学者为人。"(《论语·宪问》)
  子曰:"……好仁不好学,其蔽也愚;好知不好学,其蔽也荡;好信不好学,其蔽也贼;好直不好学,其蔽也绞;好勇不好学,其蔽也乱;好刚不好学,其蔽也狂。"(《论语·阳货》)
  子夏曰:"博学而笃志,切问而近思,仁在其中矣。"(《论语·子张》)
  子夏曰:"仕而优则学,学而优则仕。"(《论语·子张》)

《论语》上述言论,从好学、劝学以及学习方法等方面反映了孔子强烈的求知欲及高尚的学风,其中,有不少言论已成为千古警句,世世代代激励着中华民族的上进心。

(十一)《论语》教育格言

  有教无类。(《论语·卫灵公》)

孔子提倡受教育应平等,他认为受教育者不应分高下贵贱,人人都可受教育,这是孔子教育思想最伟大的内容之一,已成为不朽的名言。

  里仁为美,择不处仁,焉得知?(《论语·里仁》)

本句指出社会环境对一个人的影响是很大的,必须择礼仁之邦居住。孟子母亲为选择有仁风的教子环境,曾三迁其居,说明环境对人的影响非常重要。后世"近朱者赤,近墨者黑"就是对本句精神的发扬。

  子以四教:文、行、忠、信。(《论语·述而》)

孔子指出文化知识、社会实践、对人忠实、交往诚信是教育的四大要旨。

《论语》教育思想是光辉的，孔子一生辛勤办学，主张教育平等，人人都应受教育，培养三千余学生，七十二贤弟子，四杰出高徒，对中华民族教育事业的发展起着重要的推动作用。

（十二）《论语》生活格言

孔子《论语》生活格言甚为丰富，如下皆是：

不患人之不己知，患不知人也。（《论语·学而》）

君子谋道，不谋食。（《论语·卫灵公》）

君子食无求饱，居无求安，敏于事而慎于言，就有道而正焉，可谓好学也已。（《论语·学而》）

必也临事而惧，好谋而成者也。（《论语·述而》）

知者不失人，亦不失言。（《论语·卫灵公》）

君子病无能焉，不病人之不己知也。（《论语·卫灵公》）

君子不以言举人，不以人废言。（《论语·卫灵公》）

过而不改，是谓过矣。（《论语·卫灵公》）

人而无信，不知其可也。（《论语·为政》）

三思而后行。（《论语·公冶长》）

子谓子夏曰："女为君子儒，无为小人儒。"（《论语·雍也》）

子曰："笃信好学，守死善道。危邦不入，乱邦不居。天下有道则见，无道则隐。邦有道，贫且贱焉，耻也；邦无道，富且贵焉，耻也。"（《论语·泰伯》）

夫子循循然善诱人，博我以文，约我以礼，欲罢不能。（《论语·子罕》）

君子泰而不骄，小人骄而不泰。（《论语·子路》）

不患人之不己知，患其不能也。（《论语·宪问》）

孔子曰："君子有九思：视思明，听思聪，色思温，貌思恭，言思忠，事思敬，疑思问，忿思难，见得思义。"（《论语·季氏》）

子曰："道听而途说，德之弃也。"（《论语·阳货》）

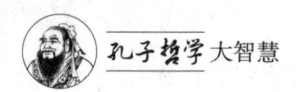

君子耻其言而过其行。(《论语·宪问》)

人能弘道,非道弘人。(《论语·卫灵公》)

色厉而内荏,譬诸小人,其犹穿窬之盗也与。(《论语·阳货》)

孔子重视品德的涵养,一部《论语》简直就是一部道德品质的修养专著,为中华民族的伦理品质的建树打下了深深的烙印。

第八章 孟子的大智慧

孟子,杰出的思想家、教育家、政治家,在中国历史上影响仅次于孔子,被誉为亚圣,是儒家思想的主要开创人之一。

孟子的主要成就是对孔子思想的继承和发展,从而使其思想和孔子思想一起共同成为我国古代思想的主体,对中国的伦理道德产生了深刻的影响。

孔孟思想最大的特点是重伦理教育,主张积极入世,强调个人在社会中的作用。

孔孟的仁、义、忠、孝伦理基础,在中国长达几千年的封建社会时期,曾经产生了巨大的影响,为中华民族的涵养打下了深深的烙印。

一部孔孟思想史,可以说就是一部中国传统文化的发展史。中国人民历史地、客观地评价了或正在评价孔孟——这两位伟大的先师。

第一节 孟子是继孔子之后的智圣

孟子(公元前372年—公元前289年),名轲,战国中叶邹国人,为孔学的嫡传,是儒家中仅居于孔子之后的大师,也是中国历史上伟大的思想家、

政治家。孟子所处的时代变革剧烈,贵族领主制正被地主封建制所取代。在经济上,生产力迅速发展,出现了封建制的生产方式,并且产生了新的生产关系;在政治上,呈现"七雄争霸"的局面;在思想上,随着社会的变革,出现了百家争鸣、诸子蜂起的新形势,孔子及儒家倡举的仁礼孝义已经形成了较为完备的思想体系。孟子深受孔子的影响,极其崇拜孔子,他效法孔子兴办学堂,广收弟子,为弘扬、传颂、继承及发展孔子思想立下了不朽的功勋。

> **杨力启示**
>
> 孟子的主要成就在于对孔子思想的继承和发展,他完善了儒家的哲学思想体系,为儒学成为中国历史上的正统思想做出了杰出的贡献。晚年撰写的《孟子》为儒家"四书"之一,成为儒学的经典,对中华民族的文化思想、伦理道德都产生了深刻的影响。

第二节 孟子的治国智慧

一、孟子的"仁政""王道"政治智慧

孟子和孔子一样关心国事,忧国忧民,这是孔孟儒学最伟大的地方。孟子的政治观是立足于"仁政"的王道,其"民为贵,社稷次之,君为轻"(《孟子·尽心下》)为中心的"仁政"主张,历史上曾经起到了一定的积极作用。

孟子政治观的特点在于把孔子的伦理道德观进一步应用于政治。他主张行"王道",施"仁政"。何谓仁政?他说:"以不忍人之心,行不忍人之政"(《孟子·公孙丑上》),则为"仁政"。即强调善政才能仁。"仁者无敌"(《孟子·梁惠子上》),他提倡效先王,即效尧舜之王道,他说:"尧舜之道,不以仁政,不能平治天下。今有仁心仁闻,而民不被其泽,不可法于后世者,不行先王之道也。"(《孟子·离娄上》)即言尧舜之所以成功是因为行仁政,

后世有些王朝不被民众所拥护，就是因为不效先王的缘故。他还说："三代之得天下也以仁，其失天下也以不仁。国之所以废兴存亡者，亦然。"而"桀纣之失天下也，失其民也；失其民者，失其心也……得其民，斯得天下矣"（《孟子·离娄上》）。孟子反对春秋五霸，强调"义战"，认为"春秋无义战"（《孟子·尽心下》），并言"得道者多助，失道者寡助"（《孟子·公孙丑下》），主张"仁者无敌"。这些观点对当时的社会无疑都是有益的。

孟子的王道仁政观还包括"民贵君轻"的思想，重人民，强调民主。他说"人皆可以为尧舜"（《孟子·告子下》），还说"得乎丘民而为天子"（《孟子·尽心下》），"国人皆曰可杀，然后察之，见可杀焉，然后杀之"（《孟子·梁惠王下》），并且还有"禅让"（即举贤为君）的进步主张。

> **杨力启示**
>
> 孟子的仁政从孔子的"亲亲"发展为"禅让"，甚至大胆提出君主也可举贤，向以血统关系世袭的君主承袭制提出了挑战，在两千多年前即有这样的进步思想，实在难能可贵。

二、孟子卓越的仁义伦理智慧

孟子继承孔子的"仁"，在"仁"的基础上提出仁义并重，并把仁与义、礼、智相联系，建成一个以仁为纲，义、礼、智为目的的"仁义学"思想体系。他提出"居仁、立礼、由义"，说："仁，人心也；义，人路也；舍其路而弗由，放其心而不知求，哀哉！"（《孟子·告子上》）还说："亲亲，仁也；敬长，义也；无他，达之天下也。"（《孟子·尽心上》）意思是说，仁是人的良心，义是人的正道，"仁"包含孝敬之意。

孟子特别强调义的重要性，甚至认为可以舍生取义。如《孟子·告子上》："生，亦我所欲也，义，亦我所欲也；二者不可得兼，舍生而取义者也。"孟子的"仁"对孔子的"仁"是有突破的，他提出仁义并重，认为任何人都应该行仁道，并且"暴君可诛"，还告诫人们："富贵不能淫，贫贱不能移，威武不能屈，此之谓大丈夫。"（《孟子·滕文公下》）

> **杨力启示**
>
> 孟子的仁义观不仅贯穿在政治思想内,并且也体现在他的经济思想中。在义利观方面,孟子继承了孔子重义轻利的思想。孔子说:"君子喻于义,小人喻于利。"孟子亦说:"为富不仁矣,为仁不富矣"(《孟子·滕文公上》),表明了他义高于利的思想。

三、孟子的性善道德智慧

性善论是孟子伦理道德的核心,它建立在孔子"仁学"的基础上,包括仁义礼智四性,也是孟子仁论的基础。

孔子提出了"性相近也,习相远也"(《论语·阳货》)的人性相近观点,但没有点明人性皆善,孟子对此作了明确的发展。孟子认为性善是与生俱来的,如"仁之于父子也,义之于君臣也……命也"(《孟子·尽心下》)。他还认为人的性情与天赋有关,"人性之善也,犹水之就下也。人无有不善,水无有不下"(《孟子·告子上》),即认为人性是一种本能。这种观点有它的合理性,但认为人的性情是"本善论"又未免失之于绝对化。

荀子的性恶论恰与孟子相反,认为人性本恶,他说:"人之性恶,其善者,伪也。"(《荀子·性恶》)孟子也看到了人性是比较复杂的,"有性善有性不善"(《孟子·告子上》),但他坚信,人性是可以恢复其本来面目"善"的。"孟子道性善,言必称尧舜。"(《孟子·滕文公上》)就是说,人人都可以成为尧舜那样的善人。孟子认为人是可以遵循本性的,故他主张"尽心",即存心,强调心灵深处不应受后天的污染,他说:"大人者,不失其赤子之心也。"(《孟子·离娄下》)赤子之心,即诚挚之心。

孟子坚信性本善,他说:"恻隐之心,人皆有之;羞恶之心,人皆有之;恭敬之心,人皆有之;是非之心,人皆有之。恻隐之心,仁也;羞恶之心,义也;恭敬之心,礼也;是非之心,智也。仁、义、礼、智,非由外铄我也,我固有之也。"(《孟子·告子上》)他强调善心是人所固有的,说:"恻隐之心,仁之端也;羞恶之心,义之端也;辞让之心,礼之端也;是非之心,智

之端也。人之有是四端也，犹其有四体也。"(《孟子·公孙丑上》)

杨力启示

孟子认为人的性善是天生的，"人皆有不忍人之心"(《孟子·公孙丑上》)，表达了孟子"性本善"的观点，这一观点在儒学中产生了一定影响。

四、孟子的人性天赋智慧

孟子对人性的探索是极为可贵的，他"人性皆善"的观点认为"人之初，性本善"。其实，人之初，性有善也有恶。体质是可以遗传的，难道人性就不能遗传吗？人是一个形神合一的整体，不仅能遗传形肉，也能遗传心神。人的智钝与遗传是有一定关系的，现在已经不否认了，难道个性就与遗传无关？当然，后天是有很大影响的，但不能说人生下来就是一张纯洁无污的白纸。

常有这样的现象，出生于同一个家庭的姐妹，后天受同样的教育，但品性却不相同，甚至大相径庭。"江山易改，本性难移"，不能不承认有的人确实天性难移。一家几个胞兄弟后天受同样的教养，却有的憨厚善良，有的奸狡凶恶，这些本性如与家族的遗传无关，又该作何解释？常言道"有其父必有其子"，虽然有的子女秉性与父母完全相反，但大多数情况下，子女的秉性不同于父便同于母或家族的上一层祖辈。

杨力启示

这就提出了一个社会问题：一个国家或一个民族的素质，不仅要注意形体的优化，更要注意人性、品德的优化，只有这样才能真正提高素质。因此，每一代人都应提高自己的秉性素质，为后代传递优质秉性。胎教为什么有这样神奇的作用？是因为在胚胎期人脑形成阶段，人的进化史正在一个个体上重演。因此，在人生的这个黄金缩影阶段可以发生突变，加速向好或向坏的方向发展，智力可以如此，难道秉性就不能胎教？

> 假如人性天赋的观点是唯心的、先验的，那么世界上客观存在的这些现象又该作何解释？体质可以遗传，智力可以遗传，人性为什么就与遗传无关？我的回答是，人性与遗传很有关系，不仅与家庭，而且与家族、民族都很有关系，当然后天影响、社会环境教育可以改变人的某些个性，但不能否认人性也可以天赋。可见，每一个人都应该注意秉性的遗传基因，每一个人都应对后代负责任。

第三节　如何评价孟子

孟子是中国历史上仅亚于孔子的杰出的思想家、政治家、哲学家，被尊称为"亚圣"，对中国的文化教育、伦理思想都做出了卓越的贡献。他的观点无论是消极的或积极的、保守的或进步的，对中华民族的精神风貌都产生了深刻的影响。

第一，他崇拜孔子，弘扬孔学，完备儒学，为中国的珍贵文化思想遗产——儒学的建树立下了功勋。

第二，他的一生与中国传统文化的兴盛密切相关，他提倡的伦理道德为中华民族的素质涵养打下了深深的烙印。

第三，后代之所以称儒学为"孔孟之学"，原因就在于孟子不但继承了孔子的学术思想，而且做了发展。

如在孔子"仁学观"的基础上，孟子倡举"仁义并重"，拔高了孔子"仁"的价值，并提倡"仁政王道"，进一步把孔子的仁道与政治相结合。

在孔子仁、孝、忠的基础上，孟子提出了性善论，并坚信"人人皆可以为尧舜"，对人性的探索迈出了重要的一步，因此，可以说孔孟是探索人类学的先师。

孟子和孔子一样，一生忧国忧民，为国事、民事鞠躬尽瘁，尽管他的有些主张是保守的，从今天看来是为当时统治阶级服务的，但从孟子所处的历史条件来说，孟子能说到的已经说到了，能做到的已经做到了。人间最美好的言行规范几乎都已被孔孟说尽了，以致后人已无法超越，足见孔孟的道德规范在中国历史上的地位。尽管孔孟的思想观点有着一定的保守性，还有一些唯心的东西，但它长期在人们心目中的地位就足以说明，中国人民已经历史地、客观地评价了或正在评价孔孟——这两位伟大的先师。

杨力启示

综上所述，孔孟的思想浸透到中国的文化、思想、文学、艺术各个领域、各个层次，显示了其强大的穿透力，假如这些思想没有一定的积极意义，也不可能被那么多炎黄子孙所垂青。孔孟文化发展史可以说是一部中国传统文化的发展史。

总之，孔子和孟子的思想对中国古代伦理思想、文化教育的发展皆产生了巨大的影响，对中国的文明和民族素质的铸造做出了不朽的贡献。

第九章 《孟子》——孟子的大智慧集成

《孟子》是继《论语》之后的又一部儒家社会学巨著,也是一部很有厚度的政治思想著作。《孟子》在儒家经典中有着崇高的地位,在中国经典著作及思想史上,是影响仅次于《论语》的传世之作,它的问世把儒家伦理道德推到了历史的巅峰。《孟子》和《论语》倡举的公德几千年来为中华民族精神风范的铸造起到了不朽的作用。

杨力启示

有这样一条真理:

凡是影响数千年之久的文化,其中的优秀部分是不会过时的,尤其对社会发展曾起到积极作用的内容更是值得借鉴的。尽管会有一定的时代局限和阶级局限,但其真正对社会有益的内容是不会受时空限制的。《论语》《老子》和《孟子》的超时代、超国界早已证实了这一真理,它们既是中国的,也是世界的。

第一节 《孟子》是部智慧巨著

《孟子》是中国古代重要政治思想典籍,是儒家"四书"之一,为战国时期著名思想家孟轲及其弟子万章等著。

《孟子》是儒家经典著作,主要反映了孟子仁政、德治的思想。全书共七篇。

最早的《孟子》注本为东汉赵岐的注本。影响比较大的注本为朱熹的

《孟子集注》。

《孟子》一书的成书时代为战国时期。当时天下热衷于攻伐，战乱频仍，孟子则主张仁道贤治。

第二节　《孟子》杰出的治国智慧

一、仁政——《孟子》的政治智慧

《孟子》的政治思想主要为仁政，重点贯穿于《梁惠王》上下篇及《公孙丑》上下篇。

（一）《梁惠王》篇的仁政智慧——仁者无敌

此篇是《孟子》的重要篇章之一，通过孟子和梁惠王讨论治国问题，反映了孟子的仁政思想。如："君行仁政，斯民亲其上，死其长矣。"

该篇提出"仁者无敌"的重要思想，认为有仁德的人将无敌于天下；还进一步提出了施仁政的具体办法，如："王如施仁政于民，省刑罚，薄税敛，深耕易耨。壮者以暇日修其孝悌忠信，入以事其父兄，出以事其长上，可使制梃以挞秦楚之坚甲利兵矣。"

在《梁惠王》篇中，孟子还强调"义"为仁之重要内核，突出义高于利的思想，如："王何必曰利，亦有仁义而已矣。"

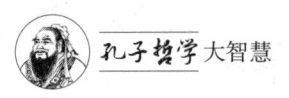

举贤，也是《梁惠王》篇仁政的重要措施之一，如："国君进贤。"

孟子主张的仁政对君王的要求很严格，强调君王必须与民同乐。"乐民之乐者，民亦乐其乐；忧民之忧者，民亦忧其忧。乐以天下，忧以天下。"

法先王而为仁政，也是孟子仁政观的重要内容。如《离娄》下篇："禹、稷当平世，三过其门而不入，孔子贤之。"

（二）《公孙丑》篇的仁政智慧——性善

《公孙丑》也分为上下二篇，仍以强调仁政为宗旨。该篇进一步提出"仁则荣，不仁则辱"，尤其提出了性善为仁政的基础。如："人皆有不忍人之心，先王有不忍人之心，斯有不忍人之政矣。以不忍人之心，行不忍人之政，治天下可运之掌上。"

该篇还强调"无恻隐之心，非人也……恻隐之心，仁之端也"，即突出性善是《孟子》仁政的内核。

（三）《尽心》篇的仁政智慧——贵民轻君

《尽心》也是阐述孟子仁政观的重要篇章。

首先，该篇提出"贵民轻君"，即指《孟子》的仁政观在于贵民轻君，以历史唯物主义的观点来看，这是十分进步的。"民为贵，社稷次之，君为轻。"孟子的贵民轻君思想对后世产生了积极的影响，成为推行孟子仁政的重要途径。

其次，《尽心》还提出："仁也者，人也。"突出仁是为人的根本。"仁"字为"二"与"亻"的合字，意即仁是人与人之间关系的根本，只要有两个人在一起，就不能没有仁的道德。

《尽心》不但强调仁是为人的根本，还提出仁是立国的根基。如："不仁而得国者，有之矣；不仁而得天下者，未之有也。"此外，还提出仁是立家之根本，从而使仁更深入人心，对进一步强化仁为儒家的核心思想起到了重要作用。如："亲亲，仁也。"

> **杨力启示**
>
> "国君好仁，天下无敌。"《孟子》认为能把仁道作为立人、立家及立国的根本者，必将无敌于天下。

（四）孟子仁政智慧贯穿于《孟子》全书

孟子的仁政思想除体现在上述三篇外，还贯穿于《孟子》全书，互相呼应，充分反映了他对仁政思想的高度重视。如孟子在《离娄》篇进一步提出得民心与仁政的重要关系："桀纣之失天下也，失其民也；失其民者，失其心也。得天下有道：得其民，斯得天下矣。"该篇还高度强调"君正"的重要意义，所谓"正君而国定矣"。

在伦理道德方面，《孟子》强调以仁为德之主，说："苟不志于仁，终身忧辱，以陷于死亡。"

《孟子》还高度强调君臣施仁与国家社稷的关系。如："天子不仁，不保四海；诸侯不仁，不保社稷；卿大夫不仁，不保宗庙。"

"仁，人心也。"孟子认为仁是人性的本质，这一思想奠定了孟子"性善论"的基础，他还提出法先王而行仁政，"尧舜之道，不以仁政，不能平治天下"。

> **杨力启示**
>
> 上述说明仁是孟子贯穿于全书的主导思想，由于《孟子》对仁的高度强调而被朱熹尊为"四书"之一，从此奠定了《孟子》在儒学及中国文化中的重要地位。

二、性善论——《孟子》伦理智慧之本

性善论是《孟子》的又一重要思想，孟子强调性善的目的仍然是为行仁政奠定理论基础。性善论在《告子》及《公孙丑》等篇有较突出的论述。

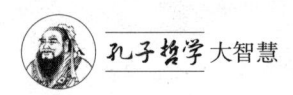

首先,《告子》篇指出善是人之本性,善指有恻隐之心,有恻隐之心才能有仁。"恻隐之心,人皆有之……恻隐之心,仁也。"孟子认为善是仁的内核。

孟子还以水流为喻,进一步说明了善是人的本性。他说:"人性之善也,犹水之就下也。人无有不善,水无有不下。"

孟子否认人性有善恶之分,认为人性皆善。"人性之无分于善不善也,犹水之无分于东西也。"

孟子还认为人人都可达到像尧舜一样的善良境界。"人皆可以为尧舜。"他认为人人都可以达到高度的善良。这在当时是有积极的社会意义的。

此外,《告子》篇还阐述了一个人能否为善关键在于自己的修养,"所以考其善不善者,岂有他哉?于己取之而已矣……养其小者为小人,养其大者为大人。"

杨力启示

性善论既奠定了孟子仁政观的理论基础,又成为儒家仁孝伦理的核心,如《公孙丑》说:"人皆有不忍人之心,先王有不忍人之心。"

三、仁义——《孟子》伦理智慧的核心

孟子不但重仁而且贵义,他把仁、义并重,大大充实了仁的内涵,如:"仁,人之安宅也;义,人之正路也。"(《孟子·离娄》)何谓义?《孟子·告子上》曰:"羞恶之心,义也。"对恶的憎恨为义,可见,《孟子》的义为正义、大义。

《孟子》的篇章多为综合性论述,和上述一样,论题皆未列专论篇章,重大问题几乎每篇皆有涉及。相对而言,仁义和义利问题的讨论以《梁惠王》篇及《告子》篇为主要。如:"王何必曰利?亦有仁义而已矣。"(《孟子·梁惠王上》)此句表明了孟子义重于利的鲜明态度,对后世义利观产生了重要影响。

关于义利关系,孔子也非常重视,强调义绝对高于利。他说:"见利思义。"还说:"君子喻于义,小人喻于利。"(《论语·宪问》)

"无礼义,则上下乱。"(《孟子·尽心下》)《孟子》还把义与礼并列,强调义礼对定国安邦的重要意义。

墨子则反其道而行之,宣扬利重于义,所谓"义,利也"(《墨子·经上》)。墨子成为古代功利主义的代表,长期和孔孟义重于利的思想相抗争,反映了我国义利观形成的艰难历程。

杨力启示

总之,孟子的仁义论主张仁义并重,这一思想奠定了孟子思想体系的核心,并被后世发展为儒家思想体系的中流砥柱。

第三节 《孟子》的地位及其影响

当代著名哲学家张岱年先生说,在中国学术史上,影响最大的思想家还是首推孔子,其次就是孟子。(谭承耕:《〈论语〉〈孟子〉研究》,序)

在中国思想家史上,孔子被尊为"至圣",孟子则被称为"亚圣",足见孟子地位的重要性。

杨力启示

孟子曾自称是孔子的继承人,生前即致力于对孔子思想的弘扬,故《孟子》成书以来受到儒家的高度重视。在汉代,《孟子》已被置为博士专学,并被尊为儒家重要经典。到了宋代,经大儒朱熹将《孟子》和《论语》《大学》《中庸》并列为"四书"后,《孟子》的地位便被抬到仅次于孔子《论语》的程度,对孟子思想的研究也进入了鼎盛时期。朱熹的《孟子集注》成为科举考试中的官方教材。从此《孟子》的社会影响愈大,不仅在儒家经典中地位极高,而且在中国经典著作及思想史上也是影响仅次于《论语》的传世之作。

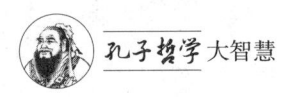

一、《孟子》继承和发展了孔子的思想精髓——道德政治

孟子是孔子思想的重要继承人和发扬者。孔子思想体系的核心是政治、伦理及教育，这些方面在《孟子》中皆有集中体现。孟子和孔子一样，限于当时的历史条件，对宇宙观不想多究，而致力于国情、国民世界观的剖析。

孟子的政治思想主要继承和发展了孔子的"仁"，并以仁、德作为王道的核心。孟子仁德又以民本思想为中心，民本思想的宗旨为"贵民轻君"。可见，孟子的王道思想在当时相当具有时代的进步性。

孟子和孔子思想体系的核心都是仁，孔子是以仁礼并列为轴心的，孟子则以仁义并列为主体。

孟子的政治思想继承了孔子的政治思想，即道德政治，其实质即为强调王道为仁政德治，即孔子所说的"为政以德"。

> **杨力启示**
>
> 总之，孟子充分继承和发展了孔子的仁政，把孔子的政治思想体系推向了更完美的高度，奠定了以政治道德为主体的儒家学术思想体系，为中国古代政治学术思想的发展做出了不朽的贡献。
>
> 孟子对孔子学术思想的弘扬起到了巨大的作用。如果没有孟子，孔子思想也不可能如此昌盛。后世把儒学思想体系称为"孔孟之道"也正体现了孟子的显赫地位。

二、《孟子》进一步充实和发展了儒家思想智慧体系

《孟子》对儒学最大的贡献便是奠定并充实了儒家的思想体系。

儒家思想体系是中国古代思想体系的核心，孔孟思想又是儒家思想文化的中流砥柱。孟子对儒家思想体系的充实和完备起到了巨大的作用。

中国封建社会持续了两千多年，形成了辉煌的中国传统文化。孔子创始、孟子发展的儒家思想体系是中国封建文化的主干，儒学思想体系的特

征是道德政治，其中，仁义礼忠孝皆为其中的优秀部分，是儒学思想体系的核心。

孟子对儒家思想体系的充实和发展，主要体现在以下几个方面。

（一）《孟子》高度强调政治道德智慧和道德政治智慧

所谓政治道德即指道德品质、个人修养的政治化，而道德政治即强调国家的德治。

《孟子》对儒家思想体系的重大发展还在于高度强调道德政治和政治道德，即强调政治与道德二者之间的辩证关系，并突出政治是道德的主导，这是儒家道德的重要特点，也是和道家道德和其他宗教道德的重要区别。道家道德和其他宗教道德的特点是脱离政治，超越现实，遁避社会的修养。而以孔孟为首的儒家则强调人的道德是为政治服务的，人的修养在于实现社会价值，因此主张面对现实和融入社会。

无疑，儒家倡举的政治道德是有积极意义的，对封建社会的发展的确起到了积极的作用。

孟子提出的仁政王道对道德政治的发展起到了重要作用，他所弘扬的性善论又对政治道德观的提倡产生了积极的作用。总之，《孟子》高度强调的政治道德和道德政治，对儒家思想体系核心观点的建树起到了重大作用。

（二）《孟子》奠定了儒家的伦理风范——政治伦理

《孟子》中的伦理思想和《论语》一样属政治伦理，政治伦理的本质是强调伦理的政治性，也即伦理的政治化。所谓伦理政治化就是强调个人对社会应负的责任。

《孟子》在继承孔子仁的基础上更加重视义，并把仁、义并列。他把"性善"作为政治伦理的内核，极大地充实了孔子的以仁礼为核心的伦理思想体系。

《孟子》高度弘扬了孔子伦理重视现实并为社会履行责任的观点，对中国伦理道德的社会化起到了积极的作用。

> **杨力启示**
>
> 孟子把孔子的伦理道德进行了充实和完备,从而确立了以仁、义、礼、忠、孝为核心的儒家伦理体系,为中华民族气质风范的形成奠定了理论基础。孔孟之道对中华民族伦理精神的铸造产生了至深至广的影响,这也是孟子在中国历代享有盛誉的缘故。

(三)《孟子》的性善论对人性论的影响

人性论是历代思想家皆十分重视的问题。孔子提出"性相近也,习相远也"(《论语·阳货》),认为人可以有共同的性格。荀子主张性恶论,认为"人之性恶明矣"(《荀子·性恶》)。孟子则坚持性善论。但事实上,人之初有善也有恶,孟子、荀子的看法皆失之偏颇。比较而言,孟子的性善论对社会更有积极意义,尤其孟子提出"人人皆可以为尧舜",在历史上曾经产生了重要影响。

性善论的重要价值还在于奠定了儒家仁的理论基础,为儒学思想的发展做出了重大贡献。

综上所述,孟子思想不仅成为儒家的思想核心,而且对中国封建时代的政治道德、伦理风范和人性论都产生了深刻的影响。

三、《孟子》继承了孔子的教育智慧

教育思想是孔子思想体系中的重要部分,孔子一生不忘教人、育人及树人,从而被誉为"万世师表"。

孔子提出了划时代的"有教无类",打破了等级教育的旧制度,为受教育的平等化做出了伟大的贡献。孟子继承并发展了孔子的这一教育思想。

孔子提出"正身",即教育者必先受教育,强调教育者必"以身作则"。孟子则提出"正己"(《孟子·尽心上》),即"正人先正己"的教学原则。这些原则无疑都是有积极意义的。

孔子还非常注重环境对教育的影响,他提出"性相近也,习相远也"(《论语·阳货》)。孟子则提出"富岁,子弟多赖;凶岁,子弟多暴;非天之降才尔殊也，其所以陷溺其心者然也"（《孟子·告子上》），强调环境对人的重要影响。孟子还强调"大匠诲人必以规矩，学者也必以规矩"（《孟子·告子上》）。

总之，孟子一生也如孔子一样，以教人育德为己任，一生教学生做到了"诲人不倦"。孟子继承和弘扬了孔子开创的儒家教育思想，对中国的教育事业和中华民族文明的发展起到了极为关键的作用。

> **杨力启示**
>
> 综上所述，《孟子》在政治思想、伦理风范和教育思想等三大方面对孔子思想体系做了全面的继承和弘扬，对儒家思想的发展产生了极为深刻的影响。

第四节　《孟子》的社会价值及国际影响

《孟子》无论在中国或世界都曾产生过深刻的影响。《孟子》成书于战国时期，秦代时被秦始皇焚烧，汉代时又受到汉武帝、董仲舒的重视。宋代时，朱熹把《孟子》和《论语》《大学》《中庸》并列为"四书"后，《孟子》的地位被抬得更高，和《论语》一起成为儒家教育的主要教材。在中国封建社会的历史过程中，《孟子》曾经对中国社会的发展、传统文化的昌盛以及民族意识的形成都起到了很大的作用。

《孟子》在国外的影响也很大，曾和孔子的《论语》一起传入日本、朝鲜、越南等地，对东方文化的发展产生了深刻的影响。此外，《孟子》还和《论语》一起风靡美国和西欧，对西方文化和民族心态产生了一定的刺激作用。

> **杨力启示**
>
> 现代社会发展虽然进入了新的时代，但作为影响中国思想文化达数千年之久的《孟子》，其中的优秀部分是不应该被埋没的。尽管《孟子》有一定的时代局限和阶级局限，也有代表统治阶级利益的思想应该被批判，如"劳心者治人，劳力者治于人"（《孟子·滕文公上》）的反论点以及把

> 时代的发展过分地寄托于统治阶级的发善心和先验的性善论等。其真正对社会有益的内容是不会受时空限制的,《论语》《孟子》的超时代、逾国界早已证实了这一真理。

第五节 《孟子》名句选析

《孟子》中有丰富的人生哲理和处世警句,对历代中国社会都产生了重要的影响。

富贵不能淫,贫贱不能移,威武不能屈,此之谓大丈夫。(《孟子·滕文公下》)

富贵不能过分而无节制,贫贱不能改变节操,威武不能屈服。《孟子》此句对中国人情操的建树有很大的影响。曾经激励着多少仁人志士立志:在富贵时要抑制物欲,在贫贱时不能改变政治情操,在强暴面前不能屈服于压力。

舍生取义。(《孟子·告子上》)

本句反映了孟子以仁义高于一切的情操。《孟子·告子上》说生命和义都是我最珍贵的东西,但如二者只能择一,则宁愿牺牲生命也要保住义,否则便失去了本性。这句名言和后贤所提"饿死事小,失节事大"(《河南程氏遗书》卷二十二)相呼应,对后世影响甚大。再如:"人生自古谁无死,留取丹心照汗青"(宋·文天祥《过零丁洋》)以及"宁可玉碎,不为瓦全"(《北齐书·元景安传》)皆启发于本句。

天时不如地利,地利不如人和。(《孟子·公孙丑下》)

本句中心思想为强调天时、地利、人和三者之间的密切关系,尤其突出"人和"在三者中的主导作用。此句对历代倡导团结和改善人际关系,都产生了良好的影响。

> 老吾老以及人之老，幼吾幼以及人之幼，天下可运于掌。（《孟子·梁惠王上》）

本句意即从尊敬自己的长辈推广到尊敬别人的长辈，从爱护自己的儿女推广到爱护别人的儿女，这样治理天下便可易如运掌。此句强调家庭和国家的辩证关系，即"正人必先正己，治国必先治家"，对后世影响甚大，儒家经典《大学》的重要命题"修身、齐家、治国平天下"便渊出于此。

> 王何必曰利？亦有仁义而已矣。（《孟子·梁惠王上》）

此句为孟子重义轻利思想的代表命题，反映了儒家的经济道德观，该句和墨子的"义，利也"的功利思想形成鲜明对照。在中国几千年封建社会的历史上，孔子的"君子喻于义，小人喻于利"和孟子的"王何必曰利？亦有仁义而已矣"的重义思想始终处于优势。

> 人皆可以为尧舜。（《孟子·告子下》）

本句为古今名言，认为每一个人都有善性，人人都可成为尧舜一样的人。这句话对仁人志士的精神追求和中国伦理道德的发展，皆起到积极的作用。

> 民为贵，社稷次之，君为轻。（《孟子·尽心下》）

《孟子》把君民位置倒置，是古代民主思想的代表，具有很强的进步性，对后世进步朝代的政治制度产生了良好的影响。

> 人皆有不忍人之心。（《孟子·公孙丑上》）

即言每个人都有怜悯之心，亦即人人都有同情他人之心。《孟子》认为这是人与生俱来的天赋，这一观点奠定了性善论的基础，具有重要的历史意义。

> 是故天将降大任于斯人也，必先苦其心志，劳其筋骨，饿其体肤，

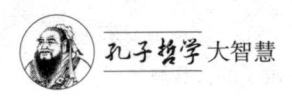

空乏其身，行拂乱其所为，所以动心忍性，曾益其所不能。(《孟子·告子下》)

本句指出一个人要想成就大事，必定要磨炼自己的意志，经受各方面痛苦，甚至残酷的考验，包括精神和身体两方面的磨难，才可能获得超人的成功。越王勾践卧薪尝胆便是最典型的例子。

五十步笑百步。(《孟子·梁惠王上》)

该句名言实质为错误的实质一样，只是程度不同而已！后世发展为无自知之明，意在嘲讽看不到自己毛病的人。

助之长者，揠苗者也。(揠苗助长)(《孟子·公孙丑上》)

该名言通过宋人揠苗助长的故事，辛辣地讽刺急于求成的愚蠢。目的在于告诫那些只凭主观愿望违背客观规律的人。

一日暴之，十日寒之。(一曝十寒)(《孟子·告子上》)

此句比喻办事时冷时热没有恒心的人，强调办事要持之以恒，坚持不懈才能成功。该篇还将"专心致志"与"一曝十寒"进行了对比。

鱼，我所欲也，熊掌，亦我所欲也。(《孟子·告子上》)

此句原话为："鱼，我所欲也；熊掌，亦我所欲也；二者不可得兼，舍鱼而取熊掌者也。生，亦我所欲也；义，亦我所欲也；二者不可得兼，舍生而取义者也。"孟子通过鱼和熊掌二者不可兼得时，舍鱼而取熊掌的类比，说明舍生取义的道理。

今之为仁者，犹以一杯水救一车薪之火也。(杯水车薪)(《孟子·告子上》)

孟子认为，只有少数人行仁，则好比用一杯水去救一车柴火，无济于事。

生于忧患而死于安乐也。(《孟子·告子下》)

该句是对《易经》及儒家忧患意识的发展。中国历来注重安危的辩证关系，高度强调二者的对立和统一。如《易经》突出"安而不忘危，存而不忘亡，治而不忘乱"(《易·系辞下》)，《左传》强调"居安思危""有备无患"，都告诫人们盛世要知危，安乐要知忧。

与人为善。(《孟子·公孙丑上》)

孟子把善德提高为人的最高道德水准，"故君子莫大乎与人为善"。孟子以尧舜等贤君为榜样，强调了为他人谋福利是人间最高尚的事。这一思想对历代影响很大，成为儒家仁道的核心。

与民同乐。(《孟子·梁惠王下》)

孟子奉劝齐威王："今王与百姓同乐，则王矣。"意即指出统治者要与百姓同甘共苦国家才能有治。

仁者无敌。(《孟子·梁惠王上》)

此为孟子说劝梁惠王施仁政的名句，对后世影响甚大。

禹八年于外，三过其门而不入。(《孟子·滕文公上》)

指大禹治水三过家门而不入。此为强调为君者首先要先天下之忧而忧，后天下之乐而乐，大禹的例子便是最好的典范。

五百年必有王者兴，其间必有名世者。(《孟子·公孙丑下》)

该句为《孟子》的预测名言，意在强调历史总是会发展的，会有转机的。每每在特定的时候，就会涌现改变历史、引领社会发展的历史名人。这是历史发展的必然规律。当然并不拘泥于五百年出一个名人。

人之有道也，饱食暖衣，逸居而无教，则近于禽兽。(《孟子·滕文

公上》)

本句指出人之所以为人是因为有人道，这是人和禽兽的根本区别。如果只知吃喝玩乐，而不进行道德品质的修养，那么与禽兽又有什么两样呢？孟子该句高度强调了伦理品质修养的重要性。

　　失其民者，失其心也……得其民，斯得天下矣。(《孟子·离娄上》)

本句高度强调得民心对安邦治国的重大意义，为孟子民本思想的具体化，历代影响较大。

　　仰而思之，夜以继日；幸而得之，坐以待旦。(《孟子·离娄下》)

此句"夜以继日"与"坐以待旦"反映了孔孟提倡的艰苦奋斗精神，对后世影响较大，一直沿用至今。

　　仁，人心也；义，人路也。(《孟子·告子上》)

此句言仁是人的心，义是人之路。"人有鸡犬放，则知求之""放其心而不知求，哀哉"，即有的人失去了鸡犬而知寻找，但失去良心却不去找回，实在是悲哀。

　　此一时也，彼一时也。(《孟子·公孙丑下》)

即言时过境迁。指出事物不是僵死的，是在变化之中的，是因时而异的。

第十章 孔子与儒学大智慧

所谓儒学,是指以孔孟思想体系为中心的学术流派。

儒学之所以在中国历史上一度成为显学,和它的思想体系是分不开的。仁是儒学思想体系的核心,礼是儒学思想体系的重要内涵,中庸是儒学思想的圭臬。

儒学、易学、经学、孔学四者分之为四,合之为一,四者相辅相成,共同组成了中国古代思想文化的主干。

第一节 儒家以政治智慧为本

做人难!儒学恰恰是人际关系学,包括社会关系学、家庭学,里面有做什么人及怎样做人的答案。儒学是一门研究人与社会关系的学问。《论语》《孟子》是处理国事、人事及家事的社会科学,是充满了人生哲理、人道主义的处世哲学。

"在中华民族的思想和文化发展史上,孔子的思想和儒家的学说影响最深远。"(周谷城在儒学国际学术讨论会上的致辞)

一、儒家是中国历代政治智慧最强的学派

儒家是中国重要的思想学派,奠基于公元前6世纪,在历代都被推崇,奉为正统。孔子为儒家的创始宗师。以后孟子和荀子都是儒家的显赫人物,对儒学做了重要发展。

儒家创始于春秋时代的孔子,但究其源,实始于周代,最初儒学是以六术即"礼、乐、射、御、术、数"作为学习内容的。儒学在战国时期已成为

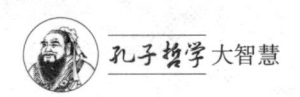

显学,汉代被独尊,魏晋时代略被冷落,宋明时期随着理学的崛起又大为兴盛。两千多年来儒学对中国的历史、文化、思想的发展都起到了很大的作用。

儒家学说是伦理与政治相结合的学说,对我国的政治思想、精神文化都产生了深刻影响。儒学者大多博学多才,精通文史哲,其代表人物孔子是一位伟大的思想家、政治家、教育家,他的特点在于维护和发扬传统思想文化。

儒家曾分为八派,即"有子张之儒,有子思之儒,有颜氏之儒,有孟氏之儒,有漆雕氏之儒,有仲良氏之儒,有孙氏之儒,有乐正氏之儒"(《韩非子·显学》),皆重视经学。孔子享有盛名的七十弟子是儒家的栋梁,另外,孟子及荀子是儒家的代表人物,受孔子思想的影响也很大。

> **杨力启示**
>
> 中国的传统文化虽有儒、墨、法、道、佛等,但儒学一直占据主导地位,并对继承和发扬传统文化、振奋民族精神起到了积极的作用。这也正是儒家的政治思想一直代表着历代中国的正统思想的缘故。

二、儒学、经学与孔学

儒学与经学及孔学都有密切关系。所谓儒学是指自孔子时代以来历经数千载的以孔子思想体系为中心而衍生的庞大的学术流派,包括宋明的理学在内。

所谓孔学是指以孔子思想为中心的思想体系,主要以仁、礼为核心。所谓经学,指兴于西汉以"五经"(《易》《礼》《诗》《书》《春秋》)为核心的学术流派。经学仍以孔儒之学为中心。因此,儒学、经学、孔学是密切相关,但又非等同的学术体系。

儒家推崇"四书五经","四书"指《大学》《中庸》《论语》《孟子》,"五经"指《诗》《书》《礼》《易》《春秋》,六术即礼、乐、射、御、术、数。

> **杨力启示**
>
> 儒学是一个重知识、讲仁礼的学术大派,它和中国历代的政治都有密切关系,其智慧也以政治智慧为主,所以实际上又是一个政治性学派。

第二节 仁是儒学智慧的核心

一、仁是儒学的核心智慧

仁,指仁爱、仁义和仁政。孔子首先创仁学,并以之作为孔学的核心思想,主要内涵为仁爱、爱人、仁义、助人。孔子的"爱人"是对人价值的重大发现。孟子则提出仁义观,强调仁义并重,进一步升华了孔子的仁学观。

孔孟的仁学特点在于把伦理道德和政治相结合,并使之作为官德的准则。孔子主张仁政,反苛政;孟子提出王道,反霸道,主张"重民轻君",二者对中国的历史都有一定的影响。以后无论孔学、经学和儒学都贯穿着孔孟的仁义观,仁义观成为儒学思想的核心体系,是儒家最高道德观,在儒学思想体系中占有重要地位。

仁和礼二者相辅相成,互为因果关系,成为儒家的最高伦理准则。仁所包含的义、信、惠、恭、勇、宽、智组成了儒学著名的仁义学体系,两千多年来为中国人民传统的伦理道德奠定了基础。

二、孔子对仁道智慧的创立

仁,指仁爱、仁义和仁政,是儒家思想体系的核心和最高道德准则。

仁,首出《尚书·金滕》"予仁若考",指一种良德。但把仁作为一种思想体系和人际伦理范畴,则开创于孔子。孔子首创仁道,并以之作为孔学的核心思想。孔子对仁最大的贡献是把仁从血缘关系中升华,使之社会化、伦理化。

仁道的主要内涵为仁爱、爱人、仁义、助人。

"樊迟问仁。子曰:'爱人。'"(《论语·颜渊》)如何爱人?孔子答曰:"夫仁者,己欲立而立人,己欲达而达人。"(《论语·雍也》)即言仁的实质是为人,亦即利他。"己所不欲,勿施于人"(《论语·卫灵公》),孔子仁的内涵还包括人性、人道。

"仁也者,人也"(《孟子·尽心下》),孟子强调仁是人的本性,他还说:

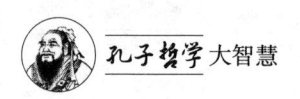

"仁者爱人"(《孟子·离娄下》),即突出仁的最高宗旨是爱护他人。

孔孟把仁作为人的最高思想境界,并把仁人和圣人、贤人相齐,强调仁人境界是不容易达到的,孔子都不敢自认为仁人。他说:"子曰:'若圣与仁,则吾岂敢?'"(《论语·述而》)孔子自谦,认为著称圣人、仁人自己都不够格。

《易经》把仁义提高到人的最高社会道德。如"立人之道,曰仁与义。"(《易·说卦》)

孟子也高度强调仁是儒家伦理的最高准则。如:"君子所性,仁义礼智根于心。"(《孟子·尽心上》)

杨力启示

上述说明,孔子首创儒家仁道,孟子作了进一步的发展。从此,仁道成为儒家思想体系的核心及人际伦理的最高准则。

三、儒家对仁道智慧的发展

自孔子开创仁道后,仁道便成为封建社会意识形态的主要内容。

仁道的发展主要包括仁义、仁礼及仁政三个主要内容。

(一)仁义大智慧

仁义是仁学最重要的发展。《易经》首先把仁、义并列为仁道的核心。《礼记》也强调仁义并列的仁学观,如"仁义礼智,人道具矣"(《礼记·丧服四制》)。《易》《礼》的仁义观为孟子建立的仁义体系奠定了重要基础。孟子对仁的最大贡献即是把仁义观确立为儒家伦理的核心。如:"王何必曰利?亦有仁义而已矣。"(《孟子·梁惠王上》)

孟子还进一步阐述仁义观是"恻隐之心,仁之端也;羞恶之心,义之端也"(《孟子·公孙丑上》)。他把仁义和性善相结合,强调仁义是人之本性,这为孟子的性善论及为民仁政观奠定了基础。

（二）克己复礼——礼仁大智慧

礼仁是仁学内涵的又一重要延伸，同样是孔子首倡。"克己复礼为仁"（《论语·颜渊》）即以恢复周礼为仁，从而把仁的含义更加社会化，这是孔子对仁道的重大发展。另外，从礼的角度来看，孔子把礼仁相结合，以礼为形式，仁为内容，从而使礼更充实，更具有生命力。礼仁的结合是儒家对社会的重大贡献，也是孔子对礼的重大发展。

（三）为政以德——仁政大智慧

仁政是儒家仁道的政治化，也是仁的进一步社会化。仁政同样首倡于孔子。如"为政以德"（《论语·为政》），即强调要以仁德为治国之本。孟子亦说："不以仁政，不能平治天下。"（《孟子·离娄上》）"以不忍人之心，行不忍人之政，治天下可运之掌上。"（《孟子·公孙丑上》）

孟子尤其将仁政的重心放在"为民"上，这是对仁政的重要发展。"王如施仁政于民……故曰：'仁者无敌。'王请勿疑。"（《孟子·梁惠王上》）"行仁政而王，莫之能御也。"（《孟子·公孙丑上》）

孟子在仁政基础上提出的轻君重民思想有其积极的社会意义。"民为贵，社稷次之，君为轻。"（《孟子·尽心下》）

此外，孟子在贵民的基础上又倡举任贤、尊贤，对儒家仁政思想进行了发展。"不信仁贤，则国空虚。"（《孟子·尽心下》）"为天下得人者，谓之仁。"（《孟子·滕文公上》）

仁政是儒家的重要政治观，经过孟子的发展后，成为儒家仁的最高标准，也成为儒家思想体系的最高宗旨。

（四）儒家仁的价值及其影响

仁是儒家思想体系的中心，虽然是封建社会的意识形态，两千多年来，对中华民族素质的铸造却起到了不朽的作用。儒家思想不仅为封建统治者培养了一些忠君贤人，也造就了千千万万的仁人志士和舍生忘死的英雄好汉。

尤其是以仁为核心的伦理观，历史上为维护中国的大一统和社会的安定

起到了积极的作用。

第三节　礼是儒家文明文化的象征

一、礼是儒学智慧的象征

何谓礼？礼指礼仪制度，是对仁的约束，有上下等级、尊卑长幼的严格秩序规定，因此又可说是一种政治秩序。礼是一种制度，仁、义、孝、忠、智是礼的基础。《礼记》是西周到秦汉有关礼制的集大成，反映了孔子的礼仪思想。孔子的礼主要是维护周礼，孔子所在鲁国由于战乱"礼崩乐坏"，孔子

礼崩乐坏

君子三年不为礼，礼必坏；三年不为乐，乐必崩。

——《论语·阳货》

深为不满,提出要"正名",恢复"君君,臣臣,父父,子子"的等级尊卑关系。

儒家的礼除有政治内涵外,还包括人际关系和家庭关系的重要内容,强调"礼之用,和为贵",认为礼仪是人与人之间增强凝聚力保持和谐的手段。孔子强调"克己复礼",即通过克制自己达到礼制的恢复。

> **杨力启示**
>
> 孔子的礼虽然是维护周礼,有保守的一面,但能够在中国世世代代沿袭下来,说明它包含有合理的内核。试想一个国家,一个集体,一个家庭,一个人,如果没有一定的礼仪道德,怎么能和谐相处?儒家倡举的"礼",几千年来对中华民族的风貌习俗的形成产生了深刻的影响,应该说儒家的礼是东方最早的精神文明。西方强调个人,而东方强调集体,这和儒学奠定的群体关系是分不开的。无论旧的生产关系或新的生产关系,都离不开"礼",礼是群体共处的必要条件。因此,孔子的礼,有可以借鉴的地方,不能一概加以排斥。

二、为国以礼——礼的智慧及孔子创礼

礼是儒家思想智慧的重要范畴,指人的行为规范及国家社会的典章制度,是文明的象征。

礼在中国源远流长,在西周时代已经成为中国文化文明的主流。孔子对周礼的维护和发展起到了重要的作用,他提出"克己复礼"(《论语·颜渊》),即克制自己,使自己的言行都合乎礼。孔子竭力倡举礼,并以克己复礼为己任,原因在于不满当时社会变革对礼乐的冲击。孔子崇礼有维护社会文明的积极的一面,但也有保守的一面,这从孔子认为东周的社会变革是西周的"礼崩乐坏"以及孔子憎恨"僭越"的事实可以证实。

但孔子提倡的礼的思想境界是很高的,他提出"为国以礼"(《论语·先进》),说明孔子提倡的礼不仅在于人际关系,更重要的是强调礼对兴国的重要意义。

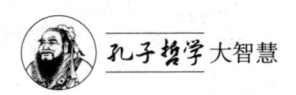

> **杨力启示**
>
> 儒家对礼高度重视,《周礼》《仪礼》《礼记》是对西周政治制度,以及西周、春秋时期礼的集成及补充。三礼皆被列为儒家经典,其中,《周礼》被列为《十三经注疏》之一,《礼记》成为儒家礼治的经典著作,它们对封建社会国家和个人的礼制都产生了很大的影响。

三、乐以天下——儒家礼智慧的发展

西周是中国古代盛世,有严格的礼制,反映了当时社会的文明程度。礼制,一方面是人际关系的反映,另一方面则是封建等级制度的体现。

周礼主要包括礼乐及礼义两个内容,自孔子大力提倡后得到了极大的发展。

(一) 礼乐并重是儒家文明的标志

乐,即音乐。西周社会是礼乐并重,二者是儒家政治及伦理的重要内容。礼与乐相辅相成,礼形仪其外,乐正声于内,礼乐并重是儒家社会文明的标志。《易经》也很重视乐。如曰:"先王以作乐崇德。"(《易经·豫·象传》)

孔子十分重视"六艺"(礼、乐、射、御、书、数)中的乐,他还高度强调乐的政治意义。"子曰:礼云礼云,玉帛云乎哉?乐云乐云,钟鼓云乎哉?"(《论语·阳货》)

孟子在孔子乐治的基础上把乐进一步政治化,强调"与民同乐""与民同忧",进一步充实了他的仁政观,也是对乐的进一步发展。如:"乐以天下,忧以天下,然而不王者,未知有也。"(《孟子·梁惠王下》)

乐的政治化也进一步充实了礼,礼乐合一,把儒家的乐推向了政治化的最高境界。

《乐经》是古代乐制的汇集,曾被列为"六经"之一,已佚。

(二) 礼乐与刑政结合是礼治的重要内容

儒家强调乐与刑政的一致性。《礼记·乐记》曰:"故礼以道其志,乐以和其声，政以一其行，刑以防其奸。礼乐刑政，其极一也，所以同民心而出治道也。"

儒家把乐政治化、法制化，高度延伸了乐的政治作用，为封建社会礼乐刑政思想奠定了基础。

孔子坚决反对淫声："郑声淫，佞人殆。"（《论语·卫灵公》）

荀子则极为隆礼，对儒家的礼乐刑政做了重要的发展。他认为"国之命在礼"（《荀子·天论》），又指出，"礼者，法之大分"（《荀子·劝学》），充分反映了荀子的隆礼至法观。

> **杨力启示**
>
> 儒家的礼经过礼乐并重和礼乐刑政的结合后，对伦理性礼进行了超越，升华为政法化的礼乐制度，从而使儒家礼制变得更加有力。

（三）儒家礼的价值及其影响

礼，是儒家尊崇的重要范畴，也是孔子高度强调的内容之一。

儒家认为礼是人类文明的核心，并把礼和仁并列作为伦理道德的根本。孔子提出"为国以礼"，不但把礼高度社会化，而且进一步把礼政治化，极大地提高了礼的地位。

孔子还提出"君君，臣臣，父父，子子"的正名论，把礼作为人际关系的枢纽，对封建社会上层建筑的巩固起到了重要作用。

儒家认为，礼又是礼仪、礼制的纲领，是维系国际交往的前提，并为此制定了一系列的礼仪、礼制。

> **杨力启示**
>
> 儒家认为礼是衡量一个国家，一个民族，乃至一个人文明的标准，也是评价其伦理道德的重要准则。儒家的礼对中国古代文明的形成以及中国人伦理道德的建树曾经产生了重要影响，应批判地继承，摒除其封建等级的部分，弘扬其中合理的内涵。

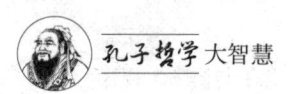

第四节　孝是孔子、儒家文明智慧之本

一、孝是重要文明智慧

孝

子曰："生，事之以礼。"

——《论语·为政》

广义的孝指忠孝，狭义的孝则只包括孝悌。忠，是指臣对君、下对上以及朋友之间的责任；孝指子女对父母的尊敬；悌指兄弟之间感情。儒家高度强调孝，认为孝道乃人伦之本。

儒家提倡孝悌，"四书五经"皆言孝。《诗经·蓼莪》曰："蓼蓼者莪，匪莪伊蒿。哀哀父母，生我劬劳。"《礼记·祭义》亦曰："孝有三：大尊尊亲；其次弗辱；其下能养。"孔子、孟子尤强调孝道，《论语》和《孟子》皆多有论述。如："今之孝者，是谓能养。至于犬马，皆能有养；不敬，何以别乎？"（《论语·为政》）"孝子之至，莫大乎尊亲；尊亲之至，莫大乎以天下养。为天子父，尊之至也；以天下养，养之至也。"（《孟子·万章上》）意即人无孝道，何异于犬马？孝子之至，莫大乎尊亲。《论语·学而》还强调："弟子入则孝，出则悌。"

《孝经》记载了孔子与弟子曾子关于孝道的对话。虽只有一千八百字，却是儒家对孝道的集大成，成为儒家孝道教化的宗经。唐玄宗尤其重视，亲自注疏《孝经注疏》，置入《十三经注疏》中，更扩大了《孝经》对后世的影响。

《孝经》提出："夫孝，德之本也，教化之所由生也。""人之行莫大于孝。""子曰：五刑之属三千，而罪莫大于不孝。"即指出孝为一切道德之本原，也是人伦教化的基础。

杨力启示

孝道，包括对父母遗志及事业的继承，还包括光宗耀祖及对父母的赡养、敬爱、丧葬、祭祀等。

二、忠孝——孝道的大发展

儒家的孝道还包括孝悌及孝友。孝悌指弟对兄的敬重，孝悌的含义在《论语》早已指出："弟子入则孝，出则悌。"（《论语·学而》）孝友指友人之间的忠敬，即友人亲如兄弟之意。

儒家对孝道最重要的发展是提倡忠孝，即指对君长的敬仰和忠心，这是儒家孝悌观念由宗族家庭血缘向国家社会的扩大化，是对血缘宗族的超越。

杨力启示

孝道是以血缘关系为纽带的儒家伦理观念，在孝道基础上延伸出的忠孝观，成为封建社会的重要意识形态，而以忠孝为核心的孝道、人道成为儒家人伦之本、道德之源。

三、儒家孝道的影响

中国是一个有六千年悠久历史的文明古国,孝道对中国文明的发展起到了重大的作用,对中国家庭及社会的稳定同样起到了不可磨灭的作用。

第一,巩固家庭。

儒家孝道是儒家仁义的根本,没有孝道就谈不上家,也谈不上国,从而奠定了儒家齐家治国的准则,如儒家经典《大学》中说"齐家,治国,平天下",对家庭的巩固和社会的稳定起到了重大作用。

第二,稳定社会。

儒家的孝由血缘关系的家庭、宗族之间的孝悌,升华为超血缘、超家庭、超宗族的忠孝,是儒家孝道的升华,对稳定社会有重要意义。

第三,维系国家。

孝道是一个国家、一个民族必不可少的道德风范。儒家力倡的孝道在历史上对巩固社会稳定和维系国家统一都起到了积极作用。

第五节　中庸是孔子、儒家智慧的圭臬

一、中庸是儒家主要智慧

中,中正不偏。庸,《尔雅·释诂》说:"常也。"意为恒常不变。

中庸是儒家的重要道德准则及方法论圭臬。

中庸,即中道,又谓中庸之道。中,即中行,中正,首出《易经》。"中行无咎。"(《易经·夬·九五爻》)

《易经》的中道包括道德准则及思想方法两个方面。孔子对《易经》的中行、中正做了重要发展,并将其充实为中庸之道。孔子的中庸同样也包含这两方面的内容。在思想方法上,孔子指出,中庸即中行。如曰:"不得中行而与之,必也狂狷乎,狂者进取,狷者,有所不为也。"(《论语·子路》)他还提出:"过犹不及。"(《论语·先进》)孔子高度强调中庸的道德意义,他说:"中庸之为德也,其至矣乎!"(《论语·雍也》)

> **杨力启示**
>
> 总之，孔子既在思想方法上持执中的态度，亦即不偏不倚，又在道德方面行中正准则，他把中庸既作为方法论又作为最高道德标准，奠定了儒家中庸之道的思想基础。可见，孔子为儒家伦理观念的哲学化做出了重要贡献。

二、中庸智慧的大发展

中庸智慧源出于《易经》，孔子对之做了重要的发展，把中庸由方法智慧进一步道德化、政治化。《论语》及《易传》的中庸观已经建立了儒家完美的中道思想体系。如："中正以观天下。"（《易经·观·彖传》）"中正以通。"（《易经·节·彖传》）

《易传》把《易经》的中行观发展为中正，是对中庸的升华，明确了中道思想的基本内涵。

继《易传》之后，孔子的学生子思作《中庸》，从理论方面对中庸之道作了系统的、深刻的论述，阐述了中庸的双重内涵，即中和与中庸，奠定了中庸之道的思想体系。

1. 中道的哲理智慧

中道，是中庸观在伦理观念方面的重要发展。中道，即中正，指中立正直，不偏不倚。正如《孟子》所言："孔子'不得中道而与之，必也狂狷乎！'"（《孟子·尽心下》）即谓言行必须合乎中节，得于理正。

"中庸者，不偏不倚，无过不及。"（《四书章句·中庸一章》）即在政治和人际立场方面必须"执两用中""中立不倚"，从而做出中正的判断。但中道绝非折衷，中道即中正，是有原则的不偏不倚，折衷则是无原则的调和。

因此，儒家的中道观是以中正为政治和人际关系的准则，不偏不倚，反对一切左、右倾情况。

《中庸》还强调，只有圣者才能达到中庸之道的最高境界，如曰："君子

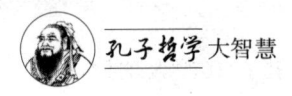

依乎中庸……唯圣者能之。"

2. 中和的哲理智慧

中和，是子思《中庸》对中庸观的进一步发展。《中庸》认为中和是人之本性，是与生俱有的。如："喜怒哀乐之未发，谓之中；发而皆中节，谓之和。中也者，天下之大本也，和也者，天下之达道也。"（《中庸》）

"中"，为天道人性之本来状态；"和"，指人们守中的节度。只有保持中和之状态，才能符合天地事物的发展规律。正如《中庸》所说："致中和，天地位焉，万物育焉。"

"喜怒哀乐，情也。其未发，则性也。无所偏倚，故谓之中。发皆中节，情之正也。无所乖戾，故谓之和。"（《四书章句·中庸》）朱熹指出，中和是中庸之道的方法论准则，中和包括对万事万物的态度，也包括"时中"，即适时而止，如："君子之中庸也，君子而时中。"（《中庸》）

上述说明，中庸之道经过《易传》及《中庸》的发展，已成为具有认识论及方法论两重内涵的统一体，成为儒家思想体系的核心之一。

> **杨力启示**
>
> 总之，中庸有三层内涵，即"执两用中""致中和"及"中道常行。"

三、中庸是儒学哲学智慧之本

（一）中庸是孔子的一大发现——中庸即适中

中庸是儒学哲学智慧的核心体系，孔子不仅在《论语》中进行了论述，而且孔子学生子思所著的《中庸》也进行了专论。《中庸》收载于《礼记》并为儒学四大经典之一。中庸的主要含义为中和、持中、适中、和谐，主张任何事情都要有一定的度，适可而止，无偏无倚，不太过也无不及。这个适度即所谓中庸，也包括为人处事在内。

"过犹不及"（《论语·先进》），"不得中行而与之，必也狂狷乎"（《论语·子路》），皆强调中庸为不偏不倚。中行，即指人的所作所为应保持中道。

《中庸》载:"仲尼曰:君子中庸,圣人也。"

毛泽东同志曾指出:"孔子的中庸观念是孔子的一大发现,一大功绩,是哲学的重要范畴,值得很好地解释一番。"(《毛泽东书信选集》,第147页)

孔子的中庸思想是从《易经》中和思想发展而来的,中和思想在《易传》及《论语》中有着充分的体现。

在《易经》里"中庸"观主要是体现在爻卦中,其次还反映于爻辞上,八卦的排列均衡,爻位的高下适中,奇偶对应,阴阳相合,刚柔相应等,皆反映出以"中"为度,以"和"为贵的思想,也即强调阴阳双方既对立又统一,是合二为一的思想。

《易经》的八卦即体现了阴阳对立的一分为二的思想,又蕴含了阴阳统一的合二为一的思想。《易经》的尚中、尚和所体现的的不偏不倚,合之必分、分之必合的思想被孔孟学派充分地汲取并做了极大的发展。

"中庸"一词,始见于《论语》:"中庸之为德也,甚至矣乎!"(《论语·雍也》)《尚书》谓之中正:"汝分猷念以相从,各设中于乃心!"

中,持中,中和。庸,用也,常也。如郑玄注《礼记》曰:"名曰中庸者,以其记中和之用也。庸,用也。"故中庸亦即用中,又言:"庸,常也。用中为常道也。"因此,中庸的含义为应按常规办事,不违背常理,正如朱熹注:"中庸,不偏不倚,无过不及之名;庸,平常也。"

> **杨力启示**
>
> 中庸以中和为常道。适中,是事物的最佳阶段,是量的限度。

(二)中庸与度的智慧

中庸与度之间的关系是适度,度是事物质与量之间的最佳界限,故又称限度,适可而止,真理超过一步就是荒谬。

度是指事物的规定性和量的统一,度是事物保持自己的质的稳定性的数量界限,是质所规定的量的活动范围。正如毛泽东同志所说:"不懂得注意决定事物的数量界限,一切都是胸中无数,结果就不能不犯错误。"(《毛泽东选

集》，第1332页）

掌握适度，应尊重客观常规，驾驭最佳时期。"不逾矩"（《论语·为政》），"时中""礼以制中"（《礼记·仲尼燕居》），"君子之中庸也，君子而时中"（《礼记·中庸》），都说明因时而中的变即是适度。

中庸作为一种哲理的高境界，是不容易达到的。"天下国家，可均也；爵禄，可辞也；白刃，可蹈也；中庸不可能也"（《中庸》），指即使有本领的君王，或有作为的大臣，或威武的将军都不一定能达到中庸的境界。

什么是折衷主义？折衷主义就是把根本对立的不同思潮、理论、观点无原则地凑合在一起。它的特点是模棱两可、含糊不清、不可捉摸。

中庸并非折衷主义的调和论。中庸之道的中，是一种适度，亦即是一种准则，和折衷主义无原则的调和论有本质的区别，不能混为一谈。

> **杨力启示**
>
> 中庸智慧贯穿于儒学发展之始终，是儒家行为的准则，寓含着辩证哲理，是儒家活的灵魂，也是儒学社会学的重要方法论。这种哲理丰富了辩证学，长期以来对人们的方法论产生了深刻的影响。

四、中庸智慧是儒学的重要哲理

中，正也，指持中，中和，适中；庸，常也，指常规。中庸指处理事物要适度，是一种方法和哲理，孔子称为"无过不及"（不偏不倚）和"过犹不及"（太过与不及都不恰当）。

中庸是儒家哲理的最高境界。俗话说，真理超过一步便成为荒谬，说明适度的重要性。中庸是儒学辩证法的活的灵魂。中庸决不能与调和主义、"折衷主义"混为一谈。

孔子的孙子——子思对中庸思想做了大力发展，其所著《中庸》主要论述中庸哲理，被尊为儒学四书之一，成为儒学的主要经典。子思反对走极端，主张"中和"，他的中和有调和之意，在儒家中产生了一定影响。

总之，儒家的中庸思想是为人处事的哲理，历代被许许多多中国人及外国人所接受。

五、中庸智慧对中国的巨大影响

中庸思想智慧源出《易经》中行观，自被孔子大力倡举后，中庸逐渐形成中庸之道。

首先，《易传》把《易经》的中行观进一步发展为中正观，从而为儒家的中道观奠定了基础。

子思作《中庸》提出中和观，从方法学上对中道观做了进一步的补充。

宋代朱熹作《四书章句》，其中《中庸章句》对中庸观做了重要发展，指出"中者，天下之正道；庸者，天下之定理。此篇乃孔门传心法"（《中庸章句·前言引》），并指出中庸的基本内涵是"不偏不倚，无过不及而平常之理"。

朱熹把《中庸》从《礼记》中提出纳入《四书章句》，并把《四书章句》作为官方教材之后，中庸之道简称中道，成为儒家永恒不变的正道，对中国人的伦理准则和思想方法产生了深刻的影响。

杨力启示

> 综上所述，儒学是以孔孟思想为核心的思想体系，仁、礼是其基本内涵，积极入世是主要的社会观。儒家仁、义、礼、忠、孝及中庸之道对中国古代文化的发展曾经产生了深刻的影响。

第十一章 孔子与易经智慧

第一节 孔子对《易经》的贡献及其影响

孔子,是中国传统文化中的名人代表,是古代伟大的思想家、政治家和教育家,他对中国的儒学、易学及经学都有着不朽的贡献和无与伦比的影响,对《易经》的贡献及影响也是空前的。

伏羲

一、孔子首先发现《易经》

孔子将《易经》列入"六经",从此,《易经》登上了大雅之堂,在经学中显示出了重要地位。

孔子既是儒家的创始人，又是经学之祖、易学之父，孔子是第一个发现《易经》的价值及传播《易经》的人。

不少史料说明孔子艰苦治《易》的事实，如司马迁在《史记·孔子世家》中所说：

孔子晚而喜《易》，序《彖》《系》《象》《说卦》《文言》。读《易》，韦编三绝。曰："假我数年，若是，我于《易》则彬彬矣。"

《汉书·艺文志》也作了孔子治《易》的记载：

《易》曰："伏羲氏仰观象于天，俯观法于地，观鸟兽之文，与地之宜，近取诸身，远取诸物，于是始作八卦，以通神明之德，以类万物之情。"……文王以诸侯顺命而行道，天人之占可得而效，于是重《易》六爻，作上下篇。孔氏为之《彖》《象》《系辞》《文言》《序卦》之属十篇。故曰：《易》道深矣，人更三圣，世历三古。

孔子整理的"六经"，即：《诗》《书》《礼》《乐》《易》《春秋》。如《庄子·天运》中说："丘治《诗》《书》《礼》《乐》《易》《春秋》六经。"

杨力启示

孔子把《易经》列入"六经"，是对《易经》的重大贡献，从此，《易经》从一部占卜书开始升华为经书，并逐渐以其独特的魅力而跃居中国诸经之首，成为中国文化的代表，对中国文化产生了无与伦比的影响。

二、孔子使《易经》成为一部伟大的社会学巨著

孔子尊《易经》为儒家教育的准则，使《易经》逐渐成为一部伟大的社会学巨著。

儒家是孔子创立的学派，其宗旨在于育人教化。如《汉书·艺文志》所说："儒家者流，盖出于司徒之官，助人君，顺阴阳，明教化者也。游文于六经之中，留意于仁义之际。祖述尧、舜，宪章文、武，宗师仲尼，以重其言，于道

最为高。"

即言孔子是儒家的先师,孔子以"六经"为育人教化的准则。《史记》中说:"礼以节人,乐以发和,书以道事,诗以达意,易以道化,春秋以道义。"(《史记·太史公自序》)"易以道化",化即指教化,即伦理风范,如《易传》所说"君子以自强不息""立人之道曰仁与义"。《易经》被列为儒家经典后,成为儒家教化的准则,在儒学中的影响越来越大,地位也越来越高。

杨力启示

《易经》是易学的本原,易学又是儒家学术思想的重要源头,易儒相辅相成,两千年来一直作为中国思想文化的主干,对中华民族的精神风貌产生着极为深刻的影响。

第二节　孔子整理《易经》与撰《易传》

一、孔子整理《易经》

孔子整理《易经》,撰《易传》,对易学的继承和发展做出了巨大贡献。孔子游说列国十四年,饱尝艰辛,从政无望后回到故里,便对整理"六经"做了艰苦卓绝的工作。如《史记》载曰:"古者《诗》三千余篇,及至孔子,去其重,取可施于礼义……以备王道,成六艺。"其中,也包括对《易经》的整理。

先秦时期是巫卜文化的时期,王室民间都非常注重占卜。孔子作为一个见多识广的社会活动家,不可能和《易经》没有接触。有些学者认为孔子根本没有接触过《易经》,纯属偏见。孔子不但接触过《易经》,而且还进行过艰苦的修订、整理和编撰。

孔子不但接触过《易经》,而且对《易经》做了重要的整理工作,大量的权威史料及出土文物证实了这一历史事实。《史记》《汉书》《隋书》等信史皆说《易传》为孔子所著。如:"孔子晚而喜《易》,序《彖》《系》《象》

《说卦》《文言》。"（《史记·孔子世家》）"孔子为之《彖》《象》《系辞》《文言》《序卦》之属十篇。"（《汉书·艺文志》）"孔子为《彖》《系辞》《文言》《序卦》《说卦》《杂卦》，而子夏为之传。"（《隋书·经籍志》）

除上述史料外，出土文物更为铁证。1973年湖南长沙马王堆汉墓出土的帛书《易经》即有关于孔子治《易》的记载。其曰："夫子老而好《易》，居则在席，行则在橐。……又古之遗言焉。予非安斤用也，……后世之士疑丘者，或以《易》乎！""子贡问：夫子以信斤筮乎？子曰：吾观其德义耳。"

杨力启示

> 其中，考古学者韩仲民、李学勤等认为"后世之士，疑丘者或以《易》乎"是孔子之语，意即孔子说后世如果对我有什么指责质疑的话，那就只可能是《易经》了，这是孔子的谦辞，表明孔子著的《易传》希望后人批评。孔子还强调他研究《易经》的宗旨是"吾观其德义耳"，即重视义理，他还指出义理和占筮是"同途而殊归"的关系。这表明孔子开始树立了《易经》义理派的大旗。

二、孔子及其弟子作《易传》

剖析十翼，《彖》《象》是其中最早的作品，分别解释《易经》卦辞和爻辞的，也是最得深旨的两篇。《系辞》是对《易》理发微最为精深的文章，哲理性极高，其余《文言》《说卦》《序卦》《杂卦》则是分别对八卦、六十四卦的乾坤卦、卦序、反义卦及八卦之间的关系进行阐述的文章，两千多年来皆认为《易传》这样高精义、深哲理的文章作者，非孔子莫属。

客观地分析，《彖》《象》为孔子所作，《系辞》《文言》疑为子夏、子思所写，其余则为孔子门人及其弟子所撰。

其理由有三。

第一，《彖》《象》的文体和孔子的《春秋》比较，颇为近似，符合春秋末期辞约义博的精炼笔法，即"春秋笔法"，故可以推测《彖》《象》与《春秋》同出一时代。

第二，孔子既整理《诗》《书》《礼》《乐》，撰写《春秋》，又对《易》爱不释手，所谓"居则在席，行则在橐"（马王堆汉墓出土帛书《周易·要篇》），难道不会对《易经》加以整理和补充？而且孔子大兴学堂，收弟子三千，已成为当时的学术教育中心，《易》是其主要教育内容之一，即使从教育的需要来看，孔子也必须撰《易传》，何况孔子当时已对古籍文献进行整理，难道会置《易经》而不顾？因此，即使《彖》《象》不全是孔子所写，也必有孔子的主要言辞于内，正是因为孔子所写才没有"子曰"的笔法。何况《彖》《象》的结构严谨，学术水平甚高，非学识渊博之士不能为之，故除孔子之外，无任何人可以考虑。

第三，《文言》《系辞》与孔子《论语》接近，无论从文体上和学术思想方面考证都同出一辙。二者皆为"子曰"，都是以孔子的言辞为主的文章。因为非孔子执笔，故都有"子曰"的引注。所不同的是，《论语》以问答文体进行表述，而《文言》《系辞》则是以论文体的形式阐发。

因此基本可以断言《文言》和《系辞》非孔子手笔，但和《论语》一样，为孔子弟子所撰。可见，《易传》和孔子的关系并不亚于《论语》和孔子的关系。

三、孔子对易学的三大贡献

综上所述，孔子对易学的巨大贡献主要有三方面。

第一，发现《易经》，并将其列入"六经"，使《易经》升华为经典著作，从而对后世儒学、经学、道家都产生了深远的影响，为《易经》成为中华文化的代表奠定了基础。

第二，整理《易经》，撰著《易传》，倡举义理，使《易经》摆脱了占筮的束缚，成为一部伟大的哲学及社会学巨著。

第三，传播《易经》，使《易经》这一伟大文化瑰宝得以发扬光大，对中国及世界文化的发展产生了深远的影响。

总之，孔子对《易经》的贡献是伟大的，产生的影响是空前的，孔子和《易经》的关系极为密切，故研究《易经》必须研究孔子的思想。

第十二章　孔子与中国经学大智慧

经学，即"五经"：《易》《诗》《书》《礼》《春秋》。经学开创于孔子时代，大盛于两汉，延续至清末，历经先秦经学、两汉经学、魏晋经学、南北朝经学、隋唐经学、宋明经学及清代经学等七个发展阶段，历时两千五百年之久。

《易》是经学的核心，经学和易学相辅相成，共同成为儒学的主干，成为中国思想文化的主流。

"五经"是中国文化的核心经典，对中华民族文化素质提高以及对中国古代文化的发展都有着深刻的影响。经学对中国封建社会的持续和巩固都起到了异乎寻常的作用，经学的兴衰也记录了中国封建社会的兴衰过程。

> **杨力启示**
>
> 经学之所以对中国封建社会的巩固起到了重要作用，原因在于经学是以儒学为核心的，儒学强调"大一统"，有较强的向心力和凝聚力，对封建君主专制制度的巩固起到了一定的作用。

第一节　中国经学是孔子儒家大智慧的结晶

经学一词出自《汉书·儿宽传》："宽为椽，见上，语经学，上悦之。"经学是训解和阐发儒家经典之学，以"五经"为核心的学派。"五经"指的

是《易》《诗》《书》《礼》《春秋》。春秋末年孔子定"六经",由于《乐》有声无文,故"六经"实际为"五经"。汉武帝时采纳了董仲舒"罢黜百家,独尊儒术"的主张,儒学被抬高到官方哲学的地位,作为儒学经典的"五经"也随之受到重视,从而成为经学。可见,经学是儒学被抬高的产物,和儒学的盛衰有着密切的关系。

经学开创于孔子时代,大盛于两汉,延续至清末。历经先秦经学、两汉经学、魏晋经学、南北朝经学、隋唐经学、宋明经学及清代经学七个发展阶段,历时两千五百多年。

第二节　先秦经学智慧大集成

先秦经学时期主要指春秋时期,是经学发展的起端,这个时期经学首先被大思想家孔子所重视。孔子对《诗》《书》《礼》《易》《乐》《春秋》进行删定,特别是他最先发现了《易经》的重要价值,而且对《易经》进行了整理和补充。

著名的"韦编三绝"就是对孔子辛勤整理《易经》的记载。孔子在整理《易经》的时候,曾经把捆扎《易经》竹简的皮条都磨断了多次。孔子还发出了"加我数年,五十以学《易》,可以无大过矣"(《论语·述而》)的感叹,并把《易经》列为"六经"之一,使之成为儒家的经典,大大提高了《易经》的地位。

孔子不但对《诗》《书》《礼》《乐》进行了删定,而且撰著《春秋》,完成《易传》《彖》《象》《文言》的著述,对《易经》由卜筮之书上升为儒学经典做出了重要的贡献。

《诗》《书》《礼》《易》虽然发祥于商、周,但真正被列为经学,还是从孔子时代开始的。故先秦经学时期应分为先秦经学早期(经典著作的著述、产生时期)以及先秦经学后期两个阶段。

一、先秦经学是国学的大智慧库

先秦经学的早期及先秦经学后期以孔子删定"六经"为划分界线。在孔子删定"六经"之前为先秦经学早期,孔子删定"六经"之后为先秦经学后期。

司马迁《史记·孔子世家》对孔子整理"六经"做了重要的记载,"孔子之时,周室微而礼乐废,《诗》《书》缺",于是孔子"追迹三代之礼,序书传,上纪唐虞之际,下至秦缪,编次其事"。在《乐》方面,司马迁记载:"孔子语鲁大师:'乐其可知也。始作翕如,纵之纯如,皦如,绎如也,以成。''吾自卫反鲁,然后乐正,雅颂各得其所。'"即言当时道衰乐坏,孔子正之。

正如郑玄所说:"鲁哀公十一年冬,是时道衰乐废,孔子来还,乃正之,故雅颂各得其所。"(《史记集解》)在《诗经》方面,古诗有三千余篇,孔子去其重复理其乱,撮其精粹为三百余篇,正如司马迁所说:"古者《诗》三千余篇,及至孔子,去其重,取可施于礼义,上采契、后稷,中述殷、周之盛,至幽、厉之缺,始于衽席,故曰'《关雎》之乱以为《风》始,《鹿鸣》为《小雅》始,文王为《大雅》始,《清庙》为《颂》始。'三百五篇孔子皆弦歌之,以求合《韶》《武》《雅》《颂》之音。礼乐自此可得而述,以备王道,成六艺。"

在《易经》方面,"孔子晚而喜《易》,序《彖》《系》《象》《说卦》《文言》,读《易》,韦编三绝。曰:'假我数年,若是,我于《易》则彬彬矣。'"即言孔子经过艰巨的"韦编三绝"的整理,补著了《易传》,完成了从《易经》到《易传》的升华,对《易经》做出了重大的贡献。

正如《周易》所说:"夫子作《十翼》,谓《上彖》《下彖》《上象》《下象》《上系》《下系》《文言》《序卦》《说卦》《杂卦》也。"《周易注疏》曰:"夫子赞明《易》道,申说义理。"

孔子整理完毕的早期"六经"称之为"六艺",并将其作为教学典籍,如《史记》载曰:"孔子以诗书礼乐教,弟子盖三千焉,身通六艺者七十有二人。"

从此,《易》成为"六艺"(即"六经")之一,成为中国早期经学的主要内容之一。孔子对中国早期经学的贡献,正如司马迁所说:"自天子王侯,中国言六艺者,折中于夫子,可谓至圣矣。"(《史记·孔子世家》)

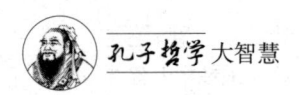

总之，先秦时期，经过孔子的整理，基本上使"六经"定型，同时也奠定了《易经》在"六经"中的地位。

杨力启示

孔子对中国经学发掘及整理的成就是相当大的，《诗》《书》《礼》《易》《乐》《春秋》都是孔子整理和撰写的。除司马迁《史记》作了记载之外，班固《汉书·艺文志》也详载了孔子整理的情况。

（一）《易经》是哲学智慧大集成

《易经》经过了孔子及刘向等的整理、撰述，《汉书·艺文志》记载："文王以诸侯顺命而行道，天人之占可得而效，于是重《易》六爻，作上下篇。孔氏为之《彖》《象》《系辞》《文言》《序卦》之属十篇。故曰《易》道深矣。人更三圣，世历三古。"即言孔子为《易经》作了《彖》《象》《系辞》等重要部分，为《易传》的撰著奠定了基础。

尽管目前已证实《易传》非孔子一人所作，但孔子"韦编三绝"说明其对《易经》的整理是事实，对《易传》部分内容的著述也是毋庸置疑的。故韦昭注"人更三圣"为伏羲、文王、孔子，孟康注"世历上古"为"伏羲为上古，文王为中古，孔子为下古"，皆对孔子治《易》持肯定态度。

到汉代，据班固《汉书·艺文志》记载，《易经》已有"十三家，二百九十四篇"之浩，秦代未被列为焚书之列而得以保存。经"田何传之"以及刘向的校释（"刘向以中古文易经校施、孟、梁丘经"），"讫于宣、元，有施、孟、梁丘、京氏列于学官"，《易经》在汉代已被列为官学而广为传播。

（二）《尚书》是政治智慧大集成

《汉书·艺文志》载曰："至孔子纂焉，上断于尧，下讫于秦，凡百篇，而为之序，言其作意。秦燔书禁学，济南伏生独壁藏之。汉兴亡失，求得二十九篇，以教齐鲁之间，讫孝宣世，有欧阳、大小夏侯氏，立于学官。古文尚书者，出孔子壁中，武帝末，鲁共王坏孔子宅，欲以广其宫，而得《古文尚书》及《礼记》《论语》《孝经》凡数十篇，皆古字也。"

《尚书》后经孔子后代孔安国献出（"孔安国者，孔子后也，悉得其书，以考二十九篇，得多十六篇。安国献之。"载于《汉书·艺文志》），但未被列于官学，后经刘向"以中古文校欧阳、大小夏侯三家经文"而传世。汉代《尚书》已有九家四百余篇，正如《汉书》所说："凡书九家，四百一十二篇。"

（三）《诗经》是文学智慧大集成

《汉书·艺文志》载曰："孔子纯取周诗，上采殷，下取鲁，凡三百五篇，遭秦而全者，以其讽诵，不独在竹帛故也。"此段班固记述了孔子整理《诗经》的情形。到了汉代，《诗经》又得以进一步整理，主要有鲁、齐、韩三家，尤以鲁最为贴切。

班固记载："汉兴，鲁申公为诗训故，而齐辕固、燕韩生皆为之传，或取春秋，采杂说，咸非其本义。与不得已，鲁最为近之，三家皆列学官，又有毛公之学，自谓子夏所传，而河间献王好之，未得立。"至汉代时《诗经》已有二十八卷，鲁、齐、韩三家在整理，并已有《毛诗》及《毛诗故训传》。

（四）《礼记》是礼仪智慧大集成

在孔子时代，"礼经三百，威仪三千"的周礼已大衰，《汉书》引《易》曰："有夫妇父子，君臣上下，礼义有所错。""及周之衰，诸侯将逾法度，恶其害己，皆灭去其籍，自孔子时而不具，至秦大坏。"说明孔子时代已经"礼崩乐坏"，孔子整理周礼是相当必要的。

《仪礼》《礼记》和《周礼》，合称"三礼"，其中，《周礼》相传为周公所作，《仪礼》据言为孔子撰写，这些书都成书于战国时期。《礼记》又称《小戴礼记》，相传为西汉戴圣所编，是"五经"之一。上述书皆为儒家经典，虽非孔子所作，但反映了以孔子为代表的重"礼"的儒家观点。孔子作了部分篇章也是完全可能的。

(五)《乐》是乐政智慧大集成

《乐》在中国经学中是一个很重要的内容,关系到一个国家和民族的灵魂,正如《汉书》所言:"孔子曰:安上治民,莫善于礼;移风易俗,莫善于乐。"

乐,在中国产生得很早,也很受重视。《汉书》引《易》曰:"先王作乐崇德,殷荐之上帝,以享祖考。故自黄帝下至三代,乐各有名。"春秋时期,诸侯称霸,刀光剑影,礼乐皆衰,正如班固所言:"周衰俱坏,乐尤微眇,以音律为节,又为郑卫所乱故无遗法。"说明孔子忧叹春秋时期"礼崩乐坏"而决心整理《礼》《乐》是有缘由的。

《庄子·天运篇》载:"丘治《诗》《书》《礼》《乐》《易》《春秋》六经。"《史记》亦载:"孔子语鲁大师:乐其可知也。始作翕如,纵之纯如,皦如,绎如也,以成。'吾自卫反鲁,然后乐正,雅颂各得其所。'"

杨力启示

说明《乐》当时可能已有书文存在,并且孔子作了部分撰著,这大约即为《乐经》的前身,后亡于秦始皇焚书。主要内容可能是阐述乐礼及乐德的,正如《易》所强调的"先王作乐崇德"。

关于《乐》,另有说法认为是孔子对《诗经》配的乐谱,据司马迁所说:"古者《诗》三千余篇……三百五篇孔子皆弦歌之,以求合韶武雅颂之音,礼乐自此可得而述,以备王道,成六艺。"(《史记·孔子世家》)总之,无论上述何种说法,都肯定了孔子对《乐》的整理。

(六)《春秋》是历史智慧大集成

相传《春秋》为孔子所撰,《汉书·艺文志》载"《春秋古经》十二篇",本书是春秋时期鲁国的史书,包括鲁隐公至鲁哀公约二百四十二年的历史。班固说:"古之王者世有史官,君举必书,所以慎言行,昭法式也。左史记言,右史记事,事为《春秋》,言为《尚书》,帝王靡不同之。周室既微,载籍残缺，仲尼思存前圣之业……以鲁周公之国，礼文备物，史官有法，故与左丘明观其史记，据行事，仍人道……藉朝聘以正礼乐。"表明了孔子修订《春秋》的可能性。

> **杨力启示**
>
> 《春秋》属"五经"之一，是我国首部编年体史书，成书于孔子时代，又是记载孔子祖国的历史，故孔子编写的可能性较大。即使不是孔子一人写的，至少也是孔子修订的，可以说，孔子对《春秋》所做的工作是客观存在的。

（七）《论语》是政治智慧大集成

《论语》是孔子以后的著作，是孔子弟子对孔子思想的记录。《汉书·艺文志》说："论语者，孔子应答弟子、时人及弟子相与言而接闻于夫子之语也。当时弟子各有所记。夫子既卒，门人相与辑而论纂，故谓之《论语》。"说明作为"四书"主要著作之一的《论语》，虽不是孔子所写，但和孔子密切相关。

（八）《孝经》是伦理智慧大集成

《孝经》是儒家的经典著作之一，成书于秦汉之际，虽非孔子所作，但该书是以孔子和弟子曾子的对话为书体形式的，反映了孔子和儒家的孝道及孝治思想，认为孝道是天经地义的，不孝是大逆不道的。因此，《孝经》仍然和孔子有密切关系。正如《汉书》所说："孝经者，孔子为曾子陈孝道也。"

> **杨力启示**
>
> 上述说明孔子在整理、修订、撰写中国古文经书方面，客观上做出了很大的贡献，《史记》和《汉书》对此都有记载。孔子对中国经学早期的定型是起了很大作用的。

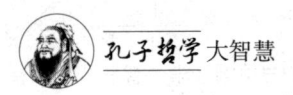

二、先秦经学的后期智慧集成

先秦经学的后期阶段主要指战国时期孔子去世后，先秦经学在孔子的弟子及其再传弟子的发展下，更加兴旺起来。首先，孔子的弟子们把孔子的教诲和弟子的问答以及孔子讲学期间弟子们相互的思想交流作了记录，为《论语》的前身——西汉《鲁论》《齐论》和《古论》的成书奠定了基础。

相传，在传授经学方面，孔子的弟子子夏（卜商）所起的作用最大。孔子死后，子夏在魏国西河讲学，并整理撰注经学，包括《书》《诗》《春秋》《礼》《易》都是他传续下去的。《后汉书·徐防传》载："《诗》《书》《礼》《乐》定自孔子；发明章句，始于子夏。"《子夏易传》就是子夏解《易》的重要著作，可惜真本已佚。

后期，在传授经学方面的重要人物便是思孟学派了，思为子思，是孔子的孙子，孟即孟子。思孟学派是孔子的嫡传学派，《孟子》《中庸》就是这个学派的代表著作。其中，孟子及其世传弟子把孟子学派的思想观点及政治主张撰写为《孟子》，成为儒家的主要经典之一，也为早期经学的定型创造了条件。孔子的孙子子思作《中庸》，提出了儒家的道德规范及认识问题的准则。

此外，在这个阶段，由于儒家重"礼"，因此，各种礼仪论著和记叙性文章相继涌出，成为《礼记》的前身部分，为汉代《礼记》的雏形。战国时代的儒家还提出了修养的标准，并将这些标准记录为文字，就是后来的《大学》。

先秦在传授经学及发展经学方面的杰出人物还须提及荀子。荀子是战国后期著名的思想家、教育家，他对战国时期诸子百家的思想进行了总结，著为《荀子》一书，讲授和宣传儒家经籍，并把自己对经义的发挥记录于《荀子》一书，以传于后世，对经学的递嬗起到了重要的作用。

上述先秦经学后期的儒家学者，对《论语》《孟子》《中庸》及《大学》《礼记》等皆作了重要的论述，为儒家的经典著作"四书五经"奠定了基础。因此，先秦时期的经学基本上为中国经学的产生定了型，在中国经学史上起到了相当重要的作用。

尤其重要的是，在这个时期，《易传》的《彖》《象》《系辞》《文言》

《序卦》《杂卦》等主要部分已先后完成，实现了经学主干部分的建立，进一步确立了易学在经学中的重要地位。

第三节　秦汉经学智慧大集成

一、秦汉前期经学智慧集成

秦汉前期经学主要指秦代经学。自秦始皇统一中国后，结束了长达千余年的奴隶制社会，正式进入了封建专制社会的历史时期。公元前221年秦王嬴政兼并六国统一了中国，建立了第一个中央集权国家。随着国家的安定和统一，春秋战国时期的诸子百家争鸣状况也渐趋结束。随着封建社会的开始建立，和它相适应的儒学也逐渐确立了一定地位。

儒家伦理思想最适宜封建君主专制社会，因此，尽管秦始皇采纳了李斯"独尊法家"的政治主张，但过分严酷的法家思想并不适合中国人温和的性格，所以，儒家思想虽然没有成为官方哲学，但依然迅速地发展起来。

在秦始皇焚书坑儒之后，经学落入低谷。《易经》在秦始皇"焚书"时因被作为占卜之书而得以保存下来，但秦始皇的"坑儒"对《易经》却有一定的影响，因为《周易》也是儒家重要经典之一。因此，秦始皇"焚书坑儒"之后，除法家之外，其余诸子学派都受到了一定的阻遏，随着诸经学被抑遏，《易经》也受到一定程度的限制。

这就是说，整个中国经学在秦始皇时期都受到了不同程度的摧残。当时的经学者们把部分经书藏匿起来，才使之得以部分保存，如藏在曲阜孔子故舍孔壁里用篆文写的经书（后称古文经书）后来被发现。可见秦代中国经学损失之一斑。

据班固《汉书·艺文志》记载："《古文尚书》者，出孔子壁中。武帝末，鲁共王坏孔子宅，欲以广其宫，而得《古文尚书》及《礼记》《论语》《孝经》凡数十篇，皆古字也。"

秦始皇"焚书禁学"，"济南伏生独壁藏之"，说明当时的经书就已经很丰盛了，如《汉书》所载："故春秋分为五，诗分为四，易有数家之传。"

二、汉代经学智慧集成

汉代是经学发展的重要高峰阶段,主要为汉初文景之治时期以及汉武帝时期。

(一) 汉初对经学智慧库的重新发掘

汉初,为了缓和秦始皇严刑酷法统治留下的尖锐矛盾,统治者采取了一些缓和矛盾的政策,从而使社会经济文化逐渐得到改善,出现了所谓"文景之治"。社会安定了,经籍也就得到了一定的整理,被秦始皇焚书摧残下的中国古典经籍重新恢复原貌,正如班固记载:

"昔仲尼没而微言绝,七十子丧而大义乖。故《春秋》分为五,《诗》分为四,《易》有数家之传。战国从衡,真伪分争,诸子之言纷然淆乱。至秦患之,乃燔灭文章,以愚黔首。"

"汉兴,改秦之败,大收篇籍,广开献书之路,迄孝武世,书缺简脱,礼坏乐崩,圣上喟然而称曰:朕甚闵焉!于是建藏书之策,置写书之官,下及诸于传说,皆充秘府。至成帝时,以书颇散亡,使谒者陈农求遗书于天下。"(《汉书·艺文志》)

这都说明,汉初经学又重新受到重视并得以整理。

(二) 汉武帝"独尊儒术"对经学智慧库的影响

为巩固中央集权的统治,汉武帝采纳了董仲舒的"罢黜百家,独尊儒术"的政治主张。汉武帝时期社会稳定,政治经济繁荣,思想文化也得到了相应的发展,随着儒学地位的提高,经学也得到了很大的发展。汉武帝时期对中国古典经籍做了重要的发掘和整理工作,为中国经学的发展,做出了重要的贡献。

1.《易经》是中国智慧库的总源头

汉代,易学曾被高度重视,《易经》被重新整理校释列于学官。《汉书》中说:"汉兴,田何传之,说于宣、元,有施、孟、梁丘、京氏列于学官,而民间有费、高二家之说,刘向以中《古文易经》校施、孟、梁丘经,或脱去无咎、悔亡,唯费氏经与古文同。"《汉书》还记载了当时《易》已有十三家、二百九十四篇之多,包括《易经十二篇》施、孟、梁丘三家,以及《易传周氏》二篇、孟氏京房十一篇……

2. 《尚书》与政治智慧

"武帝末,鲁共王坏孔子宅,欲以广其宫,而得《古文尚书》及《礼记》《论语》《孝经》凡数十篇,皆古字也。"(《汉书·艺文志》)《尚书》被发现后,经孔安国整理献出,后又经刘向整订校刊,"刘向以中古文校欧阳、大小夏侯三家经文"。到汉代,《尚书》已有九家、四百一十二篇之多,如《尚书古文经》四十六卷、《周书》七十一篇。

3. 《诗经》与文学智慧

汉代,据班固所载,"鲁申公为诗训故,而齐辕固、燕韩生为之传",其中以鲁家最为近之。《汉书》曰:"或取春秋,采杂说,咸非其本义。与不得已,鲁最为近之,三家皆列学官。"师古注曰:"与不得已者,言皆不得也。三家者皆不得其实,而鲁最近之。"至汉代已有《诗》六家,四百一十六卷。如《诗》二十八卷,鲁、齐、韩三家,鲁古文二十五卷,鲁说二十八卷等。今流行《毛诗》。

4. 《礼记》与礼仪智慧

汉代对《礼记》也作了重要整理。《汉书》载曰:"汉兴,鲁高堂生传《士礼》十七篇。讫孝宣世,后仓最明,戴德、戴圣、庆普皆其弟子,三家立于学官。礼古经者,出于鲁淹中及孔氏,与十七篇文相似,多三十九篇。及《明堂阴阳》《王史氏记》所见,多天子诸侯卿大夫之制,虽不能备,犹愈仓等推《士礼》而致于天子之说。"据班固所载,《礼》已有十三家,五百五十五篇之多,如《礼古经》五十六卷,《记》一百三十一篇,《周官经》六篇,《周官传》四篇……

5. 《乐》与乐政智慧

《乐》在汉代同样经过了献书、整理和校刊。《汉书》记载了关于《乐》的整理过程:"汉兴,制氏以雅乐声律,世在乐官,颇能纪其铿锵鼓舞,而不能言其义。六国之君,魏文侯最为好古,孝文时得其乐人窦公,献其书,乃《周官·大宗伯》之《大司乐》章也。武帝时,河间献王好儒,

与毛生等共采《周官》及诸子言乐事者,以作《乐记》,献八佾之舞,与制氏不相远。其内史丞王定传之,以授常山王禹。禹,成帝时为谒者,数言其义,献二十四卷记。刘向校书,得《乐记》二十三篇,与禹不同,其道浸以益微。"

《乐》在汉代据《汉书·艺文志》记载有六家、一百六十五篇。诸如《乐记》二十三篇、《王禹记》二十四篇、《雅歌诗》四篇……此外,有人说《乐经》已佚于秦焚书之后,认为无专门的乐书,《乐》只是对诗经及《礼记》配的乐谱。

6.《春秋》与历史智慧

《春秋》为鲁国史书,是孔子根据鲁国史官所编《春秋》删定增补而成,记载了鲁国自鲁隐公元年(前722)至鲁哀公十四年(前481)为时二百四十二年的历史。《汉书·艺文志》载有《春秋》二十三家、九百四十八篇,主要有左丘明的《左氏传》三十卷、公羊子的《公羊传》十一卷、穀梁子的《谷梁传》十一卷。汉代《春秋》倍受重视,大儒董仲舒最崇《春秋公羊》,曾作《公羊董仲舒治狱》十六篇。

《汉书》记载了左丘明传《春秋》的过程,如曰:"丘明恐弟子各安其意,以失其真,故论本事而作传,明夫子不以空言说经也。《春秋》所贬损大人当世君臣,有威权势力,其事实皆形于传,是以隐其书而不宣,所以免时难也,及未世口说流行,故有《公羊》《穀梁》《邹》《夹》之传。四家之中,《公羊》《穀梁》立于学官,邹氏无师,夹氏未有书。"

7.《论语》与政治智慧

《论语》在汉武帝时出于孔子壁中,即为古《论语》二十一篇。据《汉书》记载"凡《论语》十二家,二百二十九篇",包括《齐》二十二篇、《鲁》二十篇、《齐说》二十九篇等。汉代做了重要的整理。

据《汉书》记载:"汉兴,有齐、鲁之说,传《齐论》者,昌邑中尉王吉、少府宋畸、御史大夫贡禹、尚书令王鹿充宗、胶东庸生,唯王阳名家。传《鲁论语》者,常山都尉龚奋、长信少府夏侯胜、丞相韦贤、鲁扶卿、前将军萧望之、安昌侯张禹,皆名家。张氏最后而行于世。"即言《论语》在汉代有齐、鲁两家之说,并且皆经过了名家的整理而传于世。

8.《孝经》与伦理智慧

《汉书》记载:"汉兴,长孙氏、博士江翁、少府后仓、谏大夫翼奉、安昌侯张禹传之,各自名家。经文皆同,唯孔氏壁中古文为异。"即言《孝经》在汉代同样经过了整理和沿传。在汉代,孝经已存"十一家、五十九篇"。

以上说明经书在汉代经过了广泛的收集、整理,基本上已经挽回了秦始皇时代的损失,并开始了新的发展。汉代对《易》的重要价值也有了新的认识,如《汉书》强调了《易》为六艺(六经)之原,并说《易》息则乾坤亦息。如曰:"六艺之文:《乐》以和神,仁之表也;《诗》以正言,义之用也;《礼》以明体,明者着见,故无训也;《书》以广听,知之术也;《春秋》以断事,信之符也。五者,盖五常之道,相须而备,而《易》为之原。故曰:'《易》不可见,则乾坤或几乎息矣。'"(《汉书·艺文志》)

(三) 董仲舒对汉代经学文化智慧发展所起的作用

董仲舒提出"独尊儒术""推明孔氏",把儒家在诸子百家中的地位提高到"独尊",对经学的发展起到了重大作用,由于儒家非常重视经典文籍,因此客观上对中国经学的发展也起到了积极的意义。

董仲舒在给汉武帝的《对三策》中建议:"臣愚以为诸不在六艺之科、孔子之术者,皆绝其道,勿使并进,邪僻之说灭息。"(《汉书·董仲舒传》)董仲舒是今文经学的代表,着重于阐述及发挥经文的义理,并且以当时通行的隶书为准,并倡立五经十四博士。他的今文经学受到了汉武帝的高度重视并被立为官学,作为国家制定策略的依据以及考试标准、育人教材。

由于汉武帝的重视,汉代经学得到了空前的大发展,儒家经典被推尊为至经,经书被官方组织统一整理、校注。

董仲舒在经学中尤为推崇《公羊春秋》,其目的在于宣扬"大一统"思想,以巩固封建中央集权的统治。孔孟儒家思想的向心性及凝聚力较强,因此,被汉武帝所推崇,从而儒家经典被重视,地位也随之提高,这些都为经学的发展提供了有利条件。

西汉末年，受孔子壁发现的篆文古经的影响，以刘歆为代表的古文经学开始兴盛，他们偏重于训诂注释，少于发挥，但受到王莽的重视，也被列为官学，与董仲舒提倡的今文经学并存。汉代古文经学与今文经学平行发展，为郑玄的古今经学融合奠定了基础。

杨力启示

经学的发展在两汉进入了鼎盛时期，不但经籍的整理和撰注得到了充分的发展，而且大兴"师法"，即以学派为宗的师传授法，使经学的师徒弟子不断扩充，为中国经学的发展奠定了雄厚的基础。

（四）汉代后期经学智慧集成

汉代后期的经学发展和经学大师郑玄有密切关系，郑玄对我国经书的整理起到了重要的作用，可以算得上是继孔子整理六艺之后的又一大师。据《后汉书》载："自秦焚六经，圣文埃灭……郑玄括囊大典，网罗众家，删裁繁诬，刊改漏失，自是学者略知所归。"

"凡玄所注《周易》《尚书》《毛诗》《仪礼》《礼记》《论语》《孝经》《尚书大传》《中候》《乾象历》，又著《天文七政论》《鲁礼禘祫义》《六艺论》《毛诗谱》《驳许慎〈五经异义〉》《答临孝存〈周礼难〉》，凡百余万言。"（《后汉书·张曹郑列传》）另外，他的"门人相与撰玄答诸弟子问《五经》，依《论语》作《郑志》八篇"。

郑玄对易学的贡献尤其突出，他的易注对易学的理义做了重要的发挥，并把象数和义理进行了结合，对易学的发展起到了一定的作用。

尤其郑玄对《易纬》系列的阐注，对《易经》作了非常精湛的补充，如著名的《易纬·乾凿度》《易纬·乾坤凿度》《坤灵图》《稽览图》《通卦验》《筮类谋》《乾元序制记》等。郑玄《易纬》诸书释注的推出，标志着易学在汉代的发展又进入了一个新的高峰，同时也进一步强化了易学在经学中的地位。

郑玄注经的特点在于以礼贯经，从本质上看可以说纯属礼学，所以倍受封建统治者的推崇。郑玄以礼注经成为郑玄经学的最大特点，而且以绝对优势取代了以往的经学。

郑玄对经学的贡献还在于把古文经学和今文经学相融合,贯通了中国经学发展的命脉,对中国经学的继承和发展起到了一定的促进作用。

> **杨力启示**
>
> 汉代经学智慧的发展有三大主要成就。
>
> 第一,经过汉代"独尊儒术"及对经学典籍采取了一系列整理、发掘的措施之后,经学在汉代得到了重要的发展,并且开始成为中国封建社会文化的正统。
>
> 第二,汉代强调"推明孔氏",因此进一步巩固了孔孟思想在儒学中的主导位置。
>
> 第三,经过对易学的整理和发展,推出了不少重要的易学书籍,如郑玄的《周易注》及《易纬》系列著作,更加提高了易学在经学中的重要地位。

第四节　魏晋隋唐经学智慧大集成

一、魏晋经学智慧集成

魏晋经学的特点是以黄老思想释儒经。进入魏晋时期,由于社会的动荡和局势的分裂,致使儒学的大一统思想难以维持,于是淡泊人生的玄学大兴,以虚静为本的道家思想又开始倡行。人们厌恶战乱,产生了避世心态,于是在《老子》的虚无和《庄子》的逍遥中寻找寄托,在这种思潮的影响下,以《老子》《庄子》为主的魏晋玄学应运而生。

魏晋玄学的兴起,对经学产生了深刻的影响,以"玄"注经代替了郑玄的以"礼"释经。魏晋经学一度被玄学化,例如魏晋以玄学注《易》,即用老庄思想去注释儒家的重要经典之一——《易经》,并把《易》与《老子》《庄子》合称为"三玄"。老庄学派对《易》一贯都比较重视,被"玄"化的

《易》，不但成为玄学的重要组成部分，而且高居三玄之首，成为经学发展史上的特殊阶段。

《易经》的玄学化，从王弼的《周易注》中可以看出易老相融的特点，这实际上是《易经》《老子》相通的回归，体现了中国古代传统思想文化的同根性。

二、隋唐经学的智慧集成

隋唐时期，中国由南北分裂走向统一，上层思想领域也进入了一个转折的时期，由于隋文帝实施了有效的改革措施，社会经济也开始恢复。长期的南北分裂局面结束，全国经济文化得到交流发展，这些都为经学的恢复及发展创造了条件。隋炀帝时期，修建了纵贯南北的大运河，进一步加强了中国的统一和南北文化的交流，经学也随之得到了进一步发展。

在隋朝经济文化恢复的基础上，经学逐渐得到了发展。尤其唐太宗治理的"贞观时期"是唐朝的大盛时期，唐太宗采纳了宰相魏征"偃武修文，中国既安，四夷自服"的方针，对文化经书奉敕发展整理，经学得到了大幅度的发展，出了一些统一经学的集大成巨著，如孔颖达奉御命编撰的《五经正义》，该书被定为官学，表明经学重登统治地位。

在易学方面，唐朝除孔颖达的《周易正义》之外，还有李鼎祚的《周易集解》，这两部著作成为唐代易学发展的代表作。孔颖达"奉敕删定考察，其事必以仲尼为宗；义理可诠"（《周易正义》序)，着重于易学义理的总结。李鼎祚则致力于易学象数的集中并博采群贤，"集虞翻、荀爽三十余家"，使《周易集解》成为唐代以前易学的集大成。

唐代经学大幅度发展的另一重要原因是唐代佛学的刺激。印度佛学自西汉传入中国后到唐朝达到了在中国发展的鼎盛时期。唐朝的几代皇帝，包括唐太宗、武则天、唐肃宗、唐懿宗、唐宪宗等都崇信佛教，因此，佛教在中国迅速发展起来，特别是著名法师玄奘历时十八年之久，跋涉五万余里，带回六百五十多部印度梵文佛经，又主持翻译了千余部佛经之后。

洋洋大观的佛经像潮水般地流入中国，刺激了经学的发展，以儒《易》为核心的大部头经学竞相推出，除孔颖达的《五经正义》之外，还有颜师古的《新定五经》、李鼎祚的《周易集解》、陆德明的《经典释文》以及贾公彦的《周礼义疏》。

> **杨力启示**
>
> 由此，随着经学的发展，儒学的声势又重新壮大，于是儒、道、佛三家鼎立的局面开始形成。儒、道能和佛学相抗争的原因关键在于经学的发展，而占经学较大的比例是易学，易学无论在任何时期与经学的发展都有着极为密切的关系。

第五节　宋元明清经学智慧大集成

宋元明清历时近九百年，是中国经学发展的重要时期，主要又分为两个时期。

一、宋元经学的智慧集成

宋代经学的特点是以理注经，形成了经学以理学形式出现的经学发展的特殊时期。这个阶段经学与理学彼此相得益彰，互助共长。由于理学是以儒学为核心的学术思想体系，因此他们以理的观点解《易》，即认为理是世界的本源，万事万物皆派生于这个"理"，这个理即是天理，是儒家道德的最高准则，三纲五常就是天理。

由于理学被推崇到了无以复加的地位，理学的核心——儒易的典籍自然受到了相应的重视，因此宋明时期同样是经学大发展的重要时期。宋代继续以唐代孔颖达的《五经正义》为中心，并在五经（《易》《书》《诗》《礼》《春秋》及七经（汉代以《易》《书》《诗》《礼》《春秋》合《论语》《孝经》为七经）、九经（唐代以《周礼》《仪礼》《礼记》及《左传》《公羊传》《谷梁传》合《易》《书》《诗》为九经）的基础上增设扩大为十经、十二经、十三经。

九经合《孝经》为十经，一说以五经合五纬为十经。九经增《孝经》

《论语》《尔雅》为十二经，再增《孟子》为十三经，足见宋代经学已经发展得十分庞大了。朱熹的《四书集注》成为以理注经的代表作。

> **杨力启示**
>
> 《易》是经学的核心，故《易》也得到了重要的发展，在宋代易学的特点是以理说《易》，代表著作有周敦颐《太极图》《易通》、张载的《易说》《正蒙》、程颐的《伊川易传》、朱熹的《周易本义》，这都标志着宋元经学已进入了一个高峰阶段。

二、明清经学的智慧集成

明清时期，是经学大盛的时期，其中，又分为以下两个阶段。

（一）明清之际的经学智慧集成

明清之际，是经学发展的一个重要时期，以王夫之为代表的经学成就，标志着经学在中国发展的又一高峰阶段。王夫之学识渊博，无论在经学、史学、文学等方面的成绩皆十分显著，在经学方面的造诣尤深，他的主要著作有《周易外传》《周易内传》《尚书引义》《诗广传》《张子正蒙注》《读四书大全说》《老子衍》《庄子通》《思问录》《续春秋左氏传博议》《读通鉴论》等，对中国的经学及哲学的发展做出了贡献。

其次，黄宗羲也是明清之际的思想家和哲学家，在经学方面和史学方面成绩卓著，著作如《易学象数论》《明儒学案》《宋元学案》等，可谓宋元理学的集萃。

此外，顾炎武同样是明清之际的经学家、思想家，他认为经学即是理学，特点是重考据，对清代经学的考据训诂之风产生了一定的影响。他的主要经学著述有《日知录》《五经同异》《九经误字》《左传杜解补正》《石经考》《求古录》等。

官方在这一时期也修订了一些经书，如《五经大全》《四书大全》及《性理大全》等。

> **杨力启示**
>
> 以王夫之、黄宗羲、顾炎武三大思想家为代表的经学成就，说明着中国经学在明清之际的发展盛况，王夫之的经学成就尤其显赫，成为经学发展史上的一座丰碑。

（二）清代经学的智慧集成

经学在清代颇受朝廷重视，尤以康熙及乾隆时期最为突出。清朝政府曾多次以官方名义组织大范围的修订、整理，并渐分为重考据的汉学和重义理的宋学两大派，重考据的一派又称为"乾嘉学派"，是乾隆及嘉庆时期效法汉儒以训诂考据为主的学派，这个学派的特点是墨守成规，重证据而少发挥。

清朝进入了"康乾盛世"后，为了巩固封建社会的统治，进行了一系列缓和矛盾、收买人心的政策，包括利用儒家、发展经学等政策。康熙皇帝为了巩固统治，把汉族传统的儒学思想作为满族统治阶级的思想武器，巩固了国家的统一，缓和了汉满两族的矛盾，为强化清朝的统治起到了很大的作用。

康熙高度推崇孔孟程朱，目的是为了利用其三纲五常、忠孝礼仁的思想加强封建君主专制的统治。出于这种政治需要，清朝以官方名义，主持了经学的大修订和整理。

康熙时期，皇帝下令儒学大师李光地编撰《朱子全书》作为官方学术之准则。康熙还敕令进士陈梦雷等编撰《古今图书集成》，此书是一部以理学为主，广涉经济、博物、历象、方舆、明伦，共六编三十二典，卷数上万册，诚典籍之大观。康熙皇帝高度推崇理学，重视朱子，为理学、儒家经典的倡扬创造了条件。

乾隆时期是清朝的鼎盛时期，朝廷组织大量人员编写了浩瀚的《四库全书》。《四库全书》分为经、史、子、集四部，收藏之书达三千四百七十种，共七万九千一十六卷、三万六千零七十八册，对我国经籍的保存和文化的发展做出了重大贡献。

清代对经学的发掘和整理的确起到了很大的作用，但也呈现出了严重的

弊端,即偏重于训诂考证而少理义发挥,这是封建统治者要学士们安纪守法的心态在治学上的反映,直接原因是康乾时期推行了残酷的"文字狱",即对文人学士的诗文书籍中追查一字一句的问题,如有反清之词,哪怕是牵强附会也会招来杀身灭族的横祸。

> **杨力启示**
>
> 康熙至乾隆时期,一方面官派整理经学,一方面又严加抄查,致使文人学士们只敢老老实实循经蹈矩地训诂,不敢越雷池于半步,这即是清朝经学考据盛行而理义发挥疏寡的主要缘由。把文人学士们埋于繁巨的考证训诂之中而不去思索古今、涉政虑议,这也是封建君主巩固统治、安邦治国的手段之一。

第六节　经学智慧在中国文化中的重大历史意义

一、经学典籍是中国文化典籍中的主要智慧库

中华民族之所以成为一个文明度相当高的民族,就是因为拥有非常丰厚的文化遗产。其中,汗牛充栋、浩如烟海的典籍书册是中国文化中最灿烂的宝藏,而经书又是其中的核心部分,经学在中国文化中也起到了重要的作用。

经学创建于春秋时代,孔子进行整理命之曰"六艺",内容包括《书》《诗》《礼》《乐》《易》《春秋》。孔子把六艺作为中国古代典籍的核心,故孔子时的六艺是最早的经学,如《庄子·天运》载曰:"丘治《诗》《书》《礼》《乐》《易》《春秋》六经。"汉代由于提倡"孝治",六经扩大为七经,即六经增添《孝经》。唐代重礼治,将《易》《书》《诗》合三礼(《周礼》《仪礼》《礼记》)、三传(《左传》《公羊传》《谷梁传》)而成九经。宋代重理学,并《论语》《孝经》于九经合称十经。

唐代将《论语》《孝经》《尔雅》加入九经称为十二经。宋代极崇儒学、理学,又加入《孟子》遂成十三经。著名的《十三经注疏》即为宋代经书的

集萃佳著。

> **杨力启示**
>
> 清代乾隆皇帝亲自主持编纂的浩瀚的《四库全书》，经部即列居经、子、史、集四部之首，并占主要地位。

二、经籍智慧库被历代作为教育、科举的标准

六经自从春秋时期被孔子作为教授弟子的教材后，历代皆以六经为基本教材。孔子之后的子思、孟子、荀子皆以六经为教本，并且在前人基础上进行补充和整理，进一步巩固了六经为经学的基础。

六经作为官方教材是从汉代开始的。汉代自汉武帝采纳了董仲舒的"独尊儒术"后，儒家经典即被作为官定的教材和五经博士的标准。东汉甚至设立十四博士，包括十四种经典。从此，对从隋朝开始的科举考试皆以五经为准则产生了影响，尤其宋元明清时期，经学大盛，被历代反复修订的经籍更是被作为法定的教材和科举选拔的标准。

三、经学智慧库被作为朝廷拟定制度的依据

自汉武帝开始，经学即被作为中国传统文化的正统。汉武帝接受了董仲舒推崇的《公羊春秋》中的大一统思想，并将之作为加强统一的思想武器，又采纳了董仲舒推崇的儒家的仁治德政，并用以作为制定制度和颁布政策的依据，从而进一步巩固了皇权及君主专制。

王莽曾以古文经学《周礼》作为改制的蓝本，康有为则用今文经学作为变法维新的依据。宋明理学时期，经学被作为拟定官制的理论根据，清朝时期经学同样被作为钦定的参考，尤其康熙皇帝对四书五经推崇到了无以复加的地步，他重视朱熹理学，制定纲纪制度皆以理学为法度。

四、经学智慧库对中国古代文化的巨大贡献

经学对中国的古代文化，于文、史、哲等方面都有着深刻的影响。

由于秦始皇的"焚书坑儒",经学受到了严重的摧残,汉代大兴经学之后,许多为逃避厄运而藏于山崖壁墙之中的经书典籍才逐渐被发现。如孔子壁中发现的经书经孔安国献出后,经过整理成为古文经学的前身,是中国文化遗产中的珍贵部分,对中国文化的继承和发展有着重要的历史意义。另外,清朝康乾时期曾以官方的形式大规模地组织对中国经学典籍的考证训诂,为后学研究中国古代文化创造了条件。

中国古代经籍大多为文、史、哲的综合巨著,如《易》《书》《诗》《礼》《论语》《孟子》等,皆不但文学价值极高,而且有重要的史料意义,尤其蕴含着高深的哲理。随着经学的发展,对文、史、哲的研究也不断得到提高,因此经学的发展对文、史、哲的发展有很大的促进作用。可以说,中国经学的发展史实际上也就是中国文、史、哲的发展史。

随着经学的发展,经学大师及经学典籍层出不穷,从先秦至民国皆相继辈出,对传统文化的传播起到了重要的作用,因此,经学的大兴客观上促进了中国文化的发展。

浩瀚的经学典籍是研究中国封建社会及其文化的重要智慧库。

五、经学智慧库在中国封建社会中的特殊作用

经学从孔子开始直至清末,历经了两千五百年的时间,对中国封建社会的持续和巩固起到了异乎寻常的作用,经学的兴衰过程实际上记录了中国封建社会的兴衰过程。

经学之所以对中国封建社会的巩固起到了重要作用,原因在于经学以儒家思想为核心,儒家强调"大一统",有较强的向心性及凝聚力。

另外,经学高度强调封建伦理,把三纲五常提高到"天理"的地位,对巩固皇权和封建专制制度起重要作用。

杨力启示

历史得出结论:在中国漫长的封建社会时期,每当从分裂状态走向统一的时候,为了结束分裂,巩固统一,经学总应运而生。如汉代经过了秦末的分裂战乱后,急需要一种思想来加强统一,经学的发展正符

第十二章
孔子与中国经学大智慧

> 合了这一需要。
>
> 另外，经学的主导思想是儒学，儒学的宗旨是入世涉政、奋发抗争。当中国封建社会进入兴盛时期，那些大有作为的君主都愿意提倡经学、儒学以取代提倡不争无欲无为的道学、佛学，从而达到促进社会发展的目的。如大有作为的汉武帝，独尊儒术，发展经学，就是为了结束在窦太后推崇下的黄老无为之学在汉代的影响。
>
> 此外，汉代为了调和秦始皇独尊法家而实行的严刑酷制给人们心态带来的影响，采用儒家的中庸温和政策进行统治，也是经学得到重视的原因之一。自从汉代封建君主开启了以官方名义重视经学的先例后，隋、唐、宋、元、明、清历代君主都鲜有不重视儒学的，尤其宋元明清八百年的时间内皆大力发展以理学、儒学、易学为核心的经学，足见经学在中国封建社会中的重要作用。

第七节　易学智慧在中国经学中的重要作用

一、易学智慧是中国经学智慧的核心

《易经》自从先秦时期被孔子发现后，就被列为"六艺"之列。《史记》曰："六艺于治一也。《礼》以节人，《乐》以发和，《书》以道事，《诗》以达意，《易》以神化，《春秋》以道义。"（《史记·滑稽列传》）《庄子·天运》亦曰："丘治《诗》《书》《礼》《乐》《易》《春秋》六经。"

之后，子思、孟子及荀子等著名经学家都将《易经》列为主要教材之一，至汉代，《易经》已被列为六经之首，如班固《汉书·艺文志》已将《易经》列于六经目录之前。由于汉武帝采纳了董仲舒"独尊儒术"的主张，《易经》便成为汉代经学的主干，对中国经学宝库的发展起到了重大的奠基作用。

魏晋玄学时期，《易经》被列为三玄之冠，《周易》也被作为黄老之学注解的主要目标。

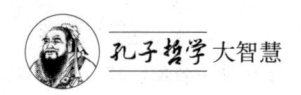

隋唐时期，佛教在中国大盛，洋洋大观的佛经像潮水一样涌入中国，当时已翻译为汉文的佛经有三百七十二部共二千一百九十九卷，包括大乘佛教的主要经籍，而且理论性很强。中国的传统经籍文化受到佛学的冲击，是以《易经》为核心的经典著作的发展，壮大了儒学的声势，增强了中国传统文化的理论性，保住了以儒学为主的中国固有文化的优势，为儒、道、佛三家的鼎立，为中国的儒学、道学能与印度的佛学相抗争做出了不朽的贡献。

宋元明清时期，随着宋明理学的发展，以易学为核心的儒学及其经典著作在中国的地位和影响达到了无以复加的程度。

杨力启示

任何一个历史时期，中国经学的发展都是以易学为核心的，体现了《易经》在中国经学中的重大地位。

二、《易经》的发展提高了中国经学智慧库的宝库价值

《易经》自从被孔子发现后，便迅速展现出它的魅力。从汉代开始《易经》便跃居于"五经"之首，到了清代《易经》更高居于诸经之冠，成为中国经学的代表。《易经》之所以在中国文化中的地位不断地拔高，甚至发展为中国经学的代表，不是没有缘由的。

中国古代经学有一个共同的特点，就是几乎皆为综合性的文、史、哲著作，而《易经》则是这一特点的典范。《易经》有着丰富的文学、史学及哲学的内涵，因此历史上我国思想哲学的发展无不和《易经》有密切关系，不仅历代儒家以易学为正宗，而且道家理论也同样取法于易学，道家的炼丹理论就是源于易理。

中国历史上的任何一个朝代的思想家无不注目于《易经》，并且都试图把易理作为自己的理论基础。如汉代董仲舒的"天人感应"把《易经》神学化；魏晋时期的玄学家把《易经》玄学化；唐代的佛教徒也试图把《易经》佛学化，并援引易学观点为己说；宋明理学时期理学家们又把《易经》理学化；清代康乾时期经学家们把《易经》汉学化等。这都说明《易经》在中国

历代思想家心中的地位。

易学的发展对经学的发展必然有重要作用,易学价值的提高,相应地也会使经学的价值弥新。作为中国历史上的第一部经书和思想史上最有影响的《易经》,它的发展对儒学及经学价值的拔高都有着非常重要的意义。

三、易学智慧是经学智慧库的总源头

《易经》在汉代已经发展成为易学,由于《易经》被儒家经学列为"五经"之首,因此易学也就成为儒学的主体。儒家最重视经学,《易经》又是诸经之首,因此儒学、易学、经学三者之间构成了紧密不可分割的关系,尤其《易经》是儒学的核心,又是经学的主体,因此易学的发展无论对儒学和经学都有着十分重要的作用。

秦代,由于秦始皇未烧《易》书,《易经》得到了保护,至汉代,由于儒学大兴,易学得到了大发展。易学的发展又加速了经学发展的步伐,如大儒董仲舒即是易学大师,又是今文经学的大师。另外,以费氏为代表的古文《易经》的考注、训诂也促进了古文经学的发展。汉代思想家、哲学家们解注经说皆以《易经》为主,大开了后世解注易学和经学之风,客观上加快了经学发展的速度。

清代《四库全书·总目》中经部被列为首,"易类"则列为最前列。《四库全书·总目》对《易》予以高度评价:"《易》之为书,推天道以明人事者也。""易道广大,无所不包,旁及天文地理、乐律兵法、韵学算术,以逮方外之炉火,皆可援《易》以为说。"并且还概括了易学象数易理的演变过程,如曰:"汉儒言象数,去古未远也,一变而为京、焦,入于机祥,再变而为陈、邵,务穷造化,《易》遂不切于民用,王弼尽黜象数,说以老、庄,一变而胡瑗、程子,始阐明儒理,再变而李光、杨万里,又参证史事,《易》遂日启其论端。"

《四库全书》共收载易类五百部,分为六类,成为经书中的主干。此外,在子部术数类也收存了易类图书近三十部,其中包括宋代邵子的《皇极经世》、汉代焦寿的《易林》及京房的《京氏易传》等,另外还有以《易》占卜及象数为基础的著名术数书籍,如《奇门遁甲演义》《六壬大全》《观象玩

占》等数十部。

《四库全书》对易类收载的分量以及摆置的地位，都充分反映了易类经藉在中国文化典籍中的重要地位。

杨力启示

综上所述，历时两千五百多年的中国经学及浩瀚的经学典籍，对中国文明、文化的发展以及对中国人民文化素质的建树皆起到了不朽的作用。尽管经学中有封建糟粕存在，但历史地看待问题才是弘扬传统文化的正确态度。

第十三章　孔子与《尚书》《大学》《中庸》的治国智慧

第一节　从孔子开始《尚书》被列为儒家经典

《尚书》是我国的珍贵古籍,是儒家的重要经典,也是封建社会官方的政治书籍,为历代帝王君臣必读之书,也是各朝选官制度的主要考试科目。

我国传统的政治、历史、教育,以及各种古代文化皆无不与《尚书》有关,《尚书》堪谓政治、历史、文化、教育的综合巨著。

从孔子开始,《尚书》便被列为儒家的经典,成为历代帝王大臣治国的宝鉴。

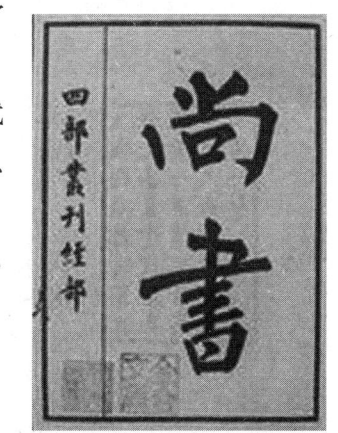

一、《尚书》是孔子最推崇的经典

《尚书》,又称《书经》或《书》,"五经"之一,是中国极为重要的一部经典史集,跨时为我国古代两千三百年前至三千年前。尚,即上,《尚书》即为上古王朝诰书、誓言等公文档案的记载。后为孔子整编。

西汉初存的二十八篇为今文《尚书》,汉武帝时在孔子宅壁内发现的为古文《尚书》。宋代《十三经注疏》即为今古文《尚书》的合编,该书既是古代历史文件的纪实,也包括部分对古代事迹的追述。

《尚书》是中国古代上溯尧、舜,下迄春秋秦穆公时期,尤其是商周时期的重要史料。

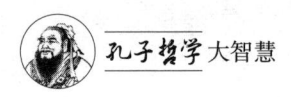

> **杨力启示**
>
> 　　《尚书》是儒家的重要经典，也是封建社会官方的政治书籍，为历代帝王君臣皆必修的官方教材，也是各朝科举的主要考试科目。
> 　　有关《尚书》注疏，以唐朝孔颖达的《尚书正义》为历代权威著作，此外清人孙星衍的《尚书今古文注疏》也很有影响力。

二、《尚书》的主要政治智慧

　　《尚书》是中国古代王朝政事及典章制度的文献汇编，包括上起虞夏下迄商周的历代王室之典、谟、训、诰、誓、命等，是官方政事的纪实和史料的存档。主要内容为君王的文告、旨令，君臣的谈话记录，朝政大事，大臣对君王的谏议及朝政的典章制度。正如《四库全书·书》提要所说："书以道政事。"

　　全书共五十八篇。主要为《虞书》《夏书》《商书》《周书》四部分，包括"典、谟、训、诰、誓、命"（《尚书序》）六种体式。

　　《虞书》：是记述尧舜时代政事的书。

　　《夏书》：为记录夏代政事的史料汇编。

　　《商书》：为记载商代政史的典籍。

　　《周书》：为记载周代政史的经典。

　　典：经典，记录朝政重要史实及典制。主要为《尧典》《舜典》《禹典》《洪范》《周官》。

　　谟：谋也，臣下向国君陈说意见。主要为《皋陶谟》。

　　训：教导、训导。主要为《伊训》。

　　诰：国君对臣下的告语。主要包括《大诰》《盘庚》。

　　誓：誓词，国家和军队的誓言。主要为《甘誓》《汤誓》《牧誓》等。

　　命：国君对臣下的命词或册命。主要包括《文侯之命》《毕命》《君陈》等。

三、《尚书》杰出的治国理政大智慧

(一)《尚书》的尚德智慧

尚德,是《尚书》的主要思想,包括要显德、敬德,树仁德、元德以及反对乱德、丧德等。

第一,尚德要显德、敬德。

所谓显德,即要弘扬道德。"公称丕显德"(《尚书·洛诰》),即要光耀美德。要光耀道德又必先敬德。所谓敬德,即:"王敬作所,不可不敬德。"(《尚书·召诰》)

君王要认真崇德及行德,只有敬德、崇德才能推行道德,"肆惟王其疾敬德?王其德之用,祈天永命"(《尚书·召诰》)。

要敬德又必先明德,"亦既用明德"(《尚书·梓材》)。

总之,君臣必须以身作则才能使正义的道德得以推广。

第二,尚德要施仁政、行公德。

《尚书》尚德的主要精神是施仁德、行公德。施仁德的核心即爱民、用贤。爱民就要为民,就必须上下勤劳,多教育,少杀戮。如:"其惟王勿以小民淫用非彝,亦敢殄戮用乂民,若有功。其惟王位在德元,小民乃惟刑用于天下,越王显,上下勤恤,其曰我受天命。"(《尚书·召诰》)

行公德,就要弘扬对社会对人民有益的公德,要以先君先王和功臣的元德为典范。如成王赞扬周公曰:"惟公德明光于天下。"(《尚书·洛诰》)"兹亦惟天若元德。"(《尚书·酒诰》)

第三,《尚书》指出乱德、丧德为亡国的先兆。

"天降威,我民用大乱丧德,亦罔非酒惟行;越小大邦用丧,亦罔非酒惟辜。"(《尚书·酒诰》)即以臣民酗酒为例,告诫乱德、丧德对国家兴亡的影响。

总之,《尚书》十分重视尚德思想,并在诸诰各篇对尚德进行了高度强调,基本奠定了儒家的仁德观和贤德观。

(二)《尚书》的本民智慧

本民是《尚书》的重要思想之一,主要包括要知民、爱民、保民、宁民及治民,集中反映于《无逸》篇中。

第一,《尚书》强调要知民、爱民。

《尚书》强调为君臣的要先知百姓的疾苦,为子女的要先知父母的艰辛,才能考虑自己的逸乐。如:"君子所其无逸。先知稼穑之艰难乃逸。"(《尚书·无逸》)

子女如果不知道父母的艰难,贪图享乐,长大了反而辱骂父母无知。如:"厥子乃不知稼穑之艰难乃逸,乃谚,既诞,否则侮厥父母曰:'昔之人无闻知。'"(《尚书·无逸》)

《尚书》强调无论君臣、子女都应知晓百姓的疾苦,把自己的享乐和百姓的疾苦相联系。后世将之发展为"先天下之忧而忧,后天下之乐而乐"。

第二,《尚书》重视保民、宁民。

《尚书》十分强调保民、宁民的重要性,提出要效法先哲保民的典范,如"别求闻由古先哲王用康保民"(《尚书·康诰》)。《尚书》还列举三周君为例,说明惠民、为民才能巩固政权,皇位才能长久。周公说殷王中宗(殷代第五世贤君)因"治民祗惧,不敢荒宁",从而"享国七十有五年";高宗(殷代第十一贤君)因"时旧劳于外,爰暨小人",为君前长期在外,和百姓共处,为君后"不敢荒宁",因此"享国五十有九年";祖甲(武丁的儿子,殷代第十二世贤君)因"能保惠于庶民,不敢侮鳏寡"而"享国三十有三年"。

《无逸》篇还以殷王为例告诫,指出他们因"立王生则逸,生则逸,弗知稼穑之艰难,弗闻小人之劳,惟耽乐之从",因此不能长寿,在位也无非三到十年。"亦罔或克寿,或十年,或七八年,或五六年,或四三年。"

《无逸》篇认为周文王穿平民衣服,和老百姓一起种地开荒,保护及安抚老百姓,因此能在位五十年。"文王卑服……怀保小民,惠鲜鳏寡。自朝至于日中昃,弗遑暇食,用咸和万民……厥享国五十年。"

第三,《尚书》的治民智慧。

《尚书》提出要用教育的方法来治民,要用正刑、常典治民,不要像殷纣王那样用酷刑，正如《康诰》篇所说的"勿用非谋非彝"。

在治民方法上，《尚书》强调要有法章可循，加强中央管理。"其自时中乂，王厥有成命治民。"

总之，《尚书》治民的目的是要使"子子孙孙永保民"（《尚书·梓材》）。

（三）《尚书》的崇礼智慧

礼在《尚书》中已经有了重要的萌芽。如《洪范》篇对人的言行视听仪表举止的礼，已经做了明确的阐述。如："五事：一曰貌，二曰言，三曰视，四曰听，五曰思。貌曰恭，言曰从，视曰明，听曰聪，思曰睿。恭作肃，从作乂，明作晰，聪作谋，睿作圣。"（《尚书·洪范》）即指出容貌、言语、视、听、思想五事是构成人礼的基本成分。并告诫为人处世，容貌要恭敬，言论要正当，要善于观察，善于听闻和分析判断。总之，恭敬才能严肃，正当方能治理，分析要靠观察，兼听才能善谋，思考才能明达。

《尚书》虽未直言"礼"字，但其包含的谦恭礼仪和端庄有礼的思想基本上已经奠定了礼的主要成分，对儒家思想礼的形成和发展产生了重要影响。

四、《尚书》的哲学大智慧

（一）《尚书》的五行智慧

五行观念是《尚书》的重要哲学观念，主要记载于《尚书·洪范》中，即："五行：一曰水，二曰火，三曰木，四曰金，五曰土。水曰润下，火曰炎上，木曰曲直，金曰从革，土爰稼穑。润下作咸，炎上作苦，曲直作酸，从革作辛，稼穑作甘。"

《尚书》中萌芽的"五行"是中国古代重要的哲学思想，和"阴阳"一起成为中国传统哲学的核心，《尚书》还将五行推广为五事，从而使五行在自然科学及社会科学中都产生了广泛的影响。

（二）《尚书》的天命智慧

天命观是《尚书》的主要观点之一。但《尚书》的天命观并非鬼神迷

信,而是上古时期人们对宇宙观朴素的认识,是认识论发展过程中的必经阶段。甲骨文、金文皆印证了《尚书》时代人们的认识水平。

"皇天既付中国民越厥疆土于先王。"(《尚书·梓材》)意即我先王统治中国是上天的意志。周国伐商并非小国敢违背中央帝国,而是天降罪于殷,命我周国去取代。如:"天乃大命文王,殪戎殷。"(《尚书·康诰》)"非我小国敢弋殷命,惟天不畀。"(《尚书·多士》)

再如《尚书·泰誓》为周武王伐殷,师渡孟津的誓词,誓词中即以商王违背天意,我必顺从天命为伐纣的主要内容。即:"今商王受,弗敬上天,降灾下民。沉湎冒色,敢行暴虐,罪人以族,官人以世,惟宫室、台榭、陂池、侈服,以残害于尔万姓。焚炙忠良,刳剔孕妇。皇天震怒,命我文考,肃将天威……惟其克相上帝,宠绥四方,有罪无罪,予曷敢有越厥志?"(《尚书·泰誓》)

> **杨力启示**
>
> 《尚书》天命观的重要特点不是宣扬迷信、鬼神、上帝,而是把天命观政治化,作为争取人心的政治手段,这也说明了《尚书》天命思想的积极意义。

五、《尚书》的教育大智慧

《尚书》极为重视教育,包括君对臣的训诰、臣对君的谏劝、君臣对民的教育等。《尚书》诸诰篇即是君臣教育篇,《无逸》篇是周公对成王的谆谆教诲,《酒诰》篇则是周公为教育臣民戒酒而颁布的戒酒榜文,《康诰》篇则是周公对康叔治理卫国的教育词文,《召诰》篇是召公对成王的勉励词。

《尚书》把立师和立君并重,说明《尚书》对教育的高度重视。如:"作之君,作之师,惟其克相上帝。"(《尚书·泰誓》)意即为民立君治民,为民立师教民,才能很好地辅佐上帝,共同完成大业。

《尚书》的教育观还和天命观相结合,这一方面表明上古时期已经对教育的意义有了高度的重视,另一方面也表明《尚书》天命观具有积极的意义。

综上所述,《尚书》无论政治伦理观、哲学思想还是教育观都符合了入世的思想,社会意识很强,充满了积极性,难怪被儒家列为经典。

杨力启示

> 粮食问题从来都是立国之本,败国之源。先训如此,历史无不如是。古往今来没有一个朝代不重视农业,周代因为重视农业所以很快地兴旺起来,这和他们"先知稼穑之艰难"的教化是分不开的,也是应该引以为鉴的。

第二节 《尚书》的历史地位及其影响

《尚书》是中国重要珍贵古籍文献,既是史书之冠,又是经书之要。

从孔子开始,《尚书》便成为儒家经典而被历代帝王所重视,并一直成为帝王统治者的政教书,所谓"二帝三王之道在焉"。

伏生传继今文《尚书》,孔安国传播古文《尚书》,《尚书》后来成为历代科举考试、知识分子必修之课程。

我国的政治、历史、教育,以及各种古代文化无不与《尚书》有关,《尚书》堪谓我国的政治、历史、文化教育的综合巨著。

《尚书》还是一部重要的政治思想书籍。正如司马迁所言:"《书》记先王之事,故长于政。"(《史记·史太公自序》)《荀子·劝学》亦说:"《书》者,政事之纪也。"

总之,《尚书》是反映我国古代政治思想及政治制度的珍贵文献,在我国文化史中占有重要地位,是研究中国文化的必备典籍。

一、《尚书》政治治国智慧的价值及其影响

《尚书》是一部政书,被称为"政治史之镐矢",它集中了商周的政治思

想和典章制度,基本上奠定了儒家的政治思想体系,对中国政治思想的发展产生了深刻的影响。

第一,德治思想的价值及其影响。

《尚书》政治思想的核心在于高度强调社会道德,重视人的社会价值。整部《尚书》皆突出一个"德"字,即以德治教化为王道思想的主旨。尤其突出对君王的德育,故又有"帝王之学,尽在于斯矣"之说,历代有作为的统治者都无不以《尚书》为手镜。

德治的内核又在于保民,即高度强调以人民为本,以人民为镜。

在《尚书》的诸诰篇中,《康诰》《酒诰》《召诰》《洛诰》《大诰》及《无逸》皆为臣对君的进谏忠告,都饱含强烈的德治内容。

> **杨力启示**
>
> 《尚书》尤其强调德治与法治的统一,如《康诰》篇提出"明德慎罚",即崇尚德政,慎用刑法。德治与法治的关系是德治为主,法治为辅。历史上,如果一个朝代德治很好,人民思想品质较高,意味着这个朝代将会兴旺。反之,如果德治与法治的位置发生倒置,德治瓦解,法治为重,往往是衰落的征兆。如西周在成康盛世时以礼德为重,法治为辅,而平王东迁之后,则国运日衰,礼法倒置,礼治崩溃,淫乐蜂起,正如孔子所说"礼崩乐坏"。

《尚书》又在《尧典》《舜典》等诸典篇及《大禹谟》中树造了君王的典范——尧、舜、禹。后世历代要求君王尚德,皆与《尚书》影响分不开,如孔子提出"仁者,人也"(《中庸》),孟子"言必称尧舜"(《孟子·滕文公上》)。

第二,《尚书》奠定了儒家伦理智慧的核心。

《尚书》又是一部政治伦理书,基本上奠定了儒家的政治伦理思想的核心,即礼、仁、义、忠、孝。《尚书》的礼不仅强调礼教,而且十分重视礼制。如《顾命》《康王之诰》篇即记载了王朝的丧礼、册封仪式及帝王登基大典等,可谓帝王之礼尽在其中矣。诸诰篇及《多士》等篇,以君臣对话的方式强调仁政,不但强调对内的仁德,而且提出对不服从周国统治的殷民要施以仁政，以利于统一。

《尚书》的五誓篇，包括《汤誓》《泰誓》《牧誓》《费誓》及《秦誓》等篇又贯穿了一个"义"字，突出了文王、武王灭殷建周的大义壮举，诸誓词之所以深得民心，并能激发将士的斗志，就在于战争的正义性。如《汤誓》篇的"时日曷丧，予及汝皆亡"，即言夏桀（夏末帝）的百姓已经发出了恨不得暴君速死，宁愿和他一起死，以为民除害的义怨。《牧誓》篇的"今商王受，惟妇言是用""今予发，惟恭行天之罚"都是仗义伐纣的誓词。

《金縢》篇则通过周公对成王的祈祷语，体现了臣对君的忠心，全文突出了一个"忠"字。《无逸》篇包含了对不孝的谴责。如"相小人，厥父母勤劳稼穑，厥子乃不知稼穑之艰难……既诞，否则侮厥父母曰：'昔之人无闻知'"。即言有些人，其父母辛勤耕作，儿子却不知父母的艰辛，只知贪图享受，时间久了，居然谩骂他们的父母没有知识。

上述说明儒家伦理的仁、义、礼、忠、孝在《尚书》中都占有重要位置。当然这和孔子删定《尚书》确定儒家意识形态有直接关系。

第三，《尚书》奠定了中国古代上层意识形态的基础。

西周成康时期进行了封邦建制的大分封，国土分属各诸侯管辖，数十小封建国林立周土，封国内政治经济皆独立，每年向周天子朝贡。《左传·昭公九年》记载："文、武、成、康，建田弟以藩屏周。"在这种政治体制及经济基础之上，逐渐形成了封闭、专制的政治制度，同时奠定了以王族、宗族、家族观念为主体的奴隶制社会上层意识形态的基础。

杨力启示

封建宗法制度非宗即戚，天子为最高统治，其余则为大宗小宗。正如梁启超所说："诸侯则为国之群宗所共宗，天子又为王国内及群侯国群宗所共宗。"王族、宗族、家族，对维护封建统治起到了一定的作用。

二、《尚书》珍贵的史料价值

《尚书》是我国古代夏、商、周、鲁史的第一手资料，跨时八百年，记录

了我国古代原始社会、奴隶制社会的重要史实,有珍贵的史料价值,是研究我国古代社会历史必不可少的文献。通过《尚书》和甲骨文、金文以及五经的印证更可证实《尚书》史料的珍贵。

1. 《尚书》和甲骨文相印证

甲骨文是研究殷周史的重要资料,《尚书》的一些重大历史事件可以和甲骨文相印证。

第一,印证武王伐纣。

《尚书·泰誓》:武王伐殷……师渡孟津。(孟津:黄河古渡口,今河南省孟津县)

西周甲骨文:大出于河。

两文皆印证了武王伐殷,兴师渡过黄河祭祀誓师的历史大纪实。

第二,印证成周的兴建。

印证成王、周公自镐京至成周祭祀之事,证实了成王时期兴建第二国都成周的历史大事件。

《尚书·洛诰》:召公既相宅,周公往营成周。

西周甲骨文:祠,自蒿于周。

第三,印证周文王翦商。

周文王为伐殷做了长期的准备,即以蚕食的政策逐渐兼并周围的列国,《尚书·西伯戡黎》有所记载,可以和甲骨文相印证。如:

《尚书·西伯戡黎》:殷始咎周,周人乘黎。祖伊恐,奔告于王,作《西伯戡黎》。(黎是商属黎国,周文王吞噬了黎之后,商臣祖伊惊慌奔告纣王)

西周甲骨文:其微、楚,囗毕龔,师氏受龔。

微、楚,皆商朝方国。此文记载周文王向居战略要地的微、楚赠礼品拉关系,以扩大自己的势力。《史记·周本纪》载武王克商誓师于牧野,其中即有微国:"我有国易君,司徒……及庸、蜀、羌、髳、微……"

2. 《尚书》与青铜器铭文相印证

金文又称铭文,是铸在青铜器上的文字,以商周,尤其西周金文为著称。青铜器是古代权力的象征,也是古代社会历史的铭刻,是最有力的信史,历史学家、考古学家们都以之与《尚书》相印证,作为考证古代社会历史的依据。由于金文极为古奥奇离,与《尚书》的互相参照对揭示金文起到了重要作用。

第一,印证武王伐殷。

《尚书·牧誓》:时甲子昧爽,王朝至于商郊牧野,乃誓。(在甲子日,太阳还未出的早晨,周武王举兵伐商,在殷都郊外牧野举行誓师大会)

金文《利簋》:王武征商,惟甲子朝。岁鼎,克昏夙有商。(周武王伐商纣,时间在甲子日早晨,占卜得到佳兆,果然一天之间就拿下了商都)

第二,印证西周洛邑(成周)的兴建。

《尚书·洛诰》:召公既相宅,周公往营成周,使来告卜,作《洛诰》。

金文《何尊》:惟王初迁宅于成周,复禀武王礼……

　　　　　　余其宅兹中国,自之乂民。

营建成周的历史意义在于:加强对殷民的统治以巩固政权,以及加强对中原势力的控制,对中土的兴建有很大的作用。《尚书》与金文相印证,足见《尚书》珍贵的史学价值。

第三,印证西周封建分封。

《尚书·康诰》:成王既伐管叔、蔡叔,以殷余民封康叔,作《康诰》《酒诰》《梓材》……王若曰:"孟侯,朕其弟,小子封。"……肆汝小子封在兹东土。

金文《大克鼎》:易女田于埜,易女田于渒……易女田于匽……(王把埜地的田赐给你,把渒地的田赐给你……把匽地的田赐给你……)

3. 《尚书》和古籍史书相印证

《尚书》和《易经》《诗经》等都是中国早期的文献,互为印证,相得益彰,对古史的考证有重要的价值。

第一,和《易经》印证。

《易经·晋卦》:康侯,用锡马蕃庶,昼日三接。(指周文王被囚羑里,周国用大量珍贵礼品及美女进贡商纣王因而得释放,周文王把纣王所赐的马,休养生息而麻痹纣王,暗中却礼贤下士,积极经营剪商策略。)

《尚书·无逸》:周公曰:"……文王卑服即康功田功……自朝至于日中昃,弗遑暇食,用咸和万民。"(指周文王释放回去后,艰苦创业,和老百姓

同甘共苦，穿平民衣服，从早晨到午后都顾不上吃饭，为完成伐纣的大业做了极其艰辛的准备。）

第二，和《诗经》印证。

《诗经·大雅·緜》：乃召司空，乃召司徒，俾立室家。其绳则直，缩版以载，作庙翼翼。捄之陾陾，度之薨薨。筑之登登，削屡冯冯。百堵皆兴，鼛鼓弗胜。迺立皋门，皋门有伉，迺立应门，应门将将。迺立冢土，戎丑攸行。

4. 《尚书》的文化价值及其影响

西周是中国历史上的文化盛世，周公制礼作乐对周代社会的文明和文化发展产生了重要的影响。正如《尚书·大传》所说："周公制礼作乐，天下和平。"周公提倡礼治，礼治是文明的象征，文明又是文化的升华。周礼是周代文化的标志，其特点是以礼乐为核心。礼乐的兴盛象征着一个朝代的繁荣及文明，也是一个国家政权巩固、局势稳定的象征。

狭义的礼包括礼仪、礼节，广义的礼则为道德的代名词，包括仁爱、孝心及忠义。制礼作乐的周公自小即以仁孝名扬，《史记·孔子世家》记载："周公旦者，周武王弟也，自文王在时，旦为子孝，笃仁，异于群子。"

《尚书》《礼记》对周礼都做了丰富的记载，周礼是西周文化的象征，也是我国古代文明的标志，在我国文明史上曾起到了重要的作用。

周代的礼乐文明，曾使孔子发出"吾学周礼，今用之，吾从周"的决心，从而奠定了儒家思想的核心。

杨力启示

《尚书》是我国最早的古代典章文献汇编，既是研究中国古代政治思想的重要文献，也是历代帝王大臣治国的智慧源泉，对中国政治思想的发展及政治制度的形成产生了重要影响。

第三节 《大学》大智慧

《大学》，博大之学，大人（正人）之学，大同（大一统）之学。

《大学》历代以其内涵的博大而列为"四书"之首、"五经"之前。其中心思想"修身、齐家、治国、平天下",震古烁今,成为中国人修德治国的准则,影响巨大。

一、《大学》是孔子儒家的重要智慧

《大学》为儒家重要经典著作之一,原为《礼记》中的一篇,宋代程颐将其从《礼记》中独立出来,并加以改编,扩大了《大学》的影响。南宋大思想家朱熹把《大学》和《论语》《孟子》《中庸》四部书合编为"四书"并作注。从此,《大学》跃升为儒家经典,在中国思想史中占有重要地位。

《大学》的主要观点在于强调个人在社会中的价值、个人修养与社会政治的密切关系以及家庭和国家社会的密切关系。

《大学》是封建社会德育的教材、伦理入门的专著,正如朱熹所说:"大学之书,古之大学,所以教人之法也。"(《大学章句注》)

《大学》继承和弘扬了孔子的政治伦理思想,正如朱熹所说:"子程子曰,《大学》,孔氏之遗书,而初学入德之门也。于今可见古人为学次第者,独赖此篇之存。而论孟次之,学者必由是而学焉,则庶乎其不差矣。"

> **杨力启示**
>
> 《大学》相传为孔子学生曾子所著,成书于秦汉之际。宋代理学家王守仁的《大学问》、南宋哲学家真德秀的《大学衍义》、明朝丘浚的《大学衍义补》等注本影响皆较大。宋代朱熹的《大学章句注》被收入《十三经注疏》。

二、《大学》主要治国智慧

《大学》的思想是孔子及儒家思想的内容之一,是中国封建社会思想意识形态的重要组成部分,对中国封建社会思想意识形态的形成和发展产生了极大的影响。

（一）提出"修身、齐家、治国、平天下"的纲领性原则

《大学》是儒家伦理专著，高度强调个人修养与社会政治的密切关系，并以"修身、齐家、治国、平天下"为德育的三条纲领。

1. 提出"以修身为本"的伦理原则

《大学》高度重视修身，认为个人修养是处理好个人与社会关系的根本性前提。如："欲治其国者，先齐其家，欲齐其家者，先修其身。"

关于修身的准则，《大学》提出正心及慎独。所谓正心，《大学》指出："欲正其心者，先诚其意，欲诚其意者，先致其知，致知在格物。"可见，正心的首步在于"格物"，即明辨事理及物理；第二步在"格物"的前提下"致知"，即正确认识事物；第三步在"致知"的前提下"诚意"，即获得处理事物的诚意。

正如原文所说："所谓诚其意者，毋自欺也。"如此，有了上述三个前提，才能端正态度达到正心。

《大学》指出了必须摒除干扰正心的原因："身有所忿懥，则不得其正；有所恐惧，则不得其正；有所好乐，则不得其正；有所忧患，则不得其正。"即只有摒除一切私心杂念的干扰才能正心。

所谓慎独，指在人所不知、无人之处的自制能力。

2. 强调"齐家"为治国的前提

《大学》认为"齐家"为治国的重要前提。意即欲治好国，必先治好家。故《大学》强调："其家不可教而能教人者，无之""宜其家人，而后可以教国人""父子兄弟足法，而后民法之也"。

《大学》还高度强调家庭治理得好坏与国家社会的密切关系："一家仁，一国兴仁，一家让，一国兴让。"

3. 突出"治国平天下"为儒家道德的最高宗旨

《大学》把"治国平天下"作为儒家伦理道德的最高宗旨，并强调国君与国家兴亡的至密关系，认为君主为一国之表率，君主孝则百姓亦孝，君主尊长则庶民亦尊长，君主仁爱则国盛，君主暴戾则国衰。如："一人贪戾，一国作乱……一言偾事，一人定国。"

《大学》还列举尧、舜仁爱兴国及桀、纣暴戾而亡天下，对比论证国君与国家兴衰的重要关系。

综上所述，《大学》高度强调个人修养与国家政治的密切关系，指出："身修而后家齐，家齐而后国治，国治而后天下平。"

（二）强调仁、爱、诚、孝、义为儒家德育的核心智慧

《大学》德育的核心是对孔子《论语》的弘扬，这对儒家伦理教育起到了重要作用。

1. 强调"仁"德智慧

《大学》极为强调仁爱、仁义及义利三者的关系。《大学》突出强调孔子的仁爱，"唯仁人为能爱人"，指出国君必须以仁道为最高德行，"为人君，止于仁，为人臣，止于敬"。对于仁义之间的密切关系，《大学》中说："未有上好仁而下不好义者。"朱熹《四书章句》释之曰："上好仁以爱其下，则下好仁以忠其上。"即认为仁爱是上对下，忠义是下对上的关系。对义利关系，《大学》认为义重于利，"国不以利为利，以义为利也"。

2. 突出"诚"德智慧

《大学》很重视"诚"德，并认为诚乃正心之本，"诚"为诚意、诚心、诚实之意，是明辨事物的前提。"欲正其心者，先诚其意，欲诚其意者，先致其知，致知在格物"。《大学》还强调"意诚而后心正"。

3. 重视"孝"德智慧

《大学》十分重视孝道，高度强调孝慈、贤亲是家庭社会的重要道德，如曰："为人子，止于孝；为人父，止于慈；与国人交，止于信"，"君子贤其贤而亲其亲，小人乐其乐而利其利"。

《大学》还告诫人们"孝者所以事君也，悌者所以事长也"，要"平天下"必先"兴孝""兴悌"，"上老老而民兴孝，上长长而民与悌"。

（三）提出"明明德、亲民、至善"为大学智慧之道

《大学》提出大学之道为"明明德、亲民、至善"。其中"明明德、亲民、至善"为大学之道的三纲，实现此三纲的措施又为八条，即：格物、致

知、诚意、正心、修身、齐家、治国、平天下。

大学之道以"三纲"为要,"三纲"又以"至善"为最高宗旨。"至善"指道德至善,正如原文所指出的"道盛德至善"。而至德至善的最高准则又是仁爱、仁义,其中的核心为"仁",《大学》认为个人和国家都必须"兴仁","一家仁,一国兴仁"。

《大学》三纲还以"亲民"为要领,"亲民",程颐、朱熹皆作"新民"。新、革新、日新,指自己明德之后,还要推以及人,使天下之人皆重视德育。正如朱熹所说:"新者,革其旧之谓也,言既自明其明德,又当推以及人,使之亦有以去其旧染之污也。"(《四书章句·大学》)

三纲之首为"在明明德",明德,即指未明德者当先明其德,已明德者又当不使其被染。"德"指仁义礼智固有的道德。

总之,笃行三纲,诚心道德,使天下臣民皆达到至德至善的境界,便是大学之道的宗旨。

三、《大学》在中国思想文化中的地位及其影响

《大学》在中国思想文化中曾占有重要地位,并产生了相当深刻的影响。

(一)《大学》为儒家经典著作,对儒学思想产生了重要影响

《大学》,宋代即被程颐高度重视,并将其从《礼记》中抽出独立成篇,从而成为儒家重要经典著作。朱熹将《大学》与《论语》《孟子》《中庸》合为"四书",并著《四书集注》一书,在当时产生了重大影响,随之,《四书集注》被官方定为教材,并成为历代科举考试的标准。

《大学》在儒家思想占有重要地位,对儒学思想的发展起到了重要作用,并对封建社会意识形态的建立产生了深刻的影响。其中,《大学》突出强调的"修身、齐家、治国、平天下"思想影响最为深远,主要意义如下:

第一,高度强调个人修养与社会的关系,对中华民族文化素质的提高产生了积极的作用。

第二,重视治家与治国的关系,对社会的稳定所产生的影响同样是毋庸置疑的。

第三,突出伦理,强调仁诚。

(二)《大学》是一部儒家伦理智慧总纲,对儒家伦理的发展起到了重要作用

《大学》非常强调人的伦理道德,特别是仁、义、忠、孝,目的在于达到至德至善的境界。

《大学》的伦理思想强调个人修养对国家社会的作用,重视个人与群体的关系,突出了儒学政治伦理的特点,对儒家思想的发展产生了重要影响。

(三)《大学》对孔子治国智慧的继承和发展做出了不朽的贡献

孔子思想主要反映于《论语》,《大学》是对《论语》的继承和发展,主要反映于以下几方面。

第一,《大学》高度强调人在社会中的价值及责任,重视个人在国家社会中的作用和影响,重视个人对社会的参与精神,这和儒家积极的入世观是相合拍的,也是对孔子思想的继承。

第二,《大学》高度重视个人伦理与社会政治的关系,这也是对儒家政治伦理的完备和发展。"一人贪戾,一国作乱",这对激发个人提高修养是有积极意义的。

第三,《大学》高度强调家庭与社会的关系,认为治家才能治国,所谓"齐家"才能"治国平天下",并突出"一家仁,一国兴仁;一家让,一国兴让"的思想,丰富了孔子儒家社会学的内容。这一观点不仅在历史上起到了积极的作用,即使在当今社会也是应该借鉴的。

四、《大学》智慧名言名句

欲治其国者,先齐其家;欲齐其家者,先修其身。(《大学·序》)

此为《大学》著名的纲领性论断。它强调个人、家庭与社会三者之间的

依存关系,尤其突出个人修身在社会中的重大意义。

　　自天子以至于庶人,壹是皆以修身为本。(《大学·序》)

　　本句的中心论点是天子修德与庶民同重。在封建社会早期,这一思想无疑代表了新兴力量,是具有积极意义的。

　　苟日新,日日新,又日新。(《大学·一章》)

　　此句是对《易传》"日新才能盛德"思想的发挥,反映了儒家欣欣向荣的发展观,对后世产生了很大的影响。

　　一人贪戾,一国作乱。(《大学·八章》)

　　本句强调君主对国家兴亡的重要意义。《大学》列举了"尧、舜率天下以仁,而民从之;桀、纣率天下以暴,而民从之",意在突出君主的作用,虽较偏激,但在封建社会早期,这样的观点,其产生的积极意义仍然是不可低估的。

　　国不以利为利,以义为利也。(《大学·八章》)

　　此句鲜明地反映了儒家义重于利的义利观,是对见利忘义的无情鞭挞,对后世影响甚大。

第四节　《中庸》大智慧

　　《中庸》《大学》是"四书"中的两部,在中国思想史中皆占有重要地位。其中《中庸》是方法论的宝典,《大学》是治国、伦理的圭臬,两部书字数虽少却微言大义,不愧为一字千金之巨著。

一、《中庸》是儒家重要智慧

　　《中庸》是重要的哲学及政治伦理的著作,全书字数虽少,却字字珠玑,闪烁着光辉的哲理，它所倡导的中庸之道对中国人的思想产生了重大影响。

中庸之道，即中正之道。中庸之道源于《易经》的"中行""中正"及《尚书》中的"允执厥中"的思想，孔子发展为"过犹不及"的思想，后被朱熹大力倡举。

中庸是中行、中正的方法论及思想准则，决非"和稀泥"的折衷思想可以相提并论。

《中庸》和《大学》一样，原为《礼记》的篇章，后被宋代理学家程颐将其独立，并加以整理。南宋大儒朱熹又将其与《论语》《孟子》《大学》合为"四书"，并作《四书章句集注》。从此，《中庸》被列为经学之一，地位也愈加提高。

朱熹在《中庸章句》中对"中庸"一词注曰："中者，不偏不倚，无过不及之名；庸者，平常也。子程子曰：'不偏之谓中，不易之谓庸。中者，天下之正道；庸者，天下之定理。'"

《中庸》原为儒者对《易经》"中行""中正"及孔子"过犹不及"的阐发，经程颐及朱熹的弘扬后，上升为儒家行为准则的教科书，历代影响很大。

《中庸》成书于战国至西汉之际，相传为子思所作。现通行本为明朝嘉靖年间所刊的朱熹的《四书章句集注》本。

二、《中庸》主要思想智慧

（一）《中庸》杰出的"中道"智慧

"中道"是《中庸》的核心，正如书中所说："从容中道，圣人也。"中道即"尚中"，是《中庸》的核心理论，包括"执中"及"中和"两大观点。

中，正中；庸，用也，故中庸即用中、执中。《中庸》顾名思义是以弘扬中庸之道为宗旨的，《中庸》的中庸之道主要包括三大内涵。

1. 执中

《中庸》认为"执中"是认识及处理事物的方法论准则。执中，即《易经》提出的"中行"（《易经·夬卦》）和《尚书》提出的"允执厥中"（《尚书·大禹谟》）以及孔子的"无过不及"无异。其原则正如《中庸》引用孔

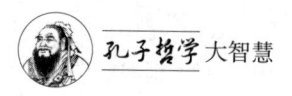

子所说的："执其两端，用其中于民。"

朱熹在《四书章句集注·中庸》中阐述到："盖凡物皆有两端，如小大厚薄之类，于善之中又执其两端而量度以取中，然后用之。"可见，朱熹在孔子"执两用中"的基础上，进一步提出任何事物都存在着对立的两端，只有把两端有机地统一起来才能做出正确决定。这个最恰当的统一便是"度"，"将两端来量度取一个恰好处"（《朱子语类·卷六十三》）。因此，执中，就是对这个"度"的权宜，这也就是"中庸"的内涵为"用中"的深意。

杨力启示

《中庸》强调的"执中"，指凡遇对立的事物，必须把握对其统一的"度"，权衡这个"度"便是《中庸》最重要的方法论准则，也是《中庸》最宝贵的智慧。

2. 中正

中正，即不偏不倚。正如《中庸》所说："中立而不倚。"

朱熹《四书章句集注·中庸》注曰："倚，偏者也。"并引程子所说："不偏之谓中。"

中正，除指处事的中立不倚之外，还指品质的正直。正如《尚书·洪范》所说"王道正直""中立而不移"。

总之，中正，既指认识事物的方法论，也指为人处事的道德观，因此"中正"一直被儒家作为行为道德的最高准则。

3. 中和

"和"，是儒家的传统观念，孔子十分贵"和"。《论语·学而》中说："礼之用，和为贵。"《中庸》对"和"做了重要的阐释，指出"中和"为中庸的重要内涵之一。《中庸》指出："致中和，天地位焉，万物育焉。"

何谓中和？《中庸》解释为："喜怒哀乐之未发，谓之中；发而皆中节，谓之和。"意思是说，"中"是人的本性，"中和"乃人之大道。正如《中庸》所说："中也者，天下之大本也；和也者，天下之达道也。"

但中和的原则绝非折衷主义的"和稀泥"，而是在一定原则下的"和"，正如《中庸》所说的"君子和而不流"。

孔子对此也早有论述，如"君子和而不同，小人同而不和"（《论语·学而》）。

> **杨力启示**
>
> 综观古代，韩非子法家较偏颇过激，老子道家则多贵柔弱，而孔子儒家主张中和。孔子说："和为贵。"（《论语·学而》）

（二）《中庸》重视"诚德"

"诚"，也是儒家的重要伦理内容，除《大学》做了论述之外，《中庸》也做了比较突出的阐述。

1.《中庸》提出"诚"是中庸之道的根本

《中庸》认为要实现中庸之道，必须要有诚德，强调"诚"是中道的根本前提。如曰："诚者，天之道也；诚之者，人之道也。"

《中庸》强调"至诚"是"至明"的前提，只有至诚才能明物之性，明物之性方能把握执中之度。并且只有至诚至明才能料事如神，正如《中庸》所强调的"至诚如神"（二十三章）："唯天下至诚，为能尽其性；能尽其性，则能尽人之性；能尽人之性，则能尽物之性；能尽物之性，则可以赞天地之化育；可以赞天地之化育，则可以与天地参矣。"

其中，"能尽人之性，则能尽物之性"，说明充分发挥主观能动性对认识客观事物具有重大意义。

2.《中庸》强调"明""诚"统一是中庸智慧的前提

《中庸》认为"诚""明"是人的本性，二者相辅相成。所谓："自诚明，谓之性；自明诚，谓之教。诚则明矣，明则诚矣。"

朱熹解释说："诚则无不明矣，明则可以至于诚矣。"（《四书章句集注·中庸》）他高度强调"诚""明"二者的依存关系，即先有决心（"诚"）再去实践（"明"），在实践中去把握中道之度。这是《中庸》诚明观的主旨。

总之，《中庸》强调要达到"至诚"的境界最终才能"明物"。

《中庸》的"至诚",强调发挥主观能动性对认识客观世界具有重要意义,这一观点无疑是具有积极意义的。当然,《中庸》过分强调"诚"(主观思想)的作用,不免落入先验论的泥坑,为汉儒天人感应及宋明理学、心学的唯心主义先验论提供了理论依据。如"至诚之道,可以前知。国家将兴,必有祯祥;国家将亡,必有妖孽",无疑已涉嫌唯心主义先验论之误。

> **杨力启示**
>
> 《中庸》的诚明观在认识论上具有唯物和唯心的两重性,对后世儒家思想无论积极的和消极的方面皆产生了重要影响。

三、《中庸》的历史地位及其影响

(一)《中庸》对儒家思想智慧的弘扬起到了重要作用

《中庸》对儒家学说最大的贡献,即在于对中庸思想的继承及完备。

中庸思想源远流长,在《易经》《尚书》中都有论述。

如《易经》中有"得尚于中行"(《易·泰·九二》)、"中行独复"(《易·复·六四》)、"有孚中行"(《易·益·六三》)、"中行无咎"(《易·姤·九五》),说明在《易经》已经开创了中行思想的道路。《尚书》也提出了"允执厥中"的执中观点。表明中庸思想在我国的发端很早。

《易传》则把中庸思想做了进一步发展,在《易经》"中行"的基础上提出"中正""中道",如"九二贞吉,得中道也"(《易·解·象》)、"尚中正也"(《易·讼·象传》),都指出了中庸之道包含思想方法及道德准则。

《论语》及《孟子》在《易经》的影响下,对中庸思想做了重要的发展。《论语》强调"执两用中""过犹不及"。《孟子》也极为重视"中道","孔子不得中道而与之,必也狂狷乎",指出行为进退得宜必须要有一定的度。

《礼记·中庸》的突出贡献在于把《中庸》列为专篇进行阐述,对突出儒家中庸之道产生了很大的影响。以后,经程颐的整理及朱熹的推崇,《中庸》成为"四书五经"之一,这对儒家中庸之道的弘扬起到了重要的作用。

(二)《中庸》对封建社会意识形态的发展产生了重要影响

宋代大思想家朱熹把《中庸》列入"四书"之中,并作《四书章句集注》一书后,《中庸》被作为封建社会的官定教材。从此,中庸思想的地位被抬得很高,成为封建社会上层建筑的重要组成部分,对封建社会意识形态的发展产生了重要影响。

(三)《中庸》对儒家政治伦理的提高起到了积极的作用

《中庸》促进了儒家伦理的政治化,中庸之道的中行、中正思想是儒家政治伦理的重要内涵。长此以往,执中、中正,成为儒家的行为准则,也形成了中国人"尚中道"的一大特色,对中华民族的向心力产生了影响,对中国历史上的统一起到了积极的促进作用。

杨力启示

综上所述,《中庸》是儒家学术思想的重要组成部分,对封建社会的意识形态产生了重要的影响,尤其对中国人的"尚中"伦理智慧起到了很大的影响。

四、《中庸》智慧名言名句

中立而不倚。(《中庸·九章》)

中立,指中正;不倚,即不偏不倚,意即强调思想行为遵行不偏不倚之中道。

中也者,天下之大本也。(《中庸·序》)

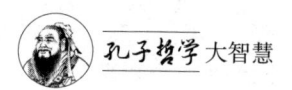

中,即正中,言无过不及,包括执中、用中、中立、中正等原则,因广涉思想方法、行为准则及道德规范,为天下万民所推崇,故认为是"天下之大本也"。

致中和,天地位焉。(《中庸·序》)

致,致使;中和,和谐,有一定的自然节度是为中和之本性。正如《中庸》所强调的:"喜怒哀乐之未发,谓之中,发而皆中节,谓之和。"

君子中庸,小人反中庸。(《中庸·一章》)

该句指出正直的人主张中庸,只有小人才反对中庸,意在强调中庸的重要意义。

君子而时中。(《中庸·一章》)

时中,朱熹《四书章句集注·中庸》解释为"随时以处中",指既要有"执中"的原则性,又要有"随时"的灵活性才能准确把握中庸的"度"。

君子和而不流。(《中庸·九章》)

指中和并非随大流"和稀泥"的折衷主义,而是坚持一定原则的中正、中行。

凡事预则立,不预则废。(《中庸·十九章》)

主张凡事应当先有周密的考虑,才能取得把握度的主动性。

诚者,天之道也。(《中庸·十九章》)

《中庸》认为"诚"乃实现中庸之道的前提,有诚心始能明辨事物,能明辨事物方可把握执中之度,正所谓"至诚之道,可以前知"。

从容中道,圣人也。(《中庸·十九章》)

中道，即中庸之道，"从容中道"表明了《中庸》尚中的重要思想，对强调儒家的中道观起到了重要的历史作用。

唯天下至诚，为能经纶天下之大经。（《中庸·三十一章》）

至诚，指诚的最高境界。所谓至诚，指能尽人的本性去认识事物的人，也即能充分发挥主观能动性的人，才能更好地改造客观世界，正所谓"能尽人之性，则能尽物之性"。全句指至诚方能领悟天下之至理。

第十四章　孔子国学智慧治天下

儒学是国学的核心，儒学的兴衰史和中国社会发展有很大的关系，一部儒学史，可以说就是一部中国社会发展史。

儒学、易学、经学、孔学四大学派共同构成了中国封建社会由孔子时代到清末两千五百年间的思想主干，成为中国历史上的奇观。

一个学术派别，竟支配和影响一个国家思想文化达两千五百年之久，不仅在中国是独一无二的，即使在世界也是绝无仅有的，所以我们不得不承认这一思想在中国传统文化中的主干地位。

第一节　不同凡响的孔子儒学

儒家是以政治伦理为核心的思想学派，一部儒家发展史相当于一部中国社会政治发展史。

正如元朝统治者所说，治天下，必用儒术。

落叶归根。无论飞得再高，跳得再远的海外赤子，到头来都会想着回到祖国，这就是儒家几千年来以其特有的向心力和凝聚力为中华民族烙下的民族魂胎印的缘故。

世界上四大文明古国——中国、埃及、印度、希腊，皆有为世界文化做出灿烂贡献的传统文化。现在，埃及文化、印度佛教文化、希腊文化都还在延续着，闪耀着不朽的光辉，代表中国传统文化的儒易文化也应批判地继承和弘扬下去。

当前，世界上存在着三种情况：一些国家经济发达、科学先进，但传统文化不发达,如美国、英国、法国;有些国家有悠久的文化,但经济、科技远远落后于文化,如中国、印度、埃及;而一些国家则是既有发达的经济、先进的科技,又保持着具有民族特色的传统文化,如日本、希腊。第三种国家当然是最理想的。

儒学主要经历了孔子创立、孟子中兴、汉代独尊、宋代鼎盛及清末衰落五个重要发展阶段,这五个阶段反映了儒学两千五百年来的发生、发展、兴盛及衰落的状况。

儒家思想由于既有大一统思想,又有维系小家庭的优势,非常适合封建社会的生产关系,故一经产生便得到了中国几乎历代统治者的青睐。儒家思想的双重性,即有阶级性的,又有一定的大众性,正是儒家思想能长久延续的缘故。

> **杨力启示**
>
> 儒学以其巨大的凝聚力,深深地把中国文化植根于东方土壤之中,为中华文化成为东方文化的主流奠定了基础。两千五百多年来,以中华文化为代表的东方文化一直屹立在地球的东方,和西方文化抗争、并存,共同为人类文明的发展做出了不朽的贡献,这和儒学有着密切不可分的关系。

第二节 孔子创立儒家学派及其巨大影响

孔子是儒家学派的宗师,他的主要贡献是奠定了儒学的基本思想,确立了儒学的主要经典并对儒学进行了弘扬及传播。

一、儒家思想智慧产生的先驱

儒,即儒雅文明,正如司马迁所概括的:"儒雅之林,综理古文,宣明旧艺,咸劝儒者,以成王化者也。"(《史记·儒林列传》)

我国儒家思想源远流长,早在尧舜时代便已有了忠孝思想的宗传。《诗

经》《尚书》《易经》都有记述。

"鲂鱼赪尾，王室如毁。虽则如毁，父母孔迩。"（《诗经·汝坟》）记载了当时民间的孝道。

"瞽子，父顽，母嚚，象傲；克谐，以孝烝烝，乂不格奸。"（《尚书·尧典》）赞美了舜对父母的孝顺以及与家庭和谐的美德。

"王假有庙，利见大人。"（《易·萃卦》）记载了君王到家庙祭祀祖先的事例。

尧、舜、禹、汤、文王、武王、周公都是古代儒家思想的先驱，其中，尧、舜、禹被传为古代贤君，尧、舜施仁政，大禹治水，汤灭夏桀而开创商代，文王任贤良施仁政强周族，武王灭殷建西周，周公辅成王"制礼作乐""敬德保民"。他们施行的仁政都成为儒家早期思想的渊源，正如孔子所总结的："祖述尧舜，宪章文武。"（《礼记·中庸》）

根据文献记载，儒家思想在文王、武王时期即已不是单纯的维护以血缘关系为纽带的宗法制度，而是已经开始向社会化、全民化的文明阶段过渡。这说明到西周，以周公为代表的儒家礼、乐、仁、孝体系即已经比较成熟了，所以孔子才不断地"梦周公"和"吾从周"。

总之，在孔子以前西周文王、周公时期即已形成了以孝、悌、仁、礼为核心的早期儒家思想，为孔子创立以仁、礼、孝、悌为中心的儒家思想体系奠定了基础。

二、从周公到孔子

任何一门学术思想的产生都是和当时社会经济的发展有着密切关系的。孔子生活的时代正值春秋时期，奴隶制社会崩溃，早期封建经济体制开始萌芽。

铁器的使用，促进了生产力的发展，奴隶制贵族转变为封建地主，农民取代了奴隶，井田制瓦解了，新的生产关系开始了。新的生产关系必然要求有新的上层建筑相适应，亦即需要有维护封建社会新的政治体系和经济结构的新思想体系。但以周公为代表的早期儒家思想已经不能适应了，新兴的封建地主阶级要求有新的代表思想。

孔子为何提出"仁"？

处于这一急剧变革时期的孔子也难以适应，他十分向往西周，提出"克己复礼"，但孔子已意识到当时社会已"礼崩乐坏"，不进行实质性的改变难以复"礼"，因而提出"仁"，以便挽回"礼"。目的在于充实和加强"礼"的内涵，如孔子说："人而不仁，如礼何？人而不仁，如乐何？"（《论语·八佾》）

孔子强调仁，是对儒家思想体系的最大贡献。从周公的礼乐到孔子的仁礼是儒家思想体系的重大飞跃，儒家学术思想完成了从重形式到重内涵的质变，这对中华民族的文明产生了深刻的影响。

杨力启示

> 孔子强调仁，具有时代的意义，仁与礼的形式与内容的统一，组成了儒学思想体系的核心，对儒学成为中国两千多年的主导思想产生了深远的影响。

三、孔子奠定了儒学的基本思想智慧

（一）孔子奠定了以仁为核心、以礼为形式的儒学基本思想智慧

孔子既把礼称作至高无上的道德，又把仁作为为人的最高境界，从而使仁礼升华为儒家思想体系的主干，这是孔子对儒学最大的发展。

孔子"仁"的主要内涵为：爱人、为人及树人。"樊迟问仁。子曰：'爱人'。"（《论语·颜渊》）"何事于仁，必也圣乎！尧舜其犹病诸！夫仁者，己欲立而立人，己欲达而达人。"（《论语·雍也》）

孔子的爱人观饱含博爱，是世界上最早的仁爱，是超越血缘关系的爱。把血缘的爱社会化，是孔子对人类文明最大的贡献。孔子认为爱人高于一切，表现在他的马厩失火后，孔子第一句话问的是人伤了没有，而不是问他的马。

孔子的"达人""立人""己所不欲，勿施于人"都反映了他爱人、为

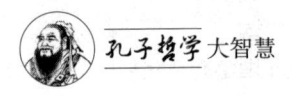

人、树人的思想。

孔子的"礼"是周礼,即"克己复礼",然却又是加入了"仁"内涵的"礼"。

孔子提出"为国以礼"(《论语·先进》),反映了孔子礼的最高境界。

孔子提出的"正名"更增加了礼的内涵,其"正名"的精神实质就是要遵循"君君,臣臣,父父,子子"的名位,即君要像君,臣要像臣,父要像父,子要像子,否则就要发生僭越,就要"天下无道"。

杨力启示

周礼经过孔子的充实后已经成为适应于维护封建社会经济制度的礼,在中国漫长的封建社会的各个阶段都起到了重要的历史作用。

孔子将周公时代的仁、礼做了重大的发展,奠定了儒家思想体系,礼使儒家思想从周公时代进入了孔子时代。

(二)孔子执中智慧开了儒家中庸智慧的先声

孔子提出:"过犹不及。"(《论语·先进》)意即要执《易经》中行、中正的思想方法,不偏不倚,弘扬中道。

孔子在《易经》"中行""中正"及《尚书》"执中"的基础上进行了发展,提出了"中庸之德",使"中行"从认识方法升华为思想境界,从而使中庸具有了方法论及道德观的两重性,为中庸之道的发展创造了条件。

"中庸之为德也,其至矣乎!民鲜久矣。"(《论语·雍也》)"中庸之德"的提出,指出为人必须公正,即正直、正派,从而又使"仁"的含义更上了一个层次。

孔子"中庸之德"的提出,补充和完备了儒家思想体系,并为孟子提出"中道"及子思著《中庸》创造了条件。从此,中庸之道不仅成为儒学的特质,而且也成为中国传统文化的宝贵品质之一。

> **杨力启示**
>
> 孔子以仁、礼、中庸为核心，奠定了儒家思想体系的基本纲领，也意味着儒家学派开始成熟。

（三）孔子以孝悌作为儒学思想智慧的重要组成部分

孝悌虽然在古代早已被传为美德，但真正对孝悌大发展的仍然是孔子。孔子对孝悌的最大贡献是把"忠"和"孝"相并列，从而使孝悌超越了血缘宗法的局限，向社会化质变。忠孝是孝悌的飞越，象征着人类文明的进步。

孔子提出孝悌为仁之本。他说："孝悌也者，其为仁之本与？"（《论语·学而》）即强调孝为仁之本，仁为礼之内涵，孝、仁、礼共为儒家政治伦理的核心。

孔子的孝悌思想在封建伦理中是很有积极意义的，大大增强了儒家思想的人情味和家庭味，这也是儒家思想历久不衰的重要原因。

> **杨力启示**
>
> 综上所述，孔子在西周文王、周公早期儒家思想的基础上进行了创造性的发展，在周礼的基础上加强了仁学，建立了以仁礼为基础的儒家思想体系的核心，为儒家学派的创立奠定了基础。

第三节 孔子弟子对儒家思想的传播发展

孔子去世后，其弟子对儒家思想的传播和发展做出了重要的贡献。

一、《易传》的诞生是儒家智慧对中国文化的伟大贡献

《易传》是孔子及其弟子的思想结晶，但主要撰写人可能为子夏及商瞿等弟子。子夏是孔子弟子中整理文献的秀才，商瞿是孔子易学传授最好的学生。

子夏作有《子夏易传》，是中国最早的个人《易传》。商瞿研《易》笃深，是孔子传《易》的桥梁之一。据司马迁记载："孔子传《易》于瞿，瞿传楚人馯臂子弘，弘传江东人矫子庸疵。"（《史记·仲尼弟子列传》）

《易传》的诞生是儒家思想对中国文化的伟大贡献。首先，《易传》是儒家对《易经》的发展，儒家伦理思想的注入，使《易传》脱掉了占卜的外衣，升华为一部伟大的哲学巨著，儒家仁义观和积极有为思想的注入，又使《易传》质变为一部伟大的社会学著作，千百年来被广大人民所接受，对中华民族的精神气质产生了重大影响。

《易传》的诞生对易学的发展产生了极为重要的影响。反过来，《易传》的诞生又对儒家思想的发展产生了重要的反馈作用。

《易传》精湛的哲理使儒学高度哲理化，辩证法思想及阴阳矛盾法则、阴阳刚柔原理、象数原理、变易观、太极宇宙本体论等成为儒学的重要理论基础，这对儒学理论的发展产生了重大影响。

> **杨力启示**
>
> 《易传》成为儒学的经典著作极大地增强了儒学思想的理论性，《易传》和其他经典一起组成了经学，成为儒学思想的理论指导，对儒学的扩大及延伸起到了巨大的推动作用。
>
> 汉代以后，《易经》成为"六经"之首，对儒学的影响越发不可估量，从此，易儒思想相辅相成，共同成为传统文化的核心，主宰中国思想文化达两千余年之久。

二、子思作《中庸》是对儒学智慧的重大补充

（一）子思是孔子的嫡孙

子思（前483年—前403），孔子的孙子，即孔鲤之子，名伋，鲁国人。

子思对儒学的主要贡献是撰《中庸》。《汉书·艺文志》载"《子思》二十三篇""《中庸说》二篇"，但《礼记》中只保存了《中庸》以及另外几篇。

《孟子》中有关于子思的片断记载。如费惠公尊子思为师："费惠公曰：吾于子思，则师之矣。"（《孟子·万章下》）

司马迁《史记·孔子世家》关于子思的记载如下："孔子生鲤，字伯鱼。伯鱼年五十，先孔子死。伯鱼生伋，字子思，年六十二。尝困于宋。子思作《中庸》。"

（二）《中庸》对儒学的巨大贡献

1. 《中庸》是对孔子中庸智慧的重大发展

《中庸》提出"中立而不倚"，对孔子中庸思想进行了阐述。

子思认为孔子中庸思想的原则即"中立而不倚"，所谓中立，《中庸》原文释之曰："中立而不倚。"

"中立而不倚"是对孔子"过犹不及"的阐述。如何才能中立？子思提出"中和""时中"及"中节"。所谓"中和"，《中庸》指出，"中也者，天下之大本也，和也者，天下之达道也""致中和，天地位焉，万物育焉"。即言"持中"是天下大道的准则。"时中""中节"，指掌握一定的适度，关键在于"执其两端，用其中于民"。

中庸的关键在于把握和创造矛盾转化的时空条件，既要按照自然之性掌握中立，又要把握矛盾转化的条件，即通过事物的正反两极，执其转化的条件，促进转化，以缓和矛盾。具体表现为，在仁、义、忠、礼、孝等伦理观念发生矛盾的时候应执其中，以缓和矛盾。

总之，《中庸》的"中立不倚"对孔子的中庸之道做了发挥，从认识论、方法论上对儒家思想进行了重要的发展，使儒家伦理更富有哲理和魅力。

2. 《中庸》提出"诚"，丰富了孔子的"仁"

诚的提出是《中庸》对孔子仁学的又一补充。

何谓诚？《中庸》云："诚者，天之道也；诚之者，人之道也。"即《中庸》把"诚"看作是和天道一样的高境界，并提出"至诚"思想。

"唯天下至诚，为能尽其性。能尽其性，则能尽人之性。"

"唯天下至诚，为能经纶天下之大经，立天下之大本，知天地之化育。"

即强调"诚"是最高境界的人道，至诚的人才能把握天下大道。子思的

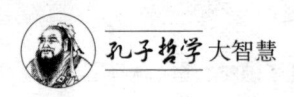

"至诚"虽然把人的力量扩大化了,但却对孟子的"仁也者,人也"作了发展,进一步强调了人际关系的重要性。

《中庸》还指出"诚"与"善"的关系:"不明乎善,不诚乎身矣。"对孟子的"诚""仁"和"性善论"的提出产生了影响。

子思的"至诚"对朱熹理学也产生了很大的影响,朱熹提出"至诚"即"天理"。

(三)《中庸》对儒学智慧的重大影响

《中庸》对儒学的主要发展在于提出"中立不倚",进一步阐发了孔子的中庸之道,并提出了"诚",丰富了儒学的仁学。因此,《中庸》是继《易传》之后的又一杰作。

《中庸》的产生,既发展了孔子的思想,又启迪了孟子,子思对儒家思想的传播起到了承前启后的作用。《中庸》的"诚""仁"观对孟子影响很大,如《史记·孟荀列传》称"孟子受业于子思之门人"。子思与孟子的观点后人称为思孟学派,对先秦儒学及宋明理学的发展影响很大。

> **杨力启示**
>
> 《中庸》对儒家产生较大的影响是在宋代之后,宋代朱熹将《中庸》与《大学》《论语》《孟子》组成"四书",并定为儒家经典和封建社会的科举应试科目,使《中庸》的地位大为提高。朱熹还作《中庸章句集注》,使中庸智慧在子思的基础上有进一步发展,对中国封建社会的意识形态的建立产生了深刻的影响。

第四节 孟子中兴儒学的大智慧

一、孟子是儒家第二智圣

孟子(前372—前289),名轲,师承子思。他一生最崇拜孔子,就像孔

子崇拜周公一样，他说："乃所愿，则学孔子也。"(《孟子·公孙丑上》)

孟子的一生和孔子的经历极为相似，同样游说诸国宣传自己的政治主张，却终未得志，晚年率弟子万章整理《诗》《书》，继承孔子思想的同时撰《孟子》阐述自己的观点。

孟子所处的时代是战国中期诸侯争霸的战争年代，封建经济体制已经形成，各诸侯国为巩固封建统治，需要有新的上层建筑，孟子的思想正是在新的历史条件下应运而生的。新的历史需要有新的思想相适应，故孟子对孔子的思想做了新的发展也属历史的必然。

二、孟子对儒学治国智慧的巨大贡献

孟子对儒学学术智慧的贡献主要在于进一步发展了孔子的仁学，并提出了仁义观及王道仁政，从而为儒家思想体系的核心奠定了基石。

（一）孟子强调"仁义"，增强了儒家伦理的道德价值

孟子把义与仁并列，提出儒家伦理的核心是"仁义"，大大增强了儒家伦理道德的价值观。

孟子首先强调仁，并在孔子仁爱的基础上进行了发展，加强了仁爱的亲情血缘关系，使儒家的仁爱更具有人性及人情味。孟子提出"亲亲"仁爱，认为"亲亲，仁也"(《孟子·尽心上》)，他还突出人在仁中的价值观，说："仁也者，人也。"这反映了孟子仁爱的全面性，既重视客观血缘的亲爱，又重视主观为人的仁爱。

孟子对孔子思想的发展还体现在打破了孔子的仁礼观，提出了仁、义，并将仁、义并列作为儒家伦理的核心，为儒学思想体系的发展做出了重大贡献。

孟子认为义的主要内涵为："义，人路也"(《孟子·告子上》)"义，人之正路也"(《孟子·离娄上》)，即言义为人的道德规范的准则。孟子提出的"舍生取义"和孔子的"杀身成仁"象征着大仁大义的最高境界。

在义利观方面，孔子主张重义轻利，孟子主张先义后利，说明孟子在义利观的统一方面比孔子前进了一步。如他说："苟为后义而先利，不夺不餍。未有仁而遗其亲者也，未有义而后其君者也。"(《孟子·梁惠王上》)

上述说明，孟子的仁义观是多层次和高境界的，增强了儒家伦理的价值，对中国社会上层意识形态产生了极为深远的影响。

（二）孟子提出"王道主义"，对孔子的"人道主义"进行了重要发展

孟子的王道是其仁义观政治化的体现。即孟子把仁义从伦理范畴推及政治，把仁义不仅视为人伦的最高规范，而且是君王的治国准则。他说："王何必曰利？亦有仁义而已矣。"（《孟子·梁惠王上》）

孟子建立了以仁义为核心的王道主义。孔子突出人道主义，确立了人的基本公德，即仁、礼、孝、贤，孟子在孔子人道主义的基础上做了进一步的发展，从为人的基本公德上升到为王的境界情操，意味着人伦的升华。故孟子王道主义的准则为仁、义、礼、智，是对孔子伦理思想的进一步政治化。

孟子的王道主义，实际上也是对孔子"正名"的发展，孔子的"君君，臣臣，父父，子子"，即强调君臣父子各正其位、各正其名，即君要崇君的尊位，臣要正臣的名分。孟子的王道观也是对孔子天命观的超越，由天道向王道的发展，反映了孟子积极有为及强调人为主义的思想特点。

孟子的王道主义更重要的基础在于"本民"，他的重民思想也是历史发展的必然。孟子处战国时期，频繁的战争给人民带来了极大的痛苦，人民渴望仁政，反对苛政，所以孟子坚决主张"民为贵""君为轻"（《孟子·尽心下》），这种思想是合乎历史潮流的。

总之，孟子强调王道是对儒家伦理观及政治观的重大发展。

（三）孟子提出"人性善"，是对儒家人性论的重大发展

在人性方面，孔子只提出："性相近也，习相远也。"（《论语·阳货》）对人性的善恶未做明确表示。而孟子则鲜明提出"人性善"。他说："人皆可以为尧舜。"（《孟子·告子下》）

孟子提出"人性善"，是在孔子"性相近"的影响下产生的。孟子认为，"凡同类者，举相似也"（《孟子·告子上》），即人都是同类的，因此性也应相同，从而提出："人性之善也，犹水之就下也。"（《孟子·告子上》）"人无

有不善，水无有不下。"（《孟子·告子上》）

其实人性在很大程度上受着阶级的影响和生产力、时代的局限，客观的人性论应该是自然本质与社会本质的统一，所以人性论应充分承认其差异性。

孟子提出"性善"，告子言"性恶"，其实人之初有善也有恶。人之初自然本质本身就有差异，受社会本质的影响就更不用说了，因此，孟子只承认人性本善是片面的。

但孟子的性善论也有重要的积极意义，他将性善论政治化，上升为王道仁政的理论基础，从而强调要施行仁政，这是孟子思想积极的一面。如他说："人皆有不忍人之心。先王有不忍人之心，斯有不忍人之政矣。以不忍人之心，行不忍人之政，治天下可运之掌上。"（《孟子·公孙丑上》）

故"孟子道性善，言必称尧舜"。他主张仁政，提出以民为本，认为"民为贵，社稷次之，君为轻"（《孟子·尽心下》），这都说明他的仁政是以"性善"为基础的。

> **杨力启示**
>
> 孟子的性善论过分强调了人的自然本质，而忽视了人的社会本质，也即忽视了人性的阶级性，因而是抽象的人性论。它否认了人性的质的规定性，即过分强调了人性的同一性而忽视了差异性。

总之，孟子把性善论和王道仁政紧密结合，将人性论高度政治化、社会化，是对儒家人性理论的发展，也是对儒家政治伦理思想的重大突破。

（四）孟子思想智慧对儒学发展的巨大影响

1. 孟子对儒家思想起到了中兴作用

孔子死后，其思想为七十二弟子相传，儒家思想即开始分散，有八派之别。即："有子张之儒，有子思之儒，有颜氏之儒，有孟氏之儒，有漆雕氏之儒，有仲良氏之儒，有孙氏之儒，有乐正氏之儒。"（《韩非子·显学》）

其中，子思对儒家起到了重振作用，子思死后，儒学又陷于分散，孟子

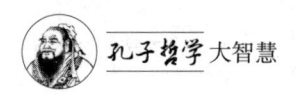

的中兴使儒学战胜了战国时期的其他诸子学派，尤其胜过墨家、道家、杨朱学派，从而获得显学的地位。儒家思想能在诸子百家蜂起的时候中兴，和孟子的努力是分不开的。

2. 孟子为孔孟之道成为儒学正宗发挥了重要作用

孔子以仁礼作为儒学思想的核心，孟子提出"义"，并以仁义作为儒家思想的中心，从而为孔孟之道成为儒家正宗思想奠定了基石。

后儒承认孟子是子思的再传弟子，是孔子的嫡派，孟子也确为孔子思想最杰出的继承和发展者。故魏晋之后便孔孟并称，汉代被尊为亚圣，宋代被朱熹推崇，清代更被抬高。

孟子发展了孔子的仁政，并以捍卫孔子思想为己任，他既得思孟学派的誉称，又获孔孟之道的名位，他的学术思想既弘扬了前儒，又启发了后学。孟子"序《诗》《书》，述仲尼之意，作《孟子》七篇"（《史记·孟子荀卿列传》），《孟子》后被朱熹与《论语》《大学》《中庸》并列为"四书"，作为儒家的经典，从此孔孟之道在儒学的正宗地位更得到了确立和巩固，对后世影响很大。

3. 孟子为儒家学派成为正统起到了重要作用

孟子带来的儒学中兴是继孔子之后儒家学派的又一高峰。孟子在孔子伦理政治化的基础上做了很大程度的发展，强调了王道仁政及民本思想，是儒学对政治的重要贡献，引起了历史上贤君的注意，受到历代不少统治者的推崇，为儒家学派成为正统起到了很大作用。

孟子和孔子一样，宣传儒家思想是为了实现自己的政治抱负。孟子在孔子的基础上把伦理和政治高度结合，突出了儒学思想积极有为、爱国治国的特点，从而为儒家思想成为中国两千多年的正统思想打下了基础。

杨力启示

综上所述，孟子继承了孔子思想并进行了发展和传播，不但使儒学出现了中兴，而且为儒学成为中国古代两千多年来的正统思想奠定了基础，故孟子对儒学以及中国古代思想的影响仅次于孔子。

第五节　董仲舒儒学大智慧

董仲舒是儒学中期的重要人物，他对儒学的发展起到了划时代的作用。

董仲舒对儒学的重大发展包括提出"独尊儒术"、树立"三纲五常"、力倡"大一统"及大兴经学，这些重大举措皆获得了不同阶层的赏识，对之后两千年的中国社会产生了深刻影响。董仲舒是儒家思想的里程碑式的人物，如果说孔子是儒学思想的创始人，那么董仲舒则堪称儒学大发展的开山大师。

董仲舒的儒学思想是西汉政治经济发展在上层意识领域的反映，是顺应当时社会发展的需要而产生的，从当时的历史条件看，董仲舒对西汉政治经济的发展起到了促进作用，因此他的思想是有一定积极性的。

杨力启示

董仲舒对儒学的影响是不可估量的，他把儒学发展到了一个新的阶段，对儒学成为两千年封建社会的正统思想起到了巨大的推动作用。

董仲舒是汉代著名思想家、政治家，汉代大儒。

董仲舒思想的核心是儒家思想。他提出的"罢黜百家，独尊儒术"为汉武帝所采纳，从此开创了儒学统治中国达两千余年的新纪元。

他的"三纲五常"对封建统治的巩固起到了很大的作用。另一方面，他的"天人感应"观却是非进步性的、唯心主义的，在此基础上他又提出"君权天授"，为封建统治阶级的专制提供了哲学依据。

董仲舒把封建君权天意化，目的在于为统治阶级的合法化建立理论依据，有利于封建君主制的巩固。因此，在汉代，董仲舒曾被抬到相当的高度。

大一统思想是董仲舒的主要政治思想，它对加强封建中央集权的统治及国家社会的稳定起到了重要作用。

董仲舒的哲学思想及政治观，对汉代的社会思想及历史发展，无论积极方面和消极方面都产生了很大的影响。

一、董仲舒提出"独尊儒术"为儒家成为正统起到了重要的作用

经历了春秋战国时期的长期分裂和战乱,秦朝虽然短暂统一,但很快又陷入分裂,到了汉代尽管政权上获得了统一,但中央集权尚不稳固。尤其学术思想在战国时期百家争鸣的延续下,斗争十分尖锐,儒、墨、法、道、杨朱等互不相让。思想的分裂,严重地阻碍了政治的巩固。

西汉初期,适应政治统一和经济发展的需要,为避免割据和分裂,树立统一的思想,董仲舒提出"独尊儒术",这是历史发展的必然。

董仲舒的意见很快被汉武帝采纳了。何以能"独尊儒术"?因为在当时的各学术派别中,法家随着秦朝的灭亡而衰落下去,黄老道家的无为之治显然不适应汉代的新兴,墨家又受其经济体制思想的限制而缺乏大为之志,杨朱、庄周的为我、任其自然的观点更不能承担治大国的指导思想。

唯有儒家积极有为的大一统思想最能适应汉代政治经济统一发展的要求,故儒家思想成为汉武帝的首选,这既是儒家思想的优势所决定,也是历史的必然。"独尊儒术"并非董仲舒个人的能力,但他的建议和积极努力,客观上为儒家成为汉代的正统思想做出了重大贡献,并从此开创了儒家思想成为中国两千年封建社会主导思想的先河。

二、董仲舒名著《春秋繁露》为弘扬儒家大一统思想做出了重大贡献

大一统思想是儒家学术思想的珍贵内容。儒家大一统思想源远流长。

自从炎黄二帝于涿鹿之野战蚩尤统一中原后,中华民族便开始了统一与分裂的大搏斗,历代都曾经为此付出了代价,从而也涌现了不少影响朝代统一和分裂的人物。周公便是历史上著名的统一国家者。周武王死后,成王幼小,周公为巩固统一曾亲自数次出征平定叛乱,为西周的统一奠定了坚实的基础,同时也成为儒家大一统的开山者。

孔子经历了春秋乱世后,深感国家统一的必要性,其统一思想注入《春

董仲舒

秋》，传于子夏，子夏又传于公羊高。公羊高作《春秋公羊传》，强调"大一统"（《公羊传·隐公元年》），孟子也有"定于一"（《孟子·滕文王上》）的观点，说明先秦时期儒家大一统思想已基本形成。

董仲舒以《春秋公羊传》大一统思想为旗帜，提出"罢黜百家，独尊儒术"的建议，通过和汉武帝著名的"天人三策"问答后，其大一统思想被汉武帝所采纳，西汉的统一和盛世再一次证实了儒家大一统思想有益于国家和民族的统一。

杨力启示

从此，儒家大一统思想在中国历史上产生了深远的影响，包括近代康有为的"大同"思想及孙中山先生的"天下为公"思想，莫不受其影响，大一统思想为中国的统一及民族的团结起到了积极的作用。

三、董仲舒提出"三纲五常"，为儒家伦理纲常的政治化起到了重要作用

儒家思想体系是以社会伦理思想为中心的体系，儒家高度重视伦理纲常。

儒家伦理从孔子到孟子经历了人道主义到王道主义的阶段，即儒家伦理由孔子的社会化到孟子的政治化，而董仲舒则将其进一步政治化。

董仲舒在孔子"君君，臣臣，父父，子子"及孟子的"亲亲""尊尊"的基础上提出"三纲、五常"，并确定为人伦的核心。

"三纲"指君臣、父子、夫妇三种人伦关系及人际关系，即君为臣纲、父为子纲、夫为妻纲，其宗旨是要求君贤臣忠、父慈子孝、夫义妻顺，目的在于提高君主的权威，以维护封建君主专制的统治。如曰："天子受命于天，诸侯受命于天子，子受命于父，臣受命于君，妻受命于夫。"（《春秋繁露·顺命》）

"五常"即仁、义、礼、忠、信。

"三纲五常"加强了封建等级观念，为维护封建宗法等级制度起到了重要的作用。由于董仲舒的"三纲五常"集中概括了儒家伦理的主体，极为符合封建社会要求的人际关系，故颇受封建统治者的重视。特别是董仲舒把"君权天授"和"三纲五常"相结合，提出"天不变，道亦不变"，即突出天不变封建伦理道德亦不变的思想，从而把儒家伦理高度神权化、政治化，对宋代朱熹"存天理、灭人欲"的思想产生了深刻的影响，并对封建社会上层意识形态的发展起到了重要的作用。

四、董仲舒对经学大兴起到了积极的作用

西汉随着儒学的独尊，儒学的经典著作也随之大倡。在董仲舒的影响下，儒学被有雄才大略的汉武帝定为正统，儒学的经典——《诗》《书》《礼》《易》《春秋》也就超越了法典，成为官方御定的权威书籍。

董仲舒尤其推崇孔子的《春秋》及公羊高的《春秋公羊传》，他认为《春秋》是讲治国的微言大义，《春秋公羊传》则是讲大一统的宏言高论。董仲舒弘扬《春秋》为经学的复苏打开了局面，使经学从秦始皇"焚书坑儒"的低谷中走出来。

五经之所以既被知识分子所赞同，又被君王所赏识，原因之一在于以《春秋》为代表的大一统思想，符合汉代方兴的需要。

汉武帝在董仲舒等经学大师的倡议下积极发展经学，使经学大兴，并使之逐渐成为中国封建社会文化的正统。在汉武帝的支持下，董仲舒建五经十二博士，传授儒家经典，阐发五经中的智慧。

杨力启示

汉代实行"罢去诸子传记博士，单立五经博士"，规定通晓儒学的人才能做官，并以官方名义组织人力"编定和训诂儒家经典"。

官方的一切制度也以儒家仁、义、礼、智、信为依据，这样就使儒学成为国学，儒家思想也成为维护封建统治的正统思想。从此，儒学成为主宰中国思想达两千多年的代表思想。

五、董仲舒大一统治国智慧的历史意义

从中国的历史发展中可以得出一条规律，即凡是国家处于统一的时代，即呈现出繁荣富强的景象，没有战争，人民安居乐业，生产力获得提高，科学文化也得到了发展，如西汉时期的"文景之治"、唐太宗时期的"贞观之治"等；反之，分裂时期则烽火延年，战争频繁，人民怨声载道，生产发展迟滞，科学技术落后，如春秋战国时期、魏晋南北朝时期等。这都说明统一对社会发展有促进作用。

经过秦末的分裂和战乱，进入西汉后，人民要求统一，渴望稳定，因此统一的思想代表了进步的思想。要维护政权的统一就要求有统一的思想，西汉从战争进入和平时期后，秦朝法家的那一套酷制已经不适合了，取以仁、礼为重的儒家为治国的指导思想，与当时的历史是相符合的。

法家太刚，不适于和平时期；道家过柔，有碍于生产力的发展；因此，董仲舒举荐孔孟儒家思想，得到了汉武帝的坚决支持，说明大一统思想在当时是有时代意义的，是应该肯定的。至于客观上压抑了其他思想的发展以及在封建社会后期成为生产发展的阻力，又当历史辩证地看待。

> **杨力启示**
>
> 大一统思想毕竟是封建专制主义在意识形态上的反映，因此，在封建社会新兴的地主阶级发展时期，以儒家思想为核心的大一统思想代表着生机蓬勃的生产力，但当进入到封建社会的衰落期时，这种思想必然成为束缚，必然受到冲击，这同样是历史的必然。

六、董仲舒大一统治国智慧的历史影响

大一统思想出典于《春秋公羊传》："元年者何，君之始年也。……何言乎王正月，大一统也。"

董仲舒继承和发扬了《春秋公羊传》的大一统思想，对汉代政权的统一

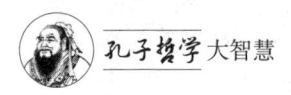

以及中国封建社会长时期的统一起到了重要的作用。大一统思想千百年来已经转化为中华民族强大的凝聚力,已经成为中华民族的传家宝,从汉武帝到毛泽东到当代,最高统治者无不是以中国的统一为肩任。

从炎黄二帝联盟打败蚩尤统一了中原后,中华民族便日益繁衍强盛起来,也日益感受到统一对和平强盛的益处。统一,自古以来便为人们所渴求,从《春秋公羊传》的"大一统"到康有为的"大同",无论儒家、法家都概莫能外。

董仲舒力倡《春秋公羊传》的大一统思想,被有雄才大略的汉武帝所采纳,统一了学术思想,统一了政治制度,从而使汉代成为一个政权高度集中、思想高度统一、社会稳定发展的朝代。

> **杨力启示**
>
> 董仲舒高度强调的大一统思想,是在《春秋公羊传》的基础上进一步发展而来的,之后又被宋明理学大家朱熹等弘扬,他们把"大一统"思想发展为"正统"。清末康有为的《大同书》也是本于《春秋公羊传》和董仲舒的"大一统"思想的,其主要思想为"大同之世,天下为公",是对古代"大一统"思想的发扬。可见董仲舒在中国大一统思想的发展过程中起到了承先启后的枢纽作用。

七、董学评价

(一)对汉代大一统的巨大影响

董仲舒在汉代是一位非常有影响的思想家,他可以说是汉武帝的顾问,被尊为汉代的"孔子"及汉代的首席大儒。

自从"天人对策"被汉武帝采用后,董仲舒的地位日益提高,他的"君权天授""罢黜百家,独尊儒术"及"三纲五常"思想在汉代都产生了深远的影响,对汉代皇权的巩固和社会的安定起到了巨大的作用。因为董仲舒的倡举,儒学在汉代大兴,并受到了官方皇权的大力支持,研习儒学已成为求取功名利禄的途径。汉武帝规定只立五经博士,这样儒学一时间被抬到了显赫的地位,不但对汉代,而且对后代影响都极大。

董仲舒的"独尊儒术",不但影响了汉代的文化思想,而且渗入了汉代的政治,使汉代以德治、民本为主,彻底改变秦朝时的法治、刑治。

董仲舒的"大一统思想",对汉代的中央集权的统治起到了加固的作用。他的"道之大,原出于天,天不变则道亦不变"的形而上学观点,为汉代封建君主专制的合法地位提供了依据,对巩固封建社会的统治起到了积极的作用。

总之,董仲舒的哲学思想及政治思想对汉代的文化思想及历史发展,无论从积极的和消极的方面都产生了较大的影响。

(二)对后世儒学的重大影响

董仲舒的学术思想对儒学的发展起到了承先启后的作用。

第一,在天道观方面,董仲舒在古代的天命、天道思想的基础上,提出了"天人感应"的观点,包括"君权天授""尊君""天谴论"等,对后世产生了深刻的影响。其中,董仲舒的"天意"对宋明程朱理学的影响尤大,和程朱的"天理"是一脉相承的。

第二,在人道观方面,董仲舒提出"三纲五常",把儒学伦理高度政治化,影响中国长达两千余年,宋明理学时期及清朝尤被推崇,直至五四运动时期才被打破。

第三,董仲舒提出的"独尊儒术",被急需巩固中央集权的汉武帝所采纳。以后在两千多年的封建社会中,儒学便一直成为封建君主巩固封建专制的思想武器。

总之,董仲舒独尊儒术,大力提倡尊孔读经,传授儒家经典,为儒学及经学的发展起到了重要的推动作用。

综上所述,汉代是儒学发展的又一重要时期,由于董仲舒的建议和汉武帝的支持,开创了儒学成为正统的新纪元。从此儒学正式登上了中国封建社会的政治舞台,为中国封建社会的巩固起到了巨大的作用。

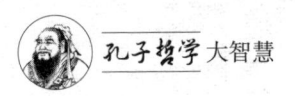

第六节 朱熹儒学大智慧

一、朱熹开创了儒学智慧的鼎盛时期

朱熹是我国封建社会中后期对儒家的发展影响最大的人物,他既是宋以前儒学的集大成者,又是宋以后对儒学最有创造性发挥的人物。他把程朱理学注入儒学,把儒学的发展推到了鼎盛的阶段。从宋后期至元、明、清约七百年间,儒学都成为官方学派,居统治地位,这和朱熹是分不开的。

南宋长期偏安东南,人民要求统一的心情甚为迫切,儒家思想具有强大的凝聚力和向心力,故很符合封建君主专制制度的需要。

更重要的是,由于朱熹把儒学思想理学化、天理化,宣扬君权天授,故深受封建君主的青睐。另一方面,儒家思想尽管是维护封建统治利益的,但由于具有大一统的优势,因此也符合中下层人民的要求,而这一切是黄老道家及其他学派所不能及的。

朱熹

> **杨力启示**
>
> 所以,朱熹在封建社会已转入后期阶段还能把儒家再次推向高峰,并且愈抬愈高,这实非朱熹个人的能力,而是历史发展的必然。

二、朱熹是儒学圣人

朱熹,南宋大儒,大思想家,是继孔子之后的中国文化圣人。

朱熹代表着宋明理学的最高成就,他的核心观点是"理",这个"理"是天理,他的天理是哲学、政治、伦理高度结合的。

朱熹提出"明天理，灭人欲"，并把"三纲五常"注入天理，从而把封建伦理道德抬到了至高无上的位置，对维护封建秩序起到了重大作用。所以朱熹被封建统治者推崇到无以复加的地位，其思想影响中国达七八百年之久，被称为封建社会中后期的圣人。

朱熹的思想成为宋、元、明、清四个朝代的核心，代表着新儒学的巅峰。其哲学思想的成就相当于我国哲学发展史上的一个螺旋圈。他的重要贡献在于把《小戴礼记》中的《大学》《中庸》，与《论语》《孟子》合为"四书"，与"五经"并列为儒家经典；他的《四书集注》被作为儒学经典的权威著作，成为科举考试的教材；《周易本义》是易学的代表著作之一，有重要的学术价值，被历代易学家奉为易学的经典著作；《朱子语类》是其学术思想的代表著作，为宋代理学的集大成，也是儒学思想重要的代表作之一。

三、朱熹把儒家"三纲五常"提高到天理智慧的高度

朱熹把儒家"三纲五常"提高到天理的高度，认为封建伦理和天理并存，进一步强化了儒家伦理在中国封建意识形态中的主体地位。

> **杨力启示**
>
> 朱熹提出"性即理"，把人性论提高到宇宙观的高度，尽管是客观唯心主义的东西，但把人性论哲理化、宇宙本体化，是对儒家伦理观念的新发展。

在汉代董仲舒"三纲五常"的基础上，朱熹做了进一步的加强。

朱熹认为，"纲，网上之大绳也。三纲者，君为臣纲，父为子纲，夫为妻纲。"（《论语集注·为政》）

"三纲"包括了封建伦理道德的三个基本要素，即：忠、孝、节。

"五常"即：仁、义、礼、智、信，五行之性也。（《周子全书·通书·诚下解》）

"五常"包括了封建社会的人际关系的基本准则。

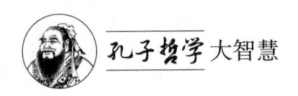

朱熹提出要"重振纲纪"。(《朱子文集·戊申封事》)

他认为"三纲五常"是"国之纲纪",重振纲纪在于维护封建社会的统治。

朱熹把"三纲五常"提高到天理的高度,把封建社会上层意识神圣化,认为封建伦理纲常是天经地义的,"三纲五常"就是天理。他说:"所谓天理,复是何物?仁、义、礼、智、信岂不是天理?君臣、父子、兄弟、夫妇、朋友岂不是天理?"(《答吴斗甫》,《朱子文集》卷五十九)

所谓"人欲",朱熹说:"人欲者,心之疾疢,循之则其心私且邪。"(《朱子文集·辛丑延和奏札二》)人欲即指违反封建伦理的邪念。

> **杨力启示**
>
> 总之,朱熹认为违背"三纲五常"即大逆不道,必天诛地灭,从而把儒家伦理高度政治化,进一步巩固了儒家思想官方学派的地位。"三纲五常"从此成为维护封建统治的工具。

四、朱熹把"四书"经典化,为儒家智慧奠定了坚实的基础

朱熹对儒学发展的又一重大贡献是把"四书"经典化。具体表现为把《中庸》与《大学》《论语》《孟子》组成"四书"刊刻于世,从此"四书"在封建社会中后期七百年间成为官方教材及科举考试科目,在封建社会教育学中影响甚大。

朱熹刊刻"四书"之后,又撰写了著名的《四书集注》,吸收了理学思想,奠定了儒家理学体系,使儒家思想理学化,并进入了新的发展阶段。

"四书"的经典化、理学化,又充实了儒家封建伦理纲常的理论基础。

由于"四书"是以伦理修养为主的典籍,与"五经"相比更通俗易懂。朱熹把"四书"作为儒家经典及教材后,"四书"对普及和发展儒家思想起到了积极的作用。

> **杨力启示**
>
> 经学是儒学的重要内容，朱熹在汉代重"五经"的基础上，加强了"四书"，使"四书""五经"共同成为经学的主干，极大地增强了儒学的理论水平。经学的被重视，更加巩固了儒家思想的正统地位，在历史上对中华民族文化素质的形成产生了巨大的影响。

五、朱熹把儒学理学化从而把儒学推向了封建社会中后期的巅峰

朱熹作《四书集注》，并充分注入了他的理学思想，奠定了儒学理学基础。

朱熹理学提出"存天理，灭人欲"，天理，即封建道德伦理规范；人欲，指与封建上层意识相忤逆的观念。

"存天理，灭人欲"，如违反则天理难容，强化了封建社会上层意识观念，成为儒学理学思想的核心。

儒学理学化的主要意义在于把儒学伦理纲常天理化，神圣化，为维护封建意识形态及巩固封建社会起到了重要的作用。

> **杨力启示**
>
> 总之，朱熹把儒学理学化，从而把儒学推向了封建社会中后期思想意识形态的巅峰，对儒学成为中国封建社会的思想主干起到了巨大的作用。

第七节　朱熹思想的评价及其历史地位

朱熹思想有着非常庞大的体系，包括哲学思想、伦理思想、政治思想等几个大方面，对它的评价也应具体进行。

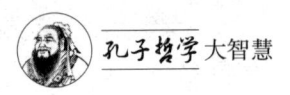

一、朱熹哲学智慧的评价

朱熹哲学思想的成就主要是继承和发展了周、张、二程的思想,把宋代的理学推向了顶峰。他的哲学思想的最大特点是把二程的"理"学和张载的"气"学相结合,给二程的唯心主义理学注入了唯物主义的成分,极大地丰富了理学的范畴。有人说朱熹的哲学思想很像黑格尔哲学,是一个把意识与物质的关系倒置了的哲学体系,朱熹的哲学思想总结了南宋以前的唯心主义思想,并在深度和广度上进行了发展。因此,他的哲学思想成为中国封建社会唯心主义的集大成。

朱熹的哲学思想是唯心的,但从哲学思想发展史的角度来看,朱熹的哲学思想是中国哲学发展史中重要的一环,正如有的史学家评价的,是中国哲学发展螺旋形上升的一个大圆圈。

> **杨力启示**
>
> 朱熹哲学思想处于张载、二程和王夫之的中点,对宋明哲学思想的发展起到了承先启后的作用,没有朱熹的哲学思想,便没有王夫之的集大成。因此,朱熹的哲学思想虽然是中国客观唯心主义的典范,但在中国哲学发展的长河中也起到了后浪推前浪的作用。另外,朱熹哲学也是封建社会意识形态最完备的阶段,标志着封建社会上层建筑的成熟。

二、朱熹理学智慧的评价

朱熹理学成为封建社会的正统,为维护封建宗法制度提供了理论基础。朱熹认为"理"是宇宙万物的普遍真理,是万事万物的最高标准,这个本体是超时空的,是先天地而存在的独立的精神观念。如他说:"理也者,形而上之道也。"(《朱子文集·答黄道夫书》)

朱熹把天理作为儒家伦理道德的化身,把"三纲五常"宗法化。由于朱熹用理学的最高哲理武装了儒家伦理,把儒家伦理哲学化,就更加强了儒家伦理的政治性,对巩固封建专制统治和中央集权起到了很大的作用。

朱熹理学把儒家伦理哲学化，形成了儒学的新特点，对儒学的巩固和发展起到了推动作用。他提出的"存天理，灭人欲"的思想成为新儒学的总纲。他认为人人都具有先天的善性，都有恢复善性的责任，天理和人欲之间的关系是天理存则人欲亡，人欲胜则天理灭，"天理人欲，不容并立"，并在此基础上把儒家传统"重义轻利"的原则进行了发扬。

总之，朱熹把"理"作为封建专制道德伦理的理论基础，从而把理学政治化、社会化，提高了理学的地位和价值，最终把理学升到了官方哲学的位置。

另外，朱熹理学的又一特点是容纳了佛学、老子的哲理。朱熹的"理一分殊"（天理虽然只有一个，但事事皆有这个理）和佛学的"月印山川"（天上虽然只有一个月亮，但万川皆可普照）相一致，他的"道"和老子的"道"都是超常的绝对先验观念。由于朱熹理学和佛、老观点相通，互相之间相得益彰，使得朱熹理学具有更广泛的社会容纳度，这也是朱熹理学能流传久远的社会因素之一。

杨力启示

> 朱熹理学进一步增强了儒家伦理的社会化、政治化，对以社会伦理为主体的儒学地位的再提高起到了重要作用。也就是说，朱熹从哲理的高度恢复了儒家伦理的道德，对宋代儒学的发展产生重要影响。

三、对朱熹历史影响的评价

对朱熹思想的评价，应该以历史唯物主义和辩证唯物主义的观点进行评价。在当时的历史条件下，朱熹理学和封建经济是适应的，而且有利于封建专制制度的巩固，因此，朱熹思想对中国封建社会中后期的发展是起到了积极作用的。

另外，应把朱熹本人与被封建统治者吹捧起来的朱熹相区别，也应分清朱熹思想和被统治阶级御用的朱熹思想，还原朱熹本来的历史作用。

朱熹把"三纲五常"提高到天理的地位，把人们的思想禁锢于宗法制度的圈子里，阻碍了人们思想的发展，对资本主义经济的萌芽不利，对中国长

期停留在封建社会阶段产生了一定的影响。因此，朱熹思想又有消极和落后的一面。

另外，朱熹的思想不但在哲学思想、历史文化、道德教育等方面对中国封建社会产生了深刻的影响，而且在法律、艺术等方面也起到了一定的作用。

朱熹被誉为"孔子再世""亚圣"，他的思想被封建社会中后期的统治者抬为至高无上的官学，统治中国达八百年之久，对封建社会中后期的社会发展产生了极深刻的影响。

朱熹对中国经学、易学、哲学、理学的发展做出了巨大的贡献，他对中国封建社会思想、文化发展的影响仅次于孔子。

朱熹理学提出"存天理，灭人欲"，天理，即封建道德伦理规范，人欲，指与封建上层意识形态相忤逆的观念。应"存天理，灭人欲"，违反则天理难容，这一思想强化了封建社会上层形态，成为儒学理学思想的新核心。

朱熹死后，其思想日益被封建统治者推崇，并被抬到封建社会最高意识形态的程度，从而使儒家思想成为官方正统思想，历经宋、元、明、清几个朝代，历时八百年之久。

朱熹的"天理"包含着宇宙本体论思想，尽管是唯心主义的，但他把儒家思想哲理化，提高到宇宙观的高度，对后儒如王夫之等唯物主义思想的发展起到了刺激作用，并且对提高儒家的学术水平及扩大儒家思想的影响起到了促进作用。

综上所述，朱熹为宋代儒学的代表，是继孟子之后对儒家贡献和影响最大的儒学家。他的主要贡献在于把儒学纳入程朱理学，使儒学的范畴更大，从而增强了儒学的思想性，提高了儒学思想的哲理水平和思辩性，扩大了儒学的影响，为儒学成为中国宋元明清封建社会思想的正统起到了巨大的促进作用。这就是后世把朱熹与孔子并列的缘故。

第八节　王夫之儒学大智慧

明清时期是儒学盛极而衰的时期，儒学在此阶段的突出业绩有三：一是王夫之将儒学的唯物主义哲学水平推到了古代的顶峰；二是黄宗羲将儒学发展到了今文经学的高度；三是明清封建君主把儒家纲常名教作为君主立法制纪的纲领。

一、王夫之把明清儒学智慧高度哲理化

王夫之将儒学的唯物主义哲学推到了古代的顶峰。

王夫之在张载的基础上，通过对易学唯物主义哲学的发展，提高了儒学的哲学水平，把儒学从宋明理学中解脱出来，恢复了儒学经学的原貌。

王夫之对儒学最大的贡献是否定朱熹的客观唯心主义的"天理"及陆王主观唯心主义的"心即理也"的思想，强调"理是气之理"（《读四书大全说》）。张载在《易经》气本体的基础上提出"太虚即气"的唯物主义宇宙本体观，王夫之在其基础上提出"理在气中，气无非理"（《张子正蒙注·太和》）的理气统一论。

王夫之的气本体论是对程朱理学的理本体论及陆王心本体论的否定。他在批驳了程朱的客观唯心主义及陆王主观唯心主义的基础上提了唯物主义本体观，把儒家哲学思想推到了一个崭新的高度。

王夫之

王夫之的唯物主义观既是古代唯物主义哲学的最高水平，也是儒家哲理的最高阶段。

对宇宙本体论的探讨，是哲学界对世界观的最高水平，对本体论的认识往往是一个思想学派哲学水平高度的反映。为了对本体论做进一步探索，王夫之还对《易经》的"形而上者谓之道，形而下者谓之器"进行了阐述，认为"道"与"器"是阴阳的统一体。他说："统此一物，形而上者谓之道，形而下者谓之器，无非一阴一阳之和而成。"（《思问录内篇》）

朱熹把"道"发展为"理",高度强调了道的"形而上",认为道是脱离器之外而独立存在的,把道、器相割裂,以此来证实了他的客观唯心主义思想体系。王夫之则提出"道者器之道"(《周易外传·卷五》),强调"道本器末",道是总体,器是个别,充分反映了他彻底的唯物主义思想。

总之,王夫之对宇宙本体论唯物主义的解释,把易学的哲理水平提高到一个更高的层次,同时也把儒学推到了古代哲学的最前沿,从哲学的角度又进一步扩大了儒学的影响。

二、王夫之把清代儒学智慧高度经典化

经学是儒学的主体,是封建社会意识形态的核心。从孔子开始便把《诗》《书》《礼》《易》《春秋》作为经学的基础。汉武帝时独尊儒术,以孔子思想为代表的"六经"才正式成为法定经典。

汉代经学又分为汉武帝时期推崇的用时文解释六经的今文经学,及西汉末年王莽利用刘歆提倡的用先秦古文(孔子宅壁中发现的以《周礼》等为主、用先秦古籀文字书写的经书)注释的古文经学。

唐代经学有了重要发展,唐太宗御敕孔颖达主编的《五经正义》标志着经学发展的又一高峰。

宋代,以朱熹为代表的宋学,制定了四书(《大学》《中庸》《论语》《孟子》),从而确立了以"四书五经"为核心的经学体系,之后,"四书五经"便被官定成为经学的正统。

清朝是古代经学发展的顶峰,顾炎武及黄宗羲、王夫之、黄宗炎都为经学的振兴发挥了重大作用。

顾炎武的经学是以易学为核心的,他极为推崇《易经》,如他说:"尽天下之书,皆可以注《易》;而尽天下注《易》之书,不能以尽《易》……《诗》《书》执《礼》之文,无一而非《易》也;下至《春秋》二百四十二年之行事,秦汉以下史书,百代存亡之迹,有一不注于《易》者乎。"(《与友人论〈易〉书》,载《亭林文集》卷三)

王夫之以"六经责我开生面"为己任,突出理性思辨与经验见闻相结合,从而对清代儒学的经典化产生了影响。

清代经学注重考证、训诂，故又称为"朴学"。以顾炎武为代表的"朴学"为清代乾嘉经学（古文今学派）的发展起到了重要的推动作用。乾隆皇帝敕修的《四库全书》经学以四十四卷的内容列于篇首，可谓盛极。正如《四库全书总目·经部总叙》所说："经禀圣裁，垂列万世，删定之旨，如日中天……自汉以后垂二千年，儒者沿波，学风六变。"

《四库全书》将经学分为十类，"曰易、曰书、曰诗、曰礼、曰春秋、曰孝经、曰五经总义、曰四书、曰乐、曰小学"。

清代经学的昌盛，说明儒学智慧已高度经学化，标志着儒学的发展又上了一个新的台阶。

> **杨力启示**
>
> 明清儒学虽然在哲学方面超越了理学，但在政治思想尤其是伦理纲常方面仍然为理学的延伸，其"三纲五常"的贯彻比宋元时期有过之而无不及，并且开始陷入僵化。封建礼教成了封建专制制度的卫道纲领。
>
> 封建纲常名教的高度极端化，是因为"三纲五常"成为这一时期的政治需要，从而也就成为套在人民脖上的枷锁。

综上所述，儒学的发展经历了孔子时代的创立、孟子时代的发展、董仲舒时代的独尊、朱熹时代的至高无上、明末的衰落和清代的鼎盛这样几个时期，尽管儒学已经完成了它的历史使命，但也足以说明儒家思想几乎影响了中国古代社会的历朝历代。可见一部儒学史简直就是一部中国古代社会史，那么发掘儒学中的大智慧也就成为历史的必然。

第九节　孔子儒学智慧在中国文化智慧史上的重大影响

儒学于春秋时期为孔子所创，原本是思想学术派别，自从汉武帝为推行中央集权而接受了董仲舒"罢黜百家，独尊儒术"的建议后，儒学便由学术地位上升为政治地位。以后，儒学在历代几乎皆处于统治地位。

在中国的历史上存在着这样一个事实，即无论哪朝哪代，不管儒家居于

什么地位，儒家伦理对民族精神的影响都没有改变。儒家伦理超时空、跨朝代的历史影响远远超过了它的政治地位。

儒家的大一统思想对维护国家的统一起到了重大作用，其仁义忠孝的思想虽然有局限和保守的一面，但其向心力有利于民族的凝聚和社会的稳定。

历史告诉我们，思想的统一对政治的统一有着重要的促进作用，政治的统一无疑对国家的统一又有着决定性的影响。中国历史上一次又一次地战胜了分裂，不能说和儒家大一统思想的影响没有关系。

随着市场经济的发展，物质欲望和精神需求的矛盾日益加深，在马列主义毛泽东思想的指导下，合理发挥儒家伦理中的积极部分，对中国经济的发展及社会安定都是不无裨益的。

一、孔子儒学智慧在中国文化史上的主流地位

儒学、儒家几千年来无论在哪个朝代地位都非比一般。唯秦朝由于秦始皇崇法家并"焚书坑儒"，使儒家一度陷于困境。汉武帝时为推行中央集权，接受了董仲舒"罢黜百家，独尊儒术"的建议，使儒学由学术地位上升为政治地位。以后历代儒家都处于正统正宗的地位。儒家和儒学崇高的地位一直持续到1911年的辛亥革命。

儒学除在汉代受到独尊，在宋代也被高举，朱熹把《论语》《孟子》《大学》《中庸》定为四书，倍加推崇，儒者并以《大学》《中庸》与当时传入的佛教相抗衡，使儒学在人们心目中的地位不断提高。儒家之宗师——孔子一直被尊为"孔圣人"，一直到五四运动"打倒孔家店"，儒学的传统地位才有所下降。"文化大革命"后期，"四人帮"提出"打倒孔老二""批孔批儒"又使儒学跌入低谷。

杨力启示

今天，我们应以历史唯物主义的观点对待中国的传统文化，尤其对儒学这样对中国的思想文化、伦理道德、民族风貌、精神素质都有着巨大影响的学派，更应该持有严肃正确的态度。

至于儒教则是带有宗教色彩的儒学的发展，也即儒学的宗教化，不列入本书讨论范围，本书只对其学术思想进行探讨。

二、关于儒家传统伦理的继承问题

儒家伦理的核心是孔子提出的仁、礼、忠、孝。仁的精神是爱人及利他，实质是仁爱，仁是内容，礼是形式，故儒家的伦理核心是仁与礼的统一。不管是野蛮人、文明人，无论哪朝哪代，有阶级、无阶级的社会，只要有人的群体生存的社会就一刻不能没有仁爱，一刻也不能没有孝敬，否则与犬马何异？

礼是一个国家文明程度的标志，无论个人、群体还是国家，都必须有一定的礼，礼是无尚崇高的，儒家的礼认为应有等级贵贱的观点应予以批判，但礼有一定的等级制度还是必要的。

儒家伦理精辟地概括了群体生活的基本公德，具有普遍性，因此从历史上来看，仁义礼忠孝，不但没有受朝代的限制，而且也没有受集团、党派的局限。往往正反两派都以之作为判断精神气质的标准，原因就在于儒家伦理所具有的普遍性。

历史上，尽管是敌对的两个朝政，但"国家兴亡，匹夫有责"却又都为双方的座右铭。两军对垒，杀身成仁、舍生取义的人双方都叹称壮士。诸葛亮虽是刘备的人，但他对蜀国的孝忠和鞠躬尽瘁，连他的对手都无不为之折服。这说明公德是有普遍意义的，并不会受不同集团利益的局限。

> **杨力启示**
>
> 自古以来，不同阶级、不同集团都把仁义忠孝作为陶冶情操的准则，说明公德是超阶级和超集团的，因此儒家思想往往都被不同集团所共识。从而也证实了一条真理：凡是有普遍意义的、传统的精神财富，不应该受集团利益的局限。而儒家思想中的优秀部分正是中国人所共有的精神财富。

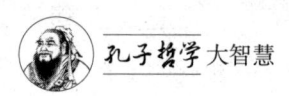

三、儒家"大一统"智慧在中国历史上的贡献

尽管封建社会的忠孝是维护封建统治阶级利益的,但客观上却对家庭的巩固和社会的安定起到了重要作用。家庭是社会最基本的单元,家庭的稳定对社会的安定无疑是重要条件。

儒家的忠孝虽然有局限和保守的一面,但其向心力有利于民族的凝聚。历史上对中国的统一、民族的团结客观上起到了重大的促进作用。

儒家的大一统思想源远流长,除孔子之外,管子便是一位积极主张统一的思想家,如"管仲相桓公,霸诸侯,一匡天下,民到于今受其赐。"(《论语·宪问》)

孟子也力倡统一,如他强调天下必颂"定于一"(《孟子·梁惠王上》)。

首创"大一统"思想的公羊学派,也是属于儒家体系的学派。"元年春月正月。元年者何……何言乎王正月?大一统也!"(《春秋公羊传·隐公元年》)

所谓大一统,即反对分裂割据,主张诸侯上统于天子。

中国历史上,凡是对中国的统一有不朽贡献的人皆和儒家思想有密切关系。如:西周的统一,即是受到了以周公为代表的儒家最早期思想忠孝观的影响;西汉大一统的巩固,又是受到以大儒董仲舒为代表的儒家思想的影响。董仲舒提出:"《春秋》大一统者,天地之常经,古今之通谊也。"(《贤良对策·第三策》)董仲舒对儒家最大的贡献便是以儒家思想统一汉代,为儒家成为中国历史上的正统思想奠定了基础。

大唐时期,佛道虽然兴盛,但儒学、经学对大唐统一的巩固,同样起到了重要作用。宋代经济虽然不如大唐时期繁荣,但学术思想却十分活跃。由于以朱熹为代表的宋儒思想占统治地位,当金人入侵、民族矛盾危重时,儒家思想在激发民族气节、恢复民族自尊和维护国家的统一方面起到了积极的作用。清代康有为提倡大同世界,其《大同书》的宗旨在于强调政治和文化的统一,也是儒家大一统思想的延续。

从上古炎黄战蚩尤统一中原开始,中国的历史总是在统一与分裂不断做斗争的过程中发展的。春秋战国时期诸侯割据,秦始皇兼并六国而建立了第一个封建王朝，获得中国的第一次大一统。秦末统一被项羽和刘邦打破，后刘邦又统一了中国。

三国鼎立，曹操、孙权、刘备建立割据，打破一统。唐代李世民父子又统一了天下，建立了大唐王朝。安史之乱，大唐由盛而衰，开始了藩镇割据，减弱了中央对地方的控制力，动摇了大唐的统一，中国又陷入了长时期的分裂。

北宋时期，金人入侵，宋朝的统一被打破，出现了金、南宋对峙的分裂局面。公元1276年忽必烈灭宋，结束了宋金南北江山对峙的局面，建立元朝，结束了五代以来中国长期分裂的局面，使中国又一次获得统一，并且是一次多民族的统一，为明、清的统一奠定了基础。

历史上导致分裂局面的原因，往往因为统治者缺乏儒家的大一统思想。如东周的诸侯分封，实为统天下复又分天下之故，最后导致周天子失天下。项羽与刘邦虽各占半壁江山，但项羽分封而刘邦握权，最后项羽以力量分散而告终。三国时期魏、吴、蜀三分天下，同样说明了这一问题。

上述历史事实说明，中国尽管经历了无数次分裂的苦难，但还是一次又一次地战胜了分裂，实现了统一，这和儒家的大一统思想的影响是分不开的。

杨力启示

历史告诉我们，思想的统一对政治的统一有着重要的促进作用，政治的统一无疑对国家的统一又有着决定性的影响。这就可以解释为什么历代有雄才大略的帝王都要尊儒家思想为正统，正是因为儒家有着大一统思想体系。尽管儒家思想具有封建思想的局限性，但对加强中央集权，维护国家的统一，使中国没有发生彻底的分裂而保持着大国状态，起到了重要作用。

四、孔子儒家思想智慧的历史价值

儒家思想智慧的价值在于其对中国传统文化具有积极作用。其消极因素，即对封建社会的维护作用已经一去不复返了，儒家思想是不可能再成为中国的统治思想，但儒家思想对中华民族精神气质的铸造，对中国人伦理风范建树的价值却是不可磨灭的。

重振儒家伦理，无须担忧其会成为主导思想，重振无非是与历史的一些传统风范的衔接而已。儒家思想能在亚洲经济腾飞的"四小龙"国家及地区起作用，难道在发源地中国就不能继续？新加坡、韩国、日本的许多企业把儒家的人际关系及伦理风范转化为企业精神，形成了东方独有的生产关系，促进了生产力的发展。

其实，把儒家思想的合理部分以及在历史上和在国外起积极作用的因素和现代的经济体制改革开放相结合，使之在现代发挥作用，应该是对待传统优秀伦理的正确态度。

随着市场经济的发展，在物质欲望和精神需求矛盾日深的情况下，把马列主义、毛泽东思想和传统的儒家思想的优秀部分相结合，即在马列主义毛泽东思想的主导下，合理发挥儒家伦理中的积极部分，对中国的经济发展及社会安定来说是不无裨益的。

历史经验表明，凡盛世皆发展儒家，乱世则诋毁儒家。在当前经济飞速发展与伦理道德滑坡的情况下，把儒家思想中的"见义勇为""见利思义""仁义爱人""己所不欲，勿施于人"等精神加以继承，无疑对社会是有益的。

杨力启示

如果说孔子的半部《论语》即可以治天下，那么一部《易传》则更可以治天下。《易传》对儒学的主要贡献是使儒学思想哲理化。

另外，需要说及，如果说孔子的儒家思想主要体现为政治化和伦理化，那么《易传》则使儒家思想哲理化。《易传》的诞生，标志着儒家理论体系的重大突破，证实了事理、伦理一旦以哲理为指导则必然赋予更大的魅力，尤其《易传》辩证法思想的渗入大大增强了儒家思想体系的思辨力和说服力。

《易经》的阴阳矛盾法则，使儒家思想体系更富哲理性。《易经》的中正观方法论和阴阳刚柔原理、象数变易法则成为儒学思想的理论根据。尤其宋代以后《易传》的唯物辩证法思想成为宋明理学探讨宇宙观的思想基础，对儒学哲学水平的提高以及儒学唯物主义辩证法思想的形成和发展产生了不可估量的影响。

第十五章　总结——孔子儒学智慧对中国及世界文化的巨大贡献

第一节　孔子儒学对中国文明的伟大贡献

一、孔子是文化圣人

毛泽东同志指出:"从孔夫子到孙中山,我们应当给予总结,承继这一份珍贵的遗产。"(《毛泽东选集·中国共产党在民族战争中的地位》)

孔子是中国古代最伟大的思想家、政治家、教育家,他对中国文明、文化的贡献是空前的,在中国的影响达两千五百年之久,故司马迁赞孔子为"高山仰止",还说:"天下君王至于贤人众矣,当时则荣,没则已焉。孔子布衣,传十余世,学者宗之。自天子王侯,中国言六艺者折中于夫子,可谓至圣矣。"(《史记·孔子世家》)

孔子是中国传统文化的奠基人。他倡举以仁礼忠孝为核心的伦理风范,为中华民族素质的铸造起到了重大作用;他兴办文化教育,为中国人民的文化素质的培养起到了积极的作用;他创建儒家学派,为中国思想文化的发展及民族精神的陶冶起到了巨大的作用;他整理《诗》《书》《礼》《易》《春秋》《乐》六经,对中国传统文化的保存及发展起到了不可估量的作用。

孔子开创的易学、孔学、儒学、经学四大学派,成为中国文化的中流砥柱,对制约神学宗教,过滤西方文化,筛选外来思想,捍卫自己民族文化的独立起到了巨大的作用。

孔子"和为贵"以中庸之道为基础的大一统思想,为中国的统一、民族的团结和文化的昌盛都起到了积极作用。

第十五章
总结——孔子儒学智慧对中国及世界文化的巨大贡献

孔子是世界文化巨人,他的影响早已超越了国界,在东南亚及世界都产生了深远的影响。孔子是人类文明的杰出代表,他为人类留下的精神财富是不会磨灭的。孔子创造的文化价值既属于中国也属于世界。

> **杨力启示**
>
> 孔子在中国历史上的地位和影响是超时空的,既然是超时空的,就必然意味着是真理,是真理就不会泯灭。尽管孔子距今已有两千五百多年,但他的思想并没有过时,尤其在当今人类物质欲望不断膨胀与精神境界相对失衡的时期。呼唤孔子伦理思想的回归,将对物质文明和精神文明的统一产生深远的影响。

二、孔子对中国文明的巨大贡献

(一) 孔子对中国文明的巨大贡献

(见本书第四章第二节)

(二) 孔子是中国教育学的先驱

孔子的又一伟大功勋是开创了我国教育学的风范,孔子的教育学思想是非常伟大的。他提出"学而优则仕",反对"血统优则仕"及"出身贵则仕",倡举"有教无类"(受教育者不分贵贱高下)。在当时的历史条件下是非常进步的,和老子的愚民政策截然相反,这也是老子在中华民族的心目中远不能与孔子相媲美的原因之一。

孔子的一生正如他自己所说是"自强不息"的。他认为人应该"学而不厌,诲人不倦"(《论语·述而》),更应该谦虚好学,"不耻下问",并认为"三人行,必有我师焉",因此他大力办学,广招学生,鼓励人们读书学习。

孔子培养了中国一代知识分子,是儒学的中坚。孔子学生有三千之多,出七十二贤人及颜回、子贡、子路、子夏四高足,其中又以颜回为最得意门生。

孔子尤其注重对传统文化的整理,他提倡经学,整理六经典籍,尤其推崇《易经》,并叹曰:"加我数年,五十以学《易》,可以无大过矣。"可见孔子对《易经》的高度重视。孔子的伟大成就之一还在于对《易经》的发扬,相传《易传》为孔子所撰,孔子找到了中华文化的源头。孔子曾"韦编三绝"(即穿束书简的绳子都被磨断了多次,记述他苦研《易经》的程度),晚年还整理史书《春秋》,他一生中为讲授、研究、整理经典文化竭尽全力,费尽了心血。

孔子对中国文化的功勋,正如后人所评价的:"孔子者,中国文化之中心也。无孔子则无中国文化。自孔子以前数千年之文化,赖孔子而传,自孔子以后数千年文化,赖孔子而开。即使自今以后,吾国国民同化于世界各国之新文化,然过去时代之与孔子关系,要为历史上不可磨灭之事实。故虽老子与孔子同生于春秋之时,同为中国之大哲,而其影响于全国全民,则老犹远逊于孔,其他诸子,更不可以并论。则知孔子之地位矣。"(柳诒徵编著:《中国文化史》,中国大百科全书出版社,1988年版,第231页)

三、孔子对中国人文教育的重大影响

孔子是中国伟大的教育家,首创中国私人办学、讲学的风气,首定中国教学科目,为中国人民文化素质的提高立下了不朽功勋。

第一,孔子是中国教育史上的开山大师,首创私人办学。

孔子从三十岁便开始办学,高足七十有二,为中国造就了一大批颇有影响的思想家,对中国思想文化的发展产生了深刻的影响。正如《史记·孔子世家》所说:"孔子以《诗》《书》《礼》《乐》教,弟子盖三千焉,身通六艺者七十有二人。"

如孔子的高足颜回、子贡、子路、子夏、冉求、子思等都为儒学及经学的发展做出了重要贡献,其中子思作《中庸》、子夏补充《易传》,还有许多弟子共同编撰《论语》,都为中国文化的发展做出了重要贡献。

第二,孔子是"万世师表",开创了教育者必先受教育的先声。

孔子是一位伟大的教育家,他的教育思想包括教育他人及被他人教育的双重含义,是教育思想中的最高境界。孔子的一生是教诲别人的一生,也是自省的一生，他以身作则，谦恭好学。他说"三人行，必有我师焉"，又说"发愤忘食，乐以忘忧，不知老之将至云尔"，还说"学而不厌，诲人不倦"。

第三，孔子提出"有教无类"。

孔子的"有教无类"，打破了教育分等级的旧制度，在中国及世界教育史上都具有划时代的意义。

"有教无类"即不分贫富贵贱，任何求学者只要缴纳一点象征性的学费（十条干肉）便可入学。这在两千多年前的中国确是一场了不起的教育革命，从此开创了全民皆可受教育的先河，为中国教育事业的发展做出了不朽的贡献。

"有教无类"使受教育者下移至民间，摧毁了贵族文化的根基，上层贵族垄断文化的历史一去不复返了。

孔子教学不但重视理论还强调实践，制定了《诗》《书》《礼》《易》《乐》《春秋》六经为理论教材，还制定六艺为实践课程，即射、御、数、书、礼、乐，尤其是"六经"两千多年来一直作为儒家的典籍及封建社会官方规定的教材。

> **杨力启示**
>
> 综上所述，孔子通过办学及讲学，制定了一套教育方针及教学方法，开创了中国古代教育事业的先河，培养了大批人才，为中华民族文化素质的提高做出了卓越贡献。孔子不愧是历史公认的"万世师表"。

四、孔子创建儒家国学对宗教神学起到了重要的抗衡作用

孔子创建的儒家学派在汉代成为国学后一直为中国的正统思想，和各种外来的宗教神学相抗衡，捍卫了中国民族文化的独立主体地位。

正因为儒家正统思想的抵制，佛学始终未能成为国教，道教也未能登上国教的位置，避免了西方政教争权成宗教神权政治的局面，对维护中国社会文明和民族文化的发展产生了重要影响。

儒学成为正统学派，避免了宗教垄断局面的产生，从而使经学、儒学都

得到了充分的发展，为中国成为历史悠久的文明古国起到了积极的作用。

杨力启示

当世界上同时期的许多国家都被宗教神权统治的时候，由于儒家正统学派的屹立，使中国得以避免唯心主义的主宰。这对中国唯物主义思想的发展产生了深远影响。

第二节 孔子对中国古代文献的巨大贡献

孔子对中国文化的贡献，堪谓功德无量，他是中国思想文化的重要奠基人，既奠定了中国的古代思想体系的主体结构，又奠定了中国古代文献的基础。

一、孔子奠定了中国古代思想体系的主体结构

中国古代思想体系虽然是多元的，但主体结构仍然是儒家思想，尽管历史上道家、佛家曾一度争雄，但儒家的正统地位始终没有被推翻过。孔子创造的儒家思想体系是以积极有为为核心的，主张涉政入世，倡举关心国家大事，这和黄老的无为而治，主张出世不问政治恰恰相反，因此形成了历史上大多数朝代儒家在朝，道家在野的局面。因为积极参政，儒家思想往往和政治、政权相结合，而且当权者大多数是大儒，从而决定了儒家思想的主宰作用。由于从儒家的经典到儒家的思想体系都被确立为官方的正统地位，儒家思想统治中国达两千多年之久，对社会民众的影响远远胜过其他一切学派。并且由于儒家对佛家、道家的制约、依存，使中国始终保持在以儒学为核心，道学、佛学为外延的一体多元结构，儒道佛三者既互相排斥又互相融一，共为中国思想的发展做出贡献。

杨力启示

由于孔子为中国古代确立了一个统治思想，从而避免了因思想分歧而导致的分裂，对中国古代国家的统一起到了积极作用。

二、孔子对中国古代文献的伟大贡献

孔子是中国伟大的文献学家,对中国文化的继承和发展起到了巨大作用。

孔子对夏、商、周约两千年的古代文献进行了集大成的整理,对中国文化起到了承先启后的作用。正如张岱年所说:"孔子的学说何以能发生这样巨大的影响呢?这首先是由于孔子继承、总结了原始社会后期以来和夏商周三代的文化传统。"(《孔子与中国文化》,载《孔子研究论文集》,教育科学出版社,1987年版,第2页)

(一)孔子整理及撰写"六经",为保存中国古代文化做出了不朽的贡献

孔子历经十年周游列国,但其政治主张未被采用,回到鲁国之后,遂潜心研究和整理中国文化。

孔子首先整理《易经》,并极为推崇《易经》,正如司马迁记载:"孔子晚而喜《易》,序《彖》《系》《象》《说卦》《文言》。读《易》,韦编三绝,曰:'假我数年,若是,我于《易》则彬彬矣。'"(《史记·孔子世家》)孔子说,"加我数年,五十以学《易》,可以无大过矣"(《论语·述而》),说明孔子对《易经》的高度重视。为撰《易传》,孔子曾"韦编三绝"(即把捆束《易经》书简的牛皮筋都磨断了多次)。1973年马王堆汉墓出土的帛书《周易·要篇》记载了孔子好《易》的程度:"夫子老而好《易》,居则在席,行则在橐。"说明孔子对整理及研究《易经》下了极大功夫。

孔子还整理《诗》《书》《礼》《乐》,并重撰《春秋》,对鲁国的历史做了公正的记录。

孔子还对《诗经》做了重要的整理。《史记》记载:"古者《诗》三千余篇,及至孔子,去其重,取可施于礼义,上采契、后稷,中述殷、周之盛,至幽、厉之缺,始于衽席,故曰'《关雎》之乱以为《风》始,《鹿鸣》为《小雅》始,《文王》为《大雅》始,《清庙》为《颂》始'。三百五篇孔子皆弦而歌之,以求合《韶》《武》《雅》《颂》之音。礼乐自此而得述,以备王道,成六艺。"(《史记·孔子世家》)

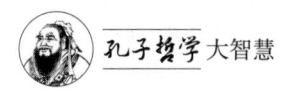

孔子将《诗经》由三千余篇整理、编定为三百零五篇，为《诗经》这一部伟大著作的保存做出了不朽的贡献。

孔子还整理《尚书》《礼记》，正如司马迁所说："《书》传、《礼》记自孔氏。"（《史记·孔子世家》）

孔子整理六经，《汉书》及《庄子》也做了记载。"《易》曰：……孔氏为之《彖》《象》《系辞》《文言》《序卦》之属十篇。故曰《易》道深矣，人更三圣，世历三古。"（《汉书·艺文志》）"丘治《诗》《书》《礼》《乐》《易》《春秋》六经，自以为久矣。"（《庄子·天运》）

总之，孔子删《诗》《书》，定《礼》《乐》，序《易传》，修《春秋》。对中国传统文化进行了重要的整理，除《乐经》已佚之外，都已保存至今。宋代朱熹把《论语》《孟子》《中庸》《大学》《易》《诗》《书》《礼》《春秋》等组成了著名的儒家经典文献——"四书五经"，以后又成为了"十三经"的主干和经学的核心，成为中国文化的主体部分，为中国文化的发展做出了不朽的贡献。

修订"六经"，是孔子对中国文化的伟大贡献，疑古派为了否定孔子，想出了首先否定孔子与"六经"密切关系的计策。如近代钱玄同即说"不把'六经'与孔丘分家，则'孔教'总不容易打倒"。（《论〈诗说〉及群经辨伪书》，《古史辨》第一册，上海古籍出版社，1982年重印本，第52页）

（二）孔子是著书立说的先驱

孔子开创了个人著书立说的先例，尤其孔子修定《春秋》，开创了个人写史书的先例，打破了官方垄断历史的旧制。孔子重写《春秋》曾遭诋毁，但他毫无畏惧，不怕官方干扰，坚持历史写真的原则，为鲁国保留了真实的史料。

孔子的著书立说创造了严肃文学的典范，孔子以特有的"微言大义"删除了烦琐冗杂，用真实写照取代了虚假伪拟，创造了著名的春秋笔法，为中国文史学的写作艺术开了先河。从此，司马迁的《史记》，班固的《汉书》等各种个人书写的史书相继辈出，这和孔子开天辟地个人书写国家历史的先例是分不开的。

第十五章
总结——孔子儒学智慧对中国及世界文化的巨大贡献

> **杨力启示**
>
> 孔子整理"六经"还为诸子百家蜂起的著书立说之风打开了通道。自从孔子整理"六经"后,受其影响,孔子的弟子及战国以后各思想家皆纷纷执笔写书,各种著作如雨后春笋般地争相问世。诸如子思的《中庸》、孔子弟子的《论语》,道家学派的《老子》《庄子》,墨翟的《墨子》,荀况的《荀子》,韩非的《韩非子》,管仲的《管子》……

上述说明孔子开创了著书立说的先河,为中国文化的发展产生了深远的影响。

三、孔子是中国文化传播的先驱

孔子五十岁开始率弟子周游列国,开启了中国文化的大交流,客观上为建立以儒学为核心的多元文化打下了基础。

孔子游说六国,对中原文化的交流起到了不可磨灭的作用。他周游列国时历尽艰辛,在其影响下,孟子也效法孔子率徒周游列国,宣传自己的政治主张,所谓"后车数十人,从者数百人"。

之后,文化交流逐渐从中原向西域和东海开发,如张骞通西域,开辟"丝绸之路";玄奘西游向印度天竺国取经,沿途周游百余国;鉴真东渡日本传播中国佛学,这种交流既沟通了文化又促进了友好往来。

上述说明,孔子开创游说列国的先例,为中国文化的传播和交流起到了重要的促进作用。

第三节 应该怎样评价孔子

一、孔子对中国文化的巨大贡献

孔子是奴隶主阶级改革家,正如中国近代哲学家冯友兰所说:"他的思想在当时所起的作用是保守的。但他是中国的第一个(从时间上说)哲学家。

作为第一个哲学家,他的思想的影响,对于中华民族的形成以及中国文化的发展,无论是积极或消极,都是深远的。"(冯友兰:《中国哲学史新编》第一册,人民出版社,1982年第三版,第172页)

谢无量在《中国哲学史》中说:"尊孔子为圣人,认为孔子与苏格拉底、释迦牟尼为古代世界三大圣。"(任继愈主编:《中国哲学发展史》,人民出版社,1983年版,第160页)

孔子在中国文化中的地位正如梁漱溟所引:"往者,夏曾佑著《中国古代史》有云:'孔子一身直为中国政教之源;中国历史孔子一人之历史而已。'柳诒徵著《中国文化史》有云:'孔子者,中国文化之中心也;无孔子则无中国文化,自孔子以前数千年之文化赖孔子而传,自孔子以后数千年之文化赖孔子而开。'"(梁漱溟:《孔子在中国历史上的地位》,载《孔子研究论文集》,1987年)

王充亦说孔子是"诸子中最卓著者"。

孔子开创办学,传播文化,整理经典,继承传统,重视人与社会的关系,关心政治,忧国忧民,提倡仁、礼、忠、孝、智,这些光辉的思想和伟大的情操,无论在哪一个朝代都不会过时。孔子当然也有他保守的一面,但这是由他所处的历史条件所决定的,该批判的应批判,该发扬的应发扬,对这一伟大人物及其伟大的思想部分应历史地、正确地继承。

孔子一生中最伟大的贡献,在于他忧国忧民,关心国家存亡,知晓百姓疾苦,为中国传统文化的发展,为中华民族伦理素质的建树,为民族教育事业的开创,鞠躬尽瘁,费尽心血。他一生坎坷而风尘仆仆,游说于列国,时遭冷遇,一度绝粮,晚年还著书立说,整理古籍。由于他所处的历史条件,即使怀有政治抱负,也未被重用。他的一生是对人道学、社会学探索的一生,在个人与群体的关系上,孔子迈出了中国人第一步。

不管孔子是为哪个阶级服务的,既然孔子思想对中华民族的文明打下了如此深刻的烙印,那么其中必有积极的意义,因此,就不能一概批判。其实,不论是古的或今的,新的或旧的,现代的或传统的,只要对人民有利,对国家和民族有利,就应该汲取和借鉴。世界上,许多人对孔子都如此敬仰,那么我们作为中国人,作为中华民族孔子的后代,就更应学习孔子思想中有益的东西。

另外，对孔子本人与孔子作为偶像也应区别对待。孔子本人，正如李大钊所说，"孔子于其生存时代之社会，确是为其社会之中枢，确是为其时代之圣哲"，他抨击孔子是"抨击孔子的历代君主所雕塑之偶像的权威也"，"非抨击孔子之本身"（张岱年：《〈孔子研究论文集〉序》，1987年）。也就是说，对孔子的评价，应区分孔子本人与作为偶像的孔子，才能客观地对孔子做出评价。孔子一生是孔子自己写的，但孔子的历史，却不是孔子一人写的。因此，孔子在历史上起到的无论是积极的或消极的作用都不应该由孔子一人负责。

二、孔子思想奠定了东方文化的核心

以中国、朝鲜、日本为主流的东方文化是以孔子儒易思想体系为核心的，孔子的仁义礼忠孝为东方文化奠定了坚实的基础，对东方文明产生了深远的影响。

（一）东方"重群体"与孔子思想的关系

孔子儒易思想体系的核心是仁义，仁即爱人，义即利他，仁义是群体生活的基本人际关系准则，也是社会生活的基本公德。如果没有仁义，人际关系将无法维持，人情味消灭了，文明度也将急剧下降。

东方国家形成的以仁义为核心的社会风尚和孔子儒易思想的传播和影响是分不开的。

（二）孔子"贵融和"与东方文明的关系

孔子提倡"和为贵"，是对《易经》中行、中正观的社会化，也是"中庸之德"的人际化。

"和为贵"成为东方文化的重要美德。东方国家的许多民族都具有温和、通融的特点，和西方的暴烈形成了鲜明的对照，这和儒家的"贵和""中庸"思想的长期影响是分不开的。

西方的亚里士多德也同时提出了"中道"观，但影响不及孔子，原因在

于孔子的中道融入了仁义礼忠孝的体系之中,起到了相辅相成的作用。

孔子的"和"是重在人道之间的和,即贵在强调人与人之间的和,而非人道与天道的和。这和黄老道家的贵在人与自然之和是不同的。随着社会的不断发展,人与社会的"和"的问题不断尖锐,孔子儒家的"和为贵"起到了有效的缓冲作用,对人与人之间及国际之间的和平共处产生了深刻的影响。

> **杨力启示**
>
> 历史上,东方各国和各民族之间远比西方要和平得多,恐怕和儒家思想的渗透是不无关系的。
>
> "隆礼乐"是孔子"贵和"的主要措施之一,由于孔子高度重视礼乐,为东方成为礼义之邦起到了重要的作用,也为东方的文明融合奠定了基础。

(三)孔子"亲亲""尊尊"与东方文化的关系

孔子儒家思想体系是以血缘关系为纽带的,孔子强调"亲亲"孝道,认为孝是人伦之本,是家庭伦理的最高境界,从而建立了以孝悌为基本要素的人际关系,保障了家庭的和睦和稳定。

东方的家庭观念比西方强得多,社会的稳定性也比西方强,这和孔子"亲亲"孝道的影响是密不可分的。

孔子儒家从有家庭血缘关系的孝道发展为超家庭血缘关系的忠孝,对东方尊君、忠君思想产生了深刻的影响。东方国家由于高度尊君、忠君,所以起到了抑制宗教信仰的作用,这就是东方国家没有经历像西方那样被教会垄断政权的时代的原因之一。但尊君、忠君的观念至今在东方国家依然很浓厚,即使在东方的发达国家中这一传统还依然存在着,说明孔子思想体系对东方文化的影响之深刻。

(四)孔子对日本、朝鲜、新加坡的巨大影响

孔子思想对日本、朝鲜、新加坡都曾产生了巨大影响。

第十五章
总结——孔子儒学智慧对中国及世界文化的巨大贡献

约公元2世纪，孔子儒家思想东传朝鲜，西晋时期又经朝鲜传入日本，稍后又南传越南。当时中国已是兴盛的封建社会时期，但朝、日、越尚属奴隶制社会向封建社会过渡的阶段，伦理道德尚乏规范，国家分裂，社会制度不健全，孔子儒家思想的传入如鱼得水，相继得到了朝、日、越等国家的高度重视，并先后吸收为国家伦理。从此，孔子儒家伦理思想在朝、日、越三国高度意识形态化，起到了和在中国一样的作用，经历了和中国一样的道路。

这些国家以孔子儒家思想为正统，确立了孔子儒家仁义忠孝礼为准则的道德规范，建立了以儒家思想体系为核心的思想文化。儒家思想在日本江户时代、朝鲜李朝时代、越南后黎朝时代皆被推崇到了至高的地位，统治这些国家的思想文化，达数百年之久。

孔子儒家思想对上述东亚及东南亚国家的封建社会的巩固和发展起到了积极的作用，对这些国家的大一统和社会的安定繁荣都产生了深刻的影响。

现代以孔子为代表的儒家思想在东亚及东南亚的许多国家中仍然发挥着巨大作用，亚洲"四小龙"的经济腾飞和儒家人际关系的应用有着密切的关系，说明中国经济的落后并非儒家思想之责任，而是多方面的综合原因所致。孔子儒家思想既然现代还在东方文明中起着重要作用，那么在他的原生国（中国）就更应发挥其威力，才符合历史的必然。

匡亚明《孔子评传》中说："孔子是中国封建社会时期最伟大的封建主义思想家，他的哲学思想（以仁为核心的人本思想）、政治思想（仁政德治思想）、伦理思想（贯穿了以仁德为纲的道德思想）和教育思想（人人可受教育的"有教无类"思想），基本上反映和适应了封建社会时期的等级制社会发展规律，所以在两千余年长期封建社会处于螺旋性以至一定程度上有似循环性的缓慢发展中，他的思想一直是占主导地位的指导思想。这是任何别的思想（包括诸子百家和佛教、道教、基督教等思想）都是不可和它比拟的。"（匡亚明：《孔子评传》，齐鲁书社出版，1988年，第416页）

别的思想都只是在一定范围和一定时间内有一定影响，而孔子思想则两千余年来在这么大范围内长期起着决定性作用。传说北宋宰相赵普靠"半部《论语》治天下"，不是没有道理的。

孔子对日本的影响，正如日本著名汉学家、日本东北大学名誉教授金谷治所说："日本自古以来就受到孔子的极大的影响，获益颇深，以日本江户时代的儒学振兴为基础，近年以来孔子的思想对于日本的现代化发生过很大作用的说法，也颇为流行，记载孔子言论的《论语》如今仍在日本受到广泛推崇，而这些情况恐怕不止是在日本存在吧。"（匡亚明：《孔子评传》，齐鲁书社出版，1988年）

孔子在新加坡的影响，正如新加坡前副总理、政治元老吴庆瑞所说：

"总之，移居海外的华人能够有今天，能够为他们的后代创立下繁荣、文明的社会，同孔子及儒家的潜移默化的影响，有密切的关系。

"就拿新加坡来说吧，我们已经是一个独立自主的国家，华人占这个国家总人口的四分之三。今天，我们必须面对来自各方面的价值观的冲击，尤其是像新加坡这样处于东西交通要道的现代商业城市，更免不了会受到西方文明与价值观的影响。我们必须选择与吸收对我们有益的东西，同时加强对传统精神的认识，以抗拒西方的不良影响。因此，我们从中学阶段就开始教导儒家伦理，希望通过孔子学说与儒学伦理的灌输，能帮助下一代在品格与性格方面都有健全地发展。"（匡亚明：《孔子评传》，齐鲁书社出版，1988年）

孔子儒学对韩国的影响，正如韩国金益洙所言：

"总而言之，孔子完成古代易学，朱子继承孔子易学而综合各时代易学系统，退溪再继承朱子易学而补充辨证，并应用于现实。退溪易学对韩国思想的建立，影响很大。而退溪易学本出于孔子易学，故孔子的易学思想，对于韩国学问与思想的形成，给予重大的影响。"（匡亚明：《孔子评传》，齐鲁书社出版，1988年）

新加坡总理李光耀说："儒家思想深深地影响着我们东方人的言行思想，是我们的精神支柱。"（《儒学在新加坡》，《孔子研究》1986年创刊号）

上述皆证实了东方国家的文明和孔子儒易思想的传播是密切相关的。

杨力启示

东方的群众文化所以比西方的个体文化更有魅力，原因就在于它是在以仁义为核心的伦理基础之上建立的人际关系，因此充满了人情味，充满了魅力，当然也充满了生命力。

第十五章
总结——孔子儒学智慧对中国及世界文化的巨大贡献

> 西方文化以金钱为万能,以物质欲为重,世态炎凉,人情淡漠,犯罪率日高。处于物质欲高涨与精神需求低降的两极分化的极端局面,正是重物质文明,轻精神文明所导致的恶果。
>
> 总之,东方文化由于孔子思想的影响,高度重视德育,强调忧患意识,重视德育与德治的关系,因此,对东方国家道德文明的建设产生了深远的影响。

综上所述,孔子儒家思想两千年前就已超越了国界,对朝鲜、日本、越南、新加坡等东亚及东南亚国家产生了深远的影响,奠定了东方文化的基础,为东方文明的发展做出了光辉的贡献。现在孔子思想已经广传全世界,代表孔子思想的《论语》被许多国家高度重视,已被译为十几种文字正在世界传播。

三、孔子对世界文化的巨大贡献

孔子对人类文化的贡献早已超越了国界,传播到了世界,尤其对东亚及东南亚国家的思想文化、政治经济皆产生了深远的影响。当今美国出版的《人民年鉴手册》把孔子列为世界十大思想家之首,引起了世界舆论的瞩目,更证实了孔子在世界上的地位及影响。

孔子在世界上的地位正如联合国教科文组织泰勒所言:"如果人们思索一下,孔子的思想对当今世界的意义,人们很快便会发现:人类社会的基本需要,在过去的2540年里,其变化之小是令人惊奇的。不管我们取得了进步也好,还是缺乏进步也好,当今一个成功昌盛的社会,在很大程度上仍立足于孔子所阐述的许多价值观念。"

"多少世纪以来,人们也许颂扬、赞美过孔子,或者攻击、贬低过孔子,但对孔子在中国历史上的地位,人们不能有任何增损:他是一位杰出的思想家、政治家、教育家、古代文人,堪称为世界文化巨人。"(中国孔子基金会编:《孔子诞辰2540周年纪念与学术讨论会论文集》,上海三联书店)

美国总统里根1932年8月27日在给美国旧金山举行的祭孔大典的致信中说："孔子高贵的行谊与伟大的伦理道德思想不仅影响了他的国人，也影响了全人类，孔子学说世代相传，提示全世界人类丰富的做人处事原则。"（杨焕英：《孔子思想在国外的传播与影响》，教育科学出版社，1987年版，第219页）

当代，以孔子儒家思想为代表的东方文化正在和西方文化发生碰撞，相信这种碰撞必然为人类文化迸射出新的火光。

总之，孔子是中国文化之父。孔子学说不仅影响中国几千年，而且孔子思想至今已遍及全世界，全球已有百余所孔子学院，孔子思想将为全人类做出更大贡献。

图书在版编目（CIP）数据

孔子哲学大智慧/杨力著.—北京：华夏出版社，2017.3
（杨力国学经典丛书）
ISBN 978-7-5080-9138-9

Ⅰ.①孔… Ⅱ.①杨… Ⅲ.①孔丘（前551-前479）-哲学思想-研究 Ⅳ.①B222.25

中国版本图书馆 CIP 数据核字（2017）第 033001 号

孔子哲学大智慧

著　　者　杨　力
责任编辑　张　平

出版发行	华夏出版社
经　　销	新华书店
印　　刷	三河市少明印务有限公司
装　　订	三河市少明印务有限公司
版　　次	2017 年 3 月北京第 1 版 2017 年 3 月北京第 1 次印刷
开　　本	710×1000　1/16 开
印　　张	18.25
字　　数	262 千字
定　　价	39.80 元

华夏出版社　地址：北京市东直门外香河园北里 4 号　邮编：100028
　　　　　　　网址：www.hxph.com.cn　　　电话：(010) 64618961
若发现本版图书有印装质量问题，请与我社联系调换。